U0368789

数字化转型方法论

落地路径与数据中台

马晓东　著

IMPLEMENTATION PATH AND DATA PLATFORM OF

DIGITAL

TRANSFORMATION METHODOLOGY

图书在版编目（CIP）数据

数字化转型方法论：落地路径与数据中台 / 马晓东著．一北京：机械工业出版社，2021.1（2023.7 重印）

ISBN 978-7-111-66960-9

I. 数… II. 马… III. 企业管理 – 数据管理 IV. F272.7

中国版本图书馆 CIP 数据核字（2020）第 233524 号

数字化转型方法论：落地路径与数据中台

出版发行：机械工业出版社（北京市西城区百万庄大街 22 号 邮政编码：100037）
责任编辑：韩 蕊
责任校对：殷 虹
印　　刷：北京建宏印刷有限公司
版　　次：2023 年 7 月第 1 版第 7 次印刷
开　　本：147mm × 210mm 1/32
印　　张：12
书　　号：ISBN 978-7-111-66960-9
定　　价：99.00 元

客服电话：（010）88361066 68326294

国云数据集团

国云数据由原阿里数据团队成员共同创办，是一家能为客户提供“咨询 + 教育 + 中台”全方位、高标准数字化转型落地服务的供应商。独创“数字化转型合伙人”模式，以“与客户风险共担、利益共享”为宗旨，陪伴客户成长。旗下有国云咨询、国云数据中台、国云教育、国云基金。

国云咨询：为客户数字化转型提供战略落地、技术落地、人才落地等方面的轻咨询，融合了阿里巴巴、波士顿与 IBM 的咨询经验和自有的独特技术优势。

国云数据中台：源于阿里，开放落地。目前已服务大中小客户 7 万多家，市场占有率在国内名列前茅，是数据中台领域的领军企业，对标美股 IPO 公司 Snowflake，被誉为“中国版的 Snowflake”。

国云大数据学院：国云教育旗下的数字化人才培养学院，在校生数千人，课程体系由原阿里巴巴数据团队成员亲自构建，已开发数字化相关的课程 102 门。《大数据分析及应用实践》由高等教育出版社出版，被 500 余所高校用作教材。致力于解决数字化转型的人才问题，为企业提供高、中、基层数字化人才培训、培养、选拔等服务。

国云基金：为客户的数字化转型提供资金支持。

国云数据官网：www.data-god.com

前言

近几年，以移动互联网、物联网、云计算、大数据为代表的现代数字技术正在颠覆传统行业、传统产业的发展模式。在数字化浪潮的强烈冲击下，数字化驱动正成为破解各行各业发展瓶颈的密钥，成为加快各个行业发展的重要手段和有效途径。以数据为主要资源，以云存储为后勤保障，各行业的人工智能物联网（AIoT）应用正加强研发，在自动驾驶、“城市大脑”、医疗影像、智能语音等方面的探索不断深入。不论是探索人工智能物联网还是挖掘大数据技术应用，都是以数据为依托，不断以数据智能的方式充实人们的工作和生活。

今天，数据智能服务已成为行业共识，各行业数字化转型迫在眉睫。阿里巴巴“大中台、小前台”的新模式为众多企业进行数字化转型提供了范本。但不同企业的业务逻辑、技术实力和发展背景均不同，难以完全复制阿里巴巴的数字化转型之路。企业要想成功实现数字化转型，必须将数字化“战略、人才、技术”三个方面有效结合，然而数字化转型落地的难点也在于此，若没有专业的数字化转型实践指导与落地方法，照搬他人的转型模式，最终只有“画虎不成反类犬”。

市面上大部分企业数字化转型失败的原因在于没有将数字化

“战略、人才、技术”三者有效结合，企业向咨询公司咨询转型方案后，真正执行时容易将技术和业务脱节，落地时候中高层执行能力不足……本人恰好同时具备三方面的能力：过硬的技术实力、BCG 视野的咨询经验、数字化人才培养体系建设能力。我在帮助企业推进数字化转型的过程中不断尝试将数字化“战略、人才、技术”进行有机的融合和协同，终于探索出了保障数字化转型落地成功的方法论。本人将 7 年来服务各大企业推进数字化转型落地的经验倾注于此，打造成这本从战略、人才、技术全方位、立体化阐述数字化转型落地的专业书籍，希望为各企业高管提供数字化转型落地思路和方法。

本书的写作目的是让企业管理者以及行长、校长等组织领导更清楚如何进行数字化转型、如何分工 / 协同、如何保障转型成功落地、如何低成本 / 低风险地转型，从而让中国企业在数字化转型上少走弯路，让研发人员、业务人员和广大数据从业者及数据技术爱好者了解数字化转型及数据中台的落地路径与实施方法，知道如何配合高层执行转型方案。

本书采用理论与实践相结合的方法，介绍企业如何从战略、人才、技术三个角度实现数字化转型，为读者提供数字化转型落地方法和实施指导，适合企业高层和中层团队多个角色一起学习，上下同欲，威力强大！

本书内容分为 8 个部分，层层剖析数字化转型之路，并为读者详细解读数字化转型的实施路径。扫描下方二维码可获取本书更多资料。

目　录

第二部分 何时数字化转型

第三部分 什么是数字化转型

第四部分 是否应该数字化转型

第一部分

为何数字化转型

数字化转型是时代发展的趋势。无论各行各业积极投身数字化转型的原因是什么，都需要深入洞察行业变化，抓住用户需求的本质，应时而变、应需而变。不同类型的企业，数字化转型的途径和方法各不相同，有的调整发展战略、有的提升运营效率、有的提升客户体验……找到适合自己的方法，才能成功转型。

因此本书第一部分将先详细阐述推动企业数字化转型的要素，然后从宏观上分析数字化将在哪些方面对传统行业产生颠覆性的影响，最后探讨企业数字化转型过程中的典型误区。这一部分的目的是让读者明白数字化转型的意义和价值，了解数字化转型的大方向。

第 1 章 数字化转型的意义

企业在进行数字化转型之前，必须明白数字化转型的意义和将面临的挑战。本章将从内部环境、外部环境和技术赋能 3 个维度深入分析企业数字化转型的 5 个推动要素，以及数字化转型的最大红利——苟且红利。

1.1 数字化转型的 5 个推动要素

人口红利趋于消失、中美贸易摩擦持续、消费升级、生态保护监管加强、新技术快速更迭是企业数字化转型的 5 个推动要素，如图 1-1 所示。

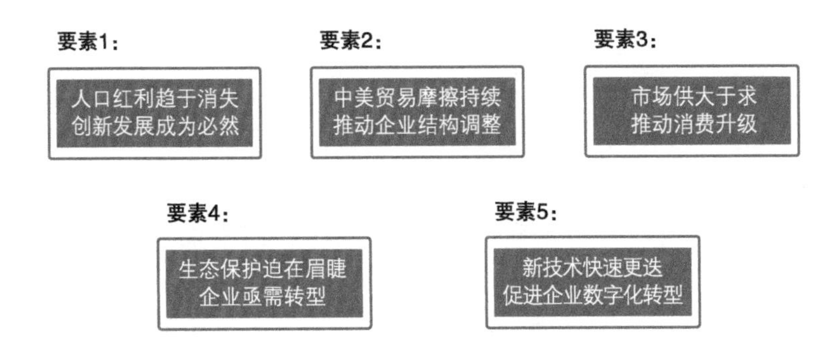

图 1-1　数字化转型的 5 个推动要素

1.1.1　人口红利趋于消失，创新发展成为必然

近年来，我国人口出生率连续下降，人口结构老龄化的趋势日益明显，劳动力供给不足，人口红利趋于消失。这给企业带来的最直接影响就是用工难、用人成本不断增加，如图 1-2 所示。

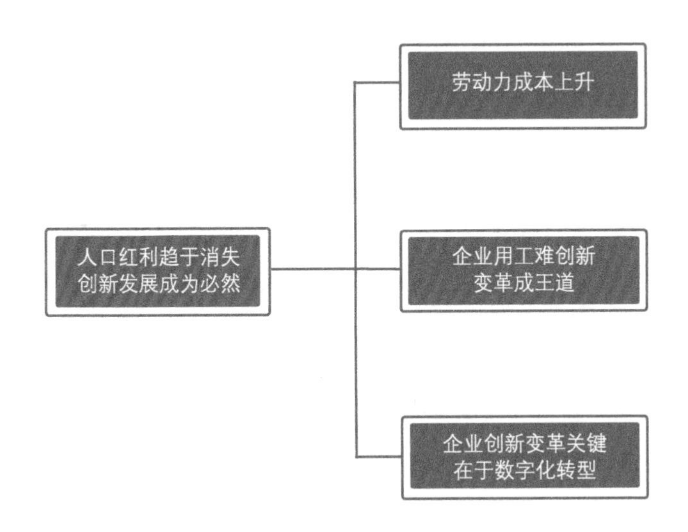

图 1-2　数字化转型的推动要素 1：人口红利趋于消失

这一形式迫使企业寄希望于利用新型的数字化技术进行创新和变革。各行各业都在这方面做了非常多的尝试，且取得了一定的成效。比如，用工业机器人取代人力，执行一些劳动强度大、高危、程序化的工作；用 RPA 智能机器人取代一些有规则、高度重复、低价值的人工劳动；用数据智能和人工智能等新技术提升效率，节约人力成本。

企业利用新技术进行创新和变革，本质上就是在进行数字化转型。数字化转型的核心要素是技术和数据，以建设数据中台为代表的数字化解决方案是企业转型的最佳选择。企业在日常的经营中，在产品、生产、销售、运营、服务、用户等方面积累了大量的数据，可以利用数据智能技术将内外部数据打通，建立数据流通机制，随时支持前端业务部门的需求。数据在企业内部实现自由流通和智能化应用，会不断激发员工在数据应用方面的创新，挖掘数据背后隐藏的用户需求和新商机。

1.1.2　中美贸易摩擦持续，推动企业结构调整

中美贸易摩擦自 2018 年春季爆发，已持续近 3 年时间。一方面，美国对 1000 多项中国输美商品加征高额关税，这对利润本已微薄的国内制造企业来说无异于雪上加霜；另一方面，美国扩大对华出口管制，这会影响我国某些制造企业的发展和生存。

总而言之，中美贸易摩擦势必对中国企业产生负面影响，其中最明显的便是因关税调整造成采购成本上升、进出口货物受阻、投资受限等问题。

当前，尽管我国产业结构在不断调整，出口商品的结构也在持续改善，但是我国出口的产品仍以劳动密集型产品为主，可替代性强，缺少国际竞争力。面对贸易摩擦，企业应转变当前的发展模式，预估贸易摩擦带来的损失，提前做好应对准备。企业应

着眼长远，利用新型数字化技术积极转型，加大科研投入和自主创新，积极培育拥有核心技术的自主品牌，保证产品质量的同时利用数据化运营提高服务质量，增强产品竞争力，满足海内外市场需求。企业应积极挖掘数据背后的价值，赋能业务，从而扩大产品品类，提高市场占有率。另外，企业还应通过数字化转型，建设以赋能业务为核心的敏捷组织，优化企业管理结构和运营模式，如图 1-3 所示。

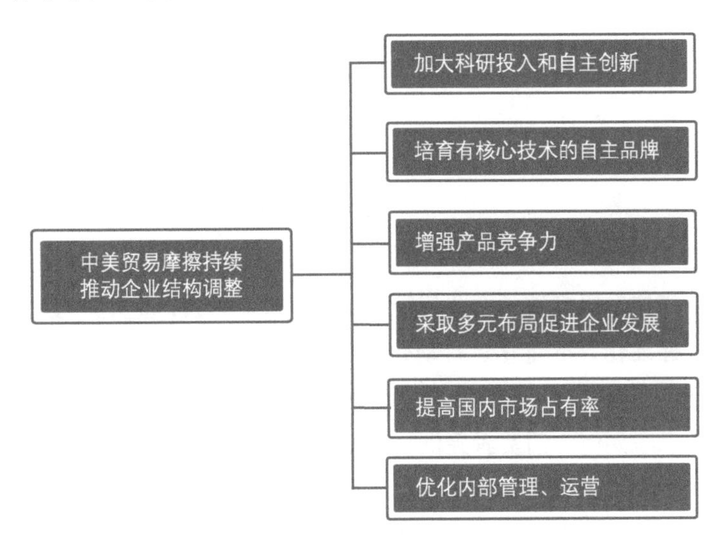

图 1-3　数字化转型的推动要素 2：中美贸易摩擦持续

1.1.3　市场供大于求，推动消费升级

随着我国居民可支配收入的增加和经济的发展，消费者的选择变得越来越丰富。消费者在选择商品时也变得更加理性，他们不仅关注商品质量、价格，还关注商品背后的品牌实力，以及售前、售后服务等用户体验。很多消费者不再满足于享受标准化的服务，而是更倾向于为那些个性化、定制化的服务买单。

以上这些都是消费升级的表现。消费升级的背后是市场供大于求，参与市场竞争的主体越来越多，改变了传统的供求关系，如图 1-4 所示。

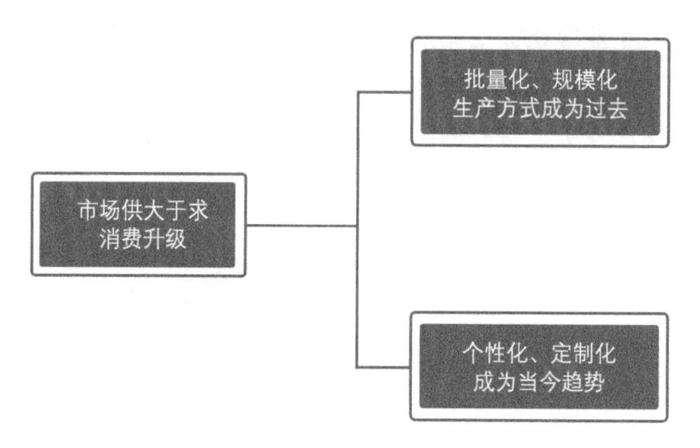

图 1-4 数字化转型的推动要素 3：消费升级

消费升级打破了企业传统的制胜方式。过去，企业通过大规模、标准化、批量化、自动化的生产便可满足市场需求，如今，这种经营模式已不能满足消费者的个性化需求。越来越多的企业开始思考如何为消费者提供个性化、定制化的商品和服务。针对这一诉求，企业可以通过两种途径入手：第一种是提供的产品和服务不变，利用更精细化的数字化营销方式获得用户增长。企业可以通过构建用户画像，快速找到目标用户，将产品精准地推销给用户。第二种是以用户为中心重构企业的产品开发和创新模式。通过大数据分析更深层次地理解用户需求，基于不同用户的画像，匹配不同的产品和服务，让企业立于市场竞争的不败之地。这种方式实质上是以数字化的方式改造产品，因此可以为用户提供更精准、更契合需求的产品和服务。

另外，企业还可以将数字化能力运用在生产流程、运营效果、管理质量等环节，从而在整体上实现数字化转型。

1.1.4　生态保护迫在眉睫，企业亟需转型

曾经，“先污染，后治理”成为国内部分企业发展的“捷径”。某些企业为了“求发展”而牺牲环境，譬如滥采乱挖造成工厂周边环境污染，工业废渣造成河道重金属淤积。中国因此经历了资源约束趋紧、污染排放严重、城市环境过载、产业层次偏低的发展阶段。

近年来，中央和地方政府不断提高对环境保护的要求，过去粗放式的发展理念已被彻底否定，企业需要对生产、流通、分配、消费等过程进行合理谋划，以科技创新为重要支撑，推动传统产业转型升级，从而实现可持续的绿色发展目标，如图 1-5 所示。

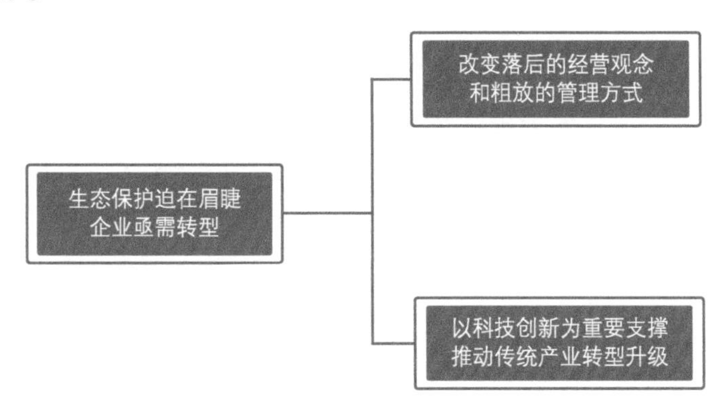

图 1-5　数字化转型的推动要素 4：生态保护监管加强

靠牺牲环境换取发展的老路已经走不通了，企业面临新的挑战。企业若想长久发展，必须紧跟国家政策走向，往生态保护方向行进。在这个过程中，离不开技术和创新这两大力量。而通过技术和创新谋求发展也是数字化转型的目标。

通过数字化转型，企业转变运营模式，实现“环保经营”。一方面，企业可通过数字技术实现精细化运营，减少浪费，利

用数据中台构建数据采集、传输、存储、处理和反馈的闭环，打通不同层级与不同部门间的数据壁垒，建立全域数据中心，发现各个环节中可精细化运营的模块，运用以前同样的生产材料生产出更多的成品，从而实现智能化运营和管理。另一方面，企业通过数字技术精准预测商品的销量，实现“以销代产”，减少库存积压。

企业还可以将数字化能力扩展到业务生态调整、技术更迭、产品创造、品牌创新等方面，挖掘更多精细化运营的可能，并以此提高企业整体的运行效率和收益。数字化转型不仅是企业顺应环保时代发展的明智选择，也是企业获得长久发展的核心。

1.1.5　新技术促进企业数字化转型

数字化技术为传统企业进行数字化转型提供了条件，如图 1-6 所示。技术条件成熟为企业改变业务模式奠定了基础。

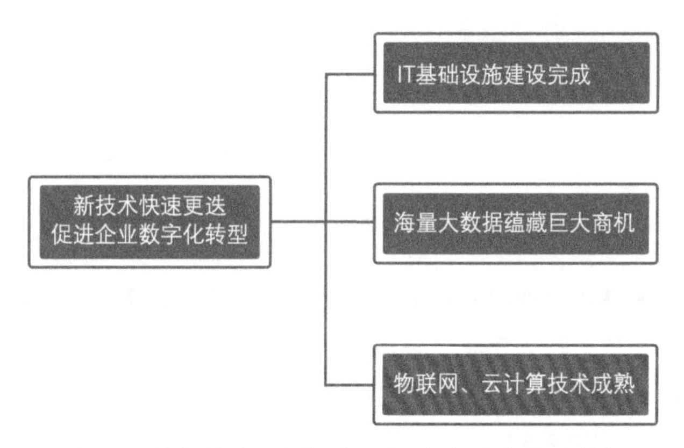

图 1-6　数字化转型的推动要素 5：新技术快速更迭

无论是企业内部的多部门协同发展，还是外部销售网络的搭建和市场营销精准落地，甚至是提升客户体验，商业决策和执行过程中的每一个环节都和新技术背后的数字化能力息息相关。

1. IT 基础设施建设完成

企业已基本完成以操作系统、应用软件、网络 / 通信、数据管理为代表的 IT 基础设施建设。这些基础设施的配备可帮助企业实现数据互联互通，为企业进行数据挖掘与分析提供了强大的环境支持。

2. 海量大数据蕴藏巨大商机

随着移动互联网等新技术的应用，从个人消费端到企业产品端，再到工业生产端，产生的海量数据为社会活动和经济发展带来了巨大的价值。人类近几年采集的数据量是过去几百年的总和，不同维度的数据均能被获取，这为企业的数字化转型提供了丰富的数字资产。

3. 物联网、云计算基础技术成熟

物联网、云计算等技术与实体经济深度融合，物联网在企业的各个生产环节的渗透催生了大量数据，存储和分析这些数据不仅要考虑数据的处理速度，还要考虑数据的时效性和敏感度。云计算能帮助企业处理各个场景中产生的数量，动态提供存储、计算和网络资源，且响应快速，云计算技术是企业数字化转型的基石。

1.2　苟且红利——数字化的最大红利

从前，大部分企业主要依靠开放市场的红利生存。一些胆子

大的人率先抓住机会，扩大市场占有率。但在近20年内，人力、资源等生产要素都在快速变化。甚至这些变化将在近几年达到奇点，过去那些依赖开放市场红利得以生存的企业仍未创新，还在以传统方式运营。这些企业体量大、运转缓慢，虽然表面看起来仍然占据行业领先地位，但实际上市场份额在慢慢衰减。只不过在一定的时期内，这些企业还可以继续维持。

企业运营管理时常会用到一个公式，即人力成本+资源成本+其他成本=总成本。如今，人力成本不断上升，企业使用的资源成本也在上升，如果还用以前的方式经营，那最后的利润很可能变为负值。在这种情况下，市场会形成一个巨大的商业机会，即用新的方式变革已经获得商业成功的模式。

变革方式有两种。一种是创业公司运用更新的技术方式，提升效率，降低人力和资源成本，实现盈利，成为行业新巨头；另一种是传统企业进行二次创业，运用数字化转型改造自身，从而让企业获得新生。

不论是创业公司颠覆行业，还是传统企业进行二次创业，本质上都是运用数字化的方式降低人力和资源等成本，提高效率，实现盈利。这其中，蕴藏着一个巨大的红利，即“苟且红利”。苟且红利是经济学家何帆提出的概念，意思是虽然看起来所有人都在做事，但其中有大量苟且者，你只需比他们勤奋一点，便能享受到那个红利。

那些仍然依靠过去单一的模式盈利、不思变革的企业就是苟且者。而敢于创新、善用新技术的企业便可以运用数字化的方式获得市场先机，挖掘“苟且红利”。

每个行业都存在巨大的“苟且红利”，都值得运用数字化技术重塑商业模式。“苟且红利”是企业数字化转型的新红利，也是转型带来的最大红利。企业通过数字化转型可以运用新技术从别人不易察觉之处发现商机、精准定位、快速行动，并长期耕耘。具有远见卓识的企业家可以带领团队进行二次创业，从而站上整个行业的利润之巅。“苟且红利”可以帮助老牌企业在数字化浪潮中维持或跃升到行业老大的地位。

对于那些刚进入行业的新企业来说，它们既面临老牌企业的竞争压力，又面临生存压力，所以更容易发现该行业的“苟且红利”，并可以毫无包袱地轻装上阵，打造高效的数字化能力，进而颠覆整个行业。

|第 2 章|

数字化颠覆传统行业的 3 种方式

不论是国内还是国外，数字化转型早已成为企业共识，数字化颠覆传统行业的案例不断上演，激发了更多企业数字化转型的热情。本章将从战略、效率和用户体验 3 个维度详细分析数字化是如何颠覆传统行业的，并谈谈数字化转型的误区。

2.1 战略上颠覆传统行业

从战略上颠覆传统行业，重点是企业对商业模式的变革，即数字化转型的结果是企业重构自身商业模式。以国云数据的一个客户为例，该公司是行业知名零售企业，长期是行业第一，但该企业作为品牌商，只能通过供应链和经销商将自己的产品卖给 C 端用户，且只能售卖自家的商品，也无法直接获取用户数据。

但当该企业将以前的商业模式变革为 S2B2C 的数字化模式（见图 2-1），从品牌商变身为平台商后，商品销量大大提升。具体措施将在第 22 章进行详细介绍。

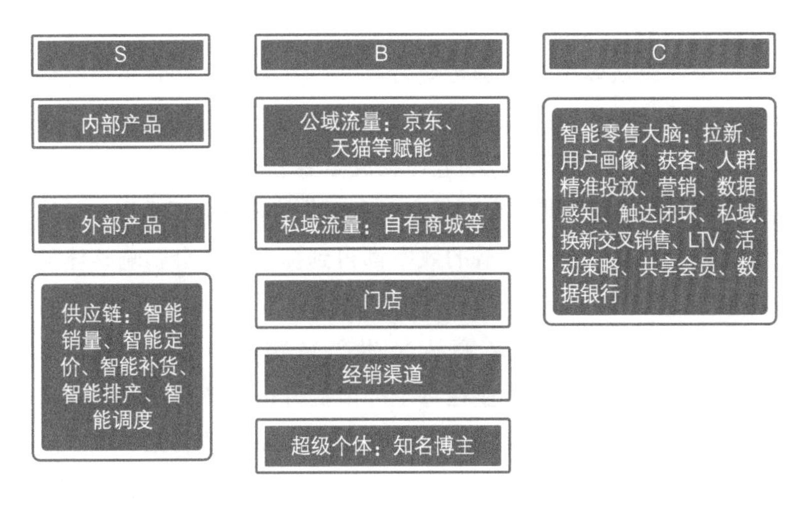

图 2-1　数字化商业模式

这次商业模式的变革完全构建在数字化能力之上，我们称之为数智商业。

从商业模式上（或战略上）颠覆行业不仅需要企业具有强大的行业沉淀及资源，还需要强大的数字化能力储备，所以很多企业在尝试，但效果不一定好。因此，从商业模式上成功变革传统行业的案例并不是特别多。

2.2　效率上颠覆传统行业

企业除了可以在战略上颠覆商业模式，还可以从效率上实现数字化转型的目标。从效率上颠覆传统行业着重点在于效率变革，其结果是产品和战略（即商业模式）在不变的情况下，企业进行效率上的变革。现代管理学之父彼得·德鲁克说过："成本降低 30% 以上就是颠覆。"

企业想从效率上颠覆传统行业，一方面可以从效率提升的角度入手。如图 2-2 所示，某零售企业日常运营会历经流量、用户、商品服务、工厂生产、仓库物流等多个环节，每一个环节又涉及多个维度的运营内容。提高单个环节的效率并不会影响整体的效率，只有每一个环节的效率都得到提升，才会影响整体的效率。

正如流量 × 用户 × 商品 × 生产 × 物流 × 其他＝效率这一个公式所展现的，企业在每个环节提升的效率假如都是 1.1，那么 10 个环节的整体效率将提升 2.56 倍。而企业将某个单点环节的效率提升到 1，整体的效率仍为 1，如图 2-3 所示。可见，每一个环节都提升了效率和只在单个环节提升效率对整体的影响区别较大。

另一方面，从效率上颠覆传统行业也可以从成本降低方面谈起。企业成本包含获客、交付、生产等多个环节的成本。假如企业的某一款产品的成本是 10 元，10 个环节中每一个环节都降低 1%～10% 不等的成本，若每个环节都降低了 0.1 元的成本，那最终整体的成本可能会降到 9 元，如图 2-4 所示。成本低的企业在激烈的市场竞争环境下更容易突出重围，建立核心竞争力。

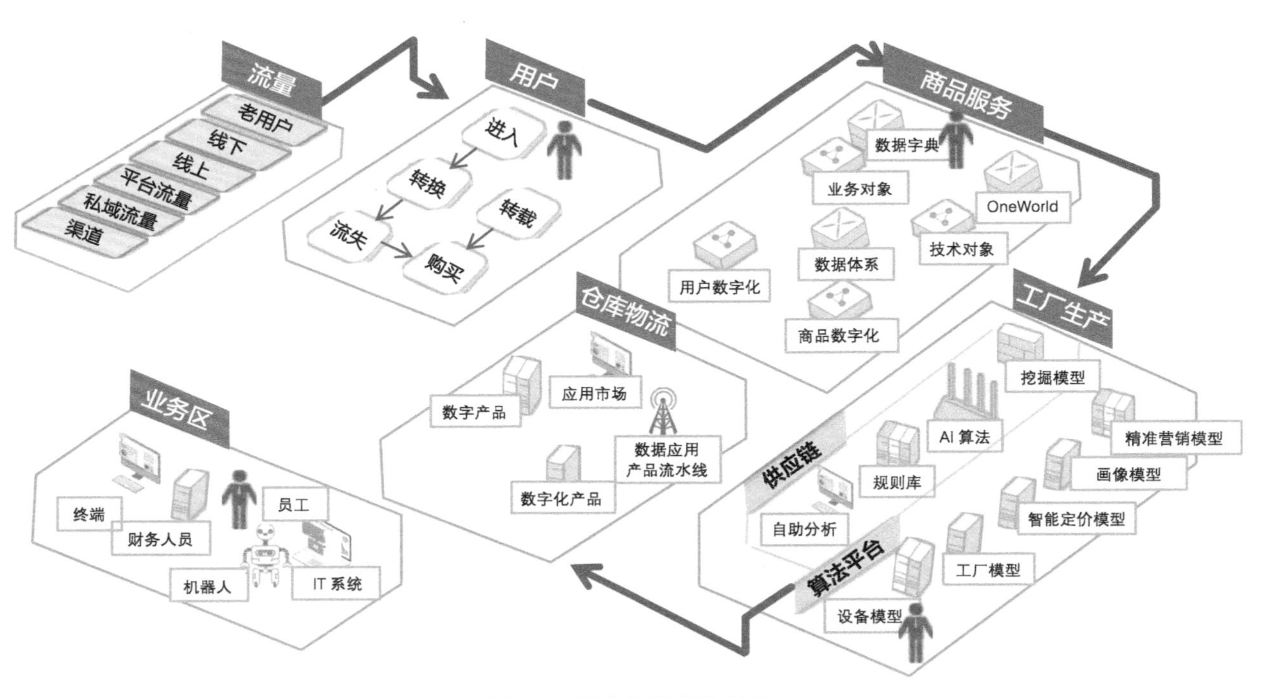

图 2-2　效率颠覆传统行业

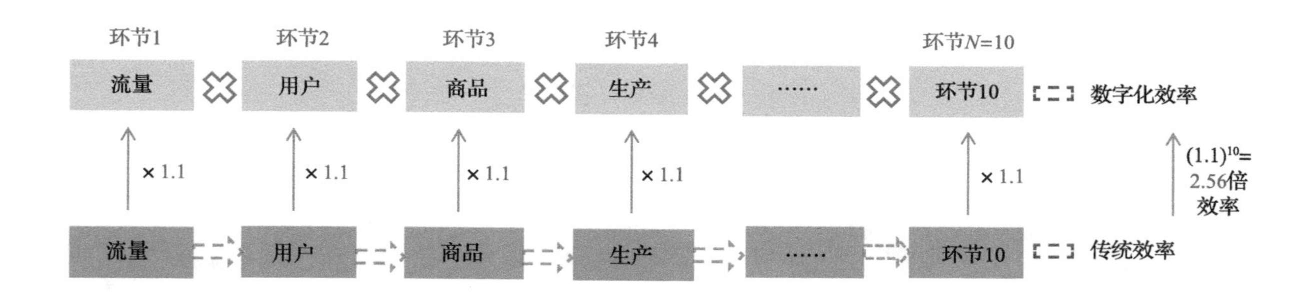

注：
假设关键环节有10个，N=10，每个环节提升1.1倍效率，10个环节的效率的叠加效应为2.56倍，即数字化效率提升了2.56倍。传统效率是单点效率在提升，在10个环节中会被淹没，对总体的效率提升没有效果。

图 2-3　数字化效率公式

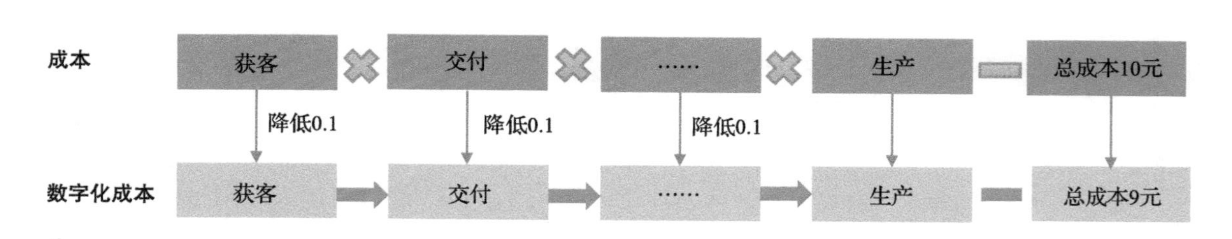

注：
当一两个点的成本降低时，整体成本降低不明显；每个环节降低的成本叠加起来，成本优势会很明显。企业利用这个成本优势，扩大规模，加大相关举措，会良性地再次降低成本，获得30%的成本优势，即可颠覆行业。

图 2-4　数字化成本公式

因此，企业可以从运营角度出发，提升日常运营环节的效率，提升市场竞争力。

实际上，从效率上颠覆传统行业的案例不胜枚举。企业运营链条上的任何环节都可以提升效率，从而颠覆整个行业。

以销售环节为例，以前销售通过上门拜访和电话拜访的方式推销商品，假设约见了 10 个客户，但是可能 8 个没有需求，销售过程也是按照套话销售，最后成交了 2 个。

如今，企业利用数字化工具对客户生成画像，这些画像可以帮助销售提前了解客户需求，并为其提出有针对性的解决方案，在销售上门拜访时可以凭借这一方案高效洽谈，提高获客率。假设同一个销售，在能力不变、动力不变、工作时长不变的情况下，同样是见到了 10 个客户，但这 10 个客户是公司中台通过分析，精准预判出大概率有成交意向的，10 个客户中有 8 个有采购需求，并且销售利用公司提供的数字化工具给客户出具个性化方案和咨询式服务，而不是标准化销售套路，总共成交了 7 个。

这样看来，在各种条件不变的情况下，销售在没有数字化赋能的情况下成交了 2 个，在数字化赋能的情况下成交了 7 个，一个销售角色的能效可以提升 3.7 倍。

企业除了在获客方面可以提高效率外，还可以在交付、生产等其他环节沿用此法，从而提升整个环节的运营效率。

公司里不同环节，不同角色，都可以通过数字化赋能大幅提升效率，当多个环节的效率都比行业高时，就获得了数倍于行业传统的效率，可以颠覆其他同行。

总而言之，企业不仅可以从战略上颠覆传统行业，还可以从自身运营的不同方面提升各自的效率，在整体上实现增效的目标，提升市场竞争力。

2.3　用户体验上颠覆传统行业

从用户体验上颠覆传统行业，其重点是在商业模式和运营效率变化不大的前提下，着重提升用户体验，进而占领大量市场份额。

市场上供大于求的现象普遍存在，消费者选择过剩，因此更加关注用户体验。

什么是好的用户体验?

在你需要它的时候，它会立刻出现在你面前。这便是好的体验。

移动支付所提供的产品和服务与银行的相同，但移动端的便捷性颠覆了信用卡支付和现金支付的方式，由此颠覆了整个银行业。

再比如，某些电商或物流公司可以做到包裹次日达、当日达，所以虽然单价比其他平台略高，但用户更愿意选择该公司的服务。这项服务的达成依靠的是大量的数据智能技术。在线下，货物不在仓库内，便不能购买和配送。而数据智能技术可以帮助零售企业随时获取货物位置，重新编排物流路线，通过数据智能技术降低货物的周转率。很多用户正是因为收货快的特点，选择购买拥有次日达服务的商品。这也是从用户体验上颠覆行业的又一个典型案例。

从用户体验上颠覆传统行业，极大地降低了企业的获客成本，也降低了用户的流失成本和用户增长成本。因此，企业可以聚焦于如何为用户提供良好的体验服务，从而颠覆整个行业。

那么，好的用户体验具有什么样的价值?

消费者在选购商品时，可以体验到商家为其设置的一些人性化服务细节，企业可以通过这种方式将企业价值进行柔性传递。如今，良好的用户体验成为一种新的营销模式，可以为企业带来更高的商业价值。

企业给用户提供良好的体验，不仅需要拥有互联网表象的产品和服务（譬如各种 App），还要拥有过硬的数据智能技术，从而满足千人千面的体验需求，如图 2-5 所示。

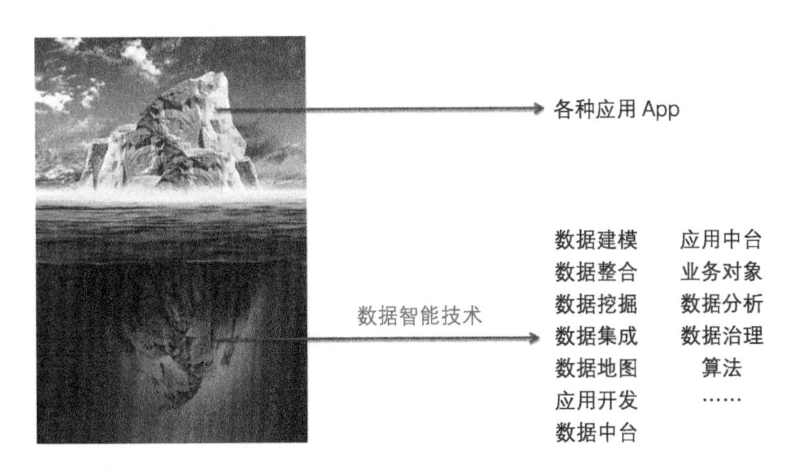

图 2-5　用户体验背后的数据智能

然而有些企业在拥抱互联网时，只意识到要开发“冰山”上层的各种应用，却没有意识到“冰山”底层存在着大量的数据智能技术，而这些技术才是决定企业能否为用户提供良好体验的核心。

以淘宝为例，我当初在淘宝工作时，会和团队就消费者不同的使用习惯、不用使用时间、不同使用地域进行智能化处理，尽管用户会觉得淘宝主界面很多年都没有太大变化，但不同的用户看到的界面是不同的，这就是“千人千面”，基于淘宝团队的数据智能技术实现。

伴随技术的更新与迭代，未来每个行业的用户体验都可能有大幅提升，其中孕育着大量颠覆行业的机会。

2.4　数字化转型的两大误区

提到数字化转型，一部分企业认为只要正确使用合适的IT技术，就能完成转型；一部分企业认为数字化转型只需要对商业模式重构，是否引入新技术并不重要。这两种认知都是以偏概全，是数字化转型过程中常见的两种误区。

1. 数字化转型是技术驱动的

许多企业认为数字化转型是技术驱动的，事实并非如此。虽然技术在企业数字化转型过程中起着重要作用，但这不能说明企业只需要正确运用技术，就可以实现数字化转型。

无论是工业时代、信息化时代，还是数字化时代，变革和发展都是由大量社会需求驱动的，这些需求代表着广大用户的利益，也说明了商业的本质是理解用户。企业若要理解用户，便需要从用户角度出发，基于数据洞察用户，为用户提供个性化的产品服务。

那么企业如何洞察用户呢？它需要将数据应用于研发、生产、营销等各个环节，完全依赖数据进行智能决策。而这也是数字化转型的实质。因此，数字化转型是用户驱动的。

另外，当用户体验到更多个性化服务后，会对企业抱有更高的期待。如果一家企业无法满足用户的需求，那么用户便会选择另一家能够提供服务的企业。最真实的案例便是银行，过去大家普遍都会去银行柜台办理业务，但如今，更多人习惯了在手机上办理某些业务，这便是用户对银行的数字化转型提出了更高要求的表现。如果银行无法及时满足用户需求，将会面临倒闭风险。这将会促使银行从用户角度出发，进行数字化转型。因此，数字化转型是用户驱动的，而不是技术驱动。

面对用户的个性化需求，企业需要对用户进行分层、分群、分类，为不同的用户在不同的时间提供不同的产品。做到这一点对于企业来说至关重要，尤其是 To C 企业，它们虽无法为海量的客户提供 1 对 1 服务，但通过数据分析为用户画像，可以精准了解用户的需求，快速为用户提供相匹配的服务。这便是企业以用户为中心提供产品和服务的必要性，也是驱动企业数字化转型的关键。

商业的本质是理解用户，其核心是创造价值、传递价值。企业只有深度理解用户，才能挖掘到商业的核心。

2. 数字化转型仅指商业模式的重构

有的企业认为数字化转型仅是战略问题，是商业模式的重构，这种观点是片面的，没有完整概括数字化转型的实质。

市面上很多理论都在讲数字化转型是什么，其中列举的例子大多是商业模式的重构，即战略颠覆，比如滴滴和 Uber 等。但事实上，除了可以从战略上颠覆外，还可以通过提升效率和用户体验实现转型。

国内互联网技术发展迅速，商业模式变革创新的机会大多数被拥有互联网技术的企业先行进行了各种尝试。对于传统企业来说，从商业模式变革方面入手，成功转型数字化的机会并不是很多，且企业适不适合从商业模式上变革传统行业还需要具体分析。另外，在过去的十几年中，传统行业能够变革商业模式的领域都已被颠覆。

很多人认为数字化转型只适合那些存在商业模式转变机

会的行业。但其实，商业模式变革只是数字化转型的一种方式。企业如果只考虑依靠商业模式的变革实现效益目标，实现难度较大。因为，有些行业的商业模式已经成熟且没有可挖掘的空间，这时可以通过提高效率或者提升用户体验达到相同的目的。

第二部分

何时数字化转型

企业应该何时开始数字化转型？是当下就开始，还是蓄势等待？答案是把握当下。

数字化转型已成为一股势不可挡的浪潮。“新基建”的大力倡导和2020年突如其来的新冠肺炎疫情也在推动企业立刻进行数字化转型。

数字化加速了行业更迭，产生新的服务模式和运营思路。

数字化动摇了固守原地的行业老大，孵化新的行业巨头。

数字化推动了行业创新，打破竞争格局，诞生行业新秀。

无论数字化转型浪潮对行业有何影响，企业都需要了解数字化转型形势，明晰当下数字化转型的利弊。

因此，这一部分将首先详细阐述企业数字化转型的必要性，然后明确指出企业数字化转型的时间，以便让不同的企业把握好数字化启动的时机，从而事半功倍，并提供各行业数字化转型的参考时间，以便让读者深入了解企业数字化转型的紧迫性。

第 3 章 数字化催生新物种

数字化给各行各业带来了巨大的变化。本章将从数字化加速行业迭代、催生新的行业巨头和行业新秀这 3 个方面佐证企业数字化转型的紧迫性。

3.1 数字化加速行业迭代

如今，大多数人足不出户便可以购买到生活必需品，微信、在线视频等通信和娱乐应用层出不穷，不断满足人们精神生活所需。互联网已全面渗透人们的工作和生活。

3.1.1 数字智能涌现，加速行业淘汰

依靠数字技术推动关联产业的发展，以崭新的方式满足人们

对美好生活向往的需求，这便是数字智能的目标。

数字智能体现在我们生活的方方面面，也意味着行业的快速迭代。如今，创新颠覆传统屡见不鲜。收费站收费员逐渐被电子收费代替，无人银行的出现令众多曾经抱着“铁饭碗”的银行职员忧心忡忡，无人超市令一批批导购和收银员面临失业，电话客服正慢慢被智能机器人替代……

3.1.2　数字化企业领先行业

数字时代，数字化能力已成为企业的核心竞争力，各行业正在掀起数字化转型的浪潮，其中互联网、媒体、金融、政府相关部门、资本密集型行业是数字化转型的排头兵。中国飞速发展的市场孕育了巨大的消费潜力，吸引着国内外企业的目光，但并不意味着所有的企业都可以从中获益，只有积极拥抱数字化的企业才能实现行业领先。这其中既包含以数字化技术作为立身根本的新锐企业，也包含积极投身数字化转型的传统老牌企业。

数字化时代，首先获利的是那些以数字化技术立身的新锐企业。相比传统企业，这些企业会更积极地部署数字化技术，以拓展业务能力，从而快速占领市场，这类企业的发展速度远远超出行业平均水平。如图 3-1 所示，调味食品、营养品、饮料、彩妆行业的新锐品牌在 2019 年“双十一”期间的 GMV（一定时间段内的成交总额）的平均增长率，分别比整个行业的平均增长率高出 8.5 倍、13 倍、15.9 倍、3 倍。另外，数字化技术赋能企业的增长也将提升周边企业数字化转型的积极性。

积极投身数字化转型的传统老字号企业的增长率也领先行业其他企业。在 2019 年“双十一”期间，调味食品的行业平均增长率为 22%，而某积极推进数字化转型的传统老字号企业的 GMV 增长率为 41%，是行业平均水平的 1.9 倍；某营养品的行业平均 GMV 增长率为 17%，而某积极推进数字化转型的老字号企业的 GMV 增长率为 31%，是行业平均水平的 1.8 倍。

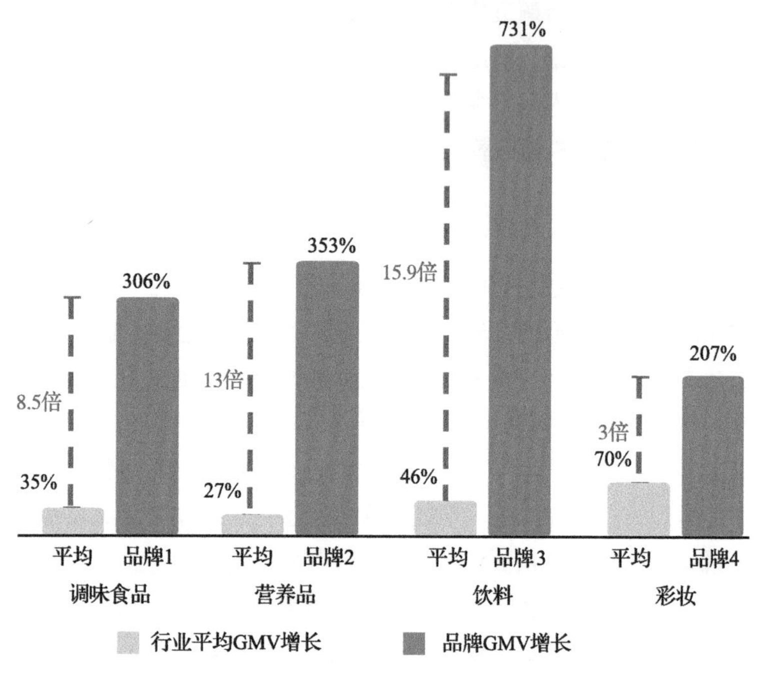

图 3-1　数字化企业增长速度远超行业平均水平

3.2　数字化催生行业新巨头

以提高效益、降低成本为目标，快速并且成功地实现数字化转型是企业所期望的。为了实现这一目标，企业会投入非常多的精力和财力。随着各企业转型的逐步推进，行业内必将产生新的巨头。

企业要想发展成为行业的巨头，必须经过数字化转型。在转型过程中，战略战术转型、业务模式转型、运营方式转型以及组织结构转型都至关重要。以金融行业的银行数字化转型为例，某国外银行的数字化转型便是一个成功的典范。

某国外银行的数字化转型经历了并购整合、卓越运营、数字化和全渠道 3 个阶段，如图 3-2 所示。

- 银行合并，客户超过800万
- 同一个银行，同一个品牌

- 日常银行业务：简单，便捷，透明，统一的体验
- 咨询：个性化，定制化

- 数字化创新者引发的期望：
  - 不同渠道之间轻松转化
  - 万物数字化
  - 个性化，贴合性

第1阶段：并购整合　　第2阶段：卓越运营　　第3阶段：数字化和全渠道

2007—2010　　2010—2014　　2015—2017

- 改善的多渠道服务理念，利用规模经济
- 110多万客户转移到统一的IT平台
- IT投资：5亿欧元
- 缩减2500名等效全职员工
- 到2011年每年节省2.8亿欧元

- 标准化的“直接至上”服务模式
- 流程优化：85%的银行业务流程都重新设计
- 产品供应合理化
- IT投资：2亿欧元
- 缩减4400名等效全职员工
- 到2015年每年节省4.6亿欧元

- 独特的全渠道体验
- 280多个团队采用敏捷工作方式
- IT投资：2亿欧元
- 缩减1700名内部全职员工和1075名外部等效全职员工
- 到2018年每年节省2.7亿欧元

图 3-2　某国外银行数字化演进路径

首先，该银行与隶属不同业务领域的其他银行合并，扩大了客户覆盖范围，改善了多渠道的服务理念。同时以扩大经营规模、降低成本的模式，将数以百万的客户转移到统一的 IT 平台，实现了数字化转型的第一步。

然后，该银行改变了原有的服务模式，运用了标准化的“直接至上”服务模式，将大部分业务流程进行重新设计和优化，使得日常业务变得更加简单、便捷、透明，产品的供应方式也更加合理。

最后，该银行以“提供数字化创新产品服务”为核心理念，制定了独特的全渠道体验，团队采用敏捷工作方式，实现了不同渠道之间轻松转换，达到万物数字化以及产品、服务更具个性化和贴和性的效果。

在整个数字化转型的过程中，该银行在提高效益的同时大大降低了人员成本。

如今，该银行业务覆盖全球，分行遍布数十个国家，在全球金融领域成为新一代银行巨头，其数字化转型路径和方法成为全球金融企业的范本。

纵观历史发展，每一次巨大变革都会诞生一批行业巨头，而之前的行业老大会因为固守原地、无法顺应时代发展退出历史舞台。因此，在数字化转型浪潮下，各个行业的企业都需抓住时机，选对方法，积极实现数字化转型。

3.3　数字化转型催生行业新秀

数字时代，数据处理技术得到了空前的发展，数据成为企业之间竞争的核心资源。企业将通过数字技术占据更多的市场份额积极推行数字化转型必然会提高市场竞争力，也将打破传统的竞争格局，甚至带来新一代的行业新秀。

传统消费市场中，企业服务类型种类繁多，大有百家争鸣、百花齐放的态势，同时在同一服务类别（俗称同行）之下的企业数目庞大，竞争激烈。例如在互联网行业，许多以研发、营销为目的的游戏品牌技术水平相近，实力差距较小，很难在激烈的竞争中脱颖而出。

如今，企业可凭借深厚的数据资源及技术实力加快数字化转型的步伐，研发满足用户需求的产品，抢先一步占领消费市场，从而打破竞争僵局。数字技术的发展会鼓励那些擅长创新的人才或创业公司参与市场竞争，蜕变为行业新秀。在市场监管下，这些新秀会通过让利等手段占据一定的市场份额，甚至为消费者提供免费的产品和服务。为了保持市场份额，这些企业会定期加大研发力度，优化产品和服务，保持创新力。

总而言之，数字化转型会促使企业运用新技术提高产品质量和服务水平，提升行业创新能力，从而带来一批行业新秀，转变市场竞争格局。

|第 4 章|

加速数字化转型的两大原因

在第 1 章，我们分析和梳理了推动企业数字化转型的 5 个要素，我国正在大力倡导的“新基建”成为推动企业数字化转型的新动力。2020 年突如其来的新冠疫情影响了全球经济发展和国民生活，但也迫使企业积极找寻出路，进一步加快数字化转型的步伐。

4.1 新基建加速数字化步伐

在工业时代，传统基建主要是指“铁公基”项目，也就是铁路、公路、机场、港口、水利设施等建设项目。

在数字时代，基础设施建设的定义也发生了变化。“新基建”是数智基础设施建设，主要指与数据相关的基础软硬件建设，包括网络、数据中心、云计算平台、基础软件。“新基建”是以创新发展为理念，以技术为驱动，以信息网络为基础，为数字转型、智能升级、融合创新而赋能的基础设施体系。“新基建”是支撑未来经济社会发展的重心和基础，它将加速企业的数字化转型。

1. 传统基建带动国民经济发展

不论是过去还是现在，我国高铁、高速公路、机场等传统基建能力不断提升。这些基础建设工程不仅拉近了城与城、乡与乡之间的距离，为城乡居民的生活提供便利，而且创造了大量的就业岗位，带动了不同地域的经济往来和发展，积极推动了社会经济的繁荣。

2. 新基建加速企业数字化转型的步伐

“新基建”以新一代信息技术赋能传统制造领域转型升级，并带来新的场景应用。特别是在 2020 年新冠疫情给国民经济和社会带来了严重影响的情况下，以医疗信息化等为代表的医疗新基建受到重点关注。

除了医疗新基建外，其他的“新基建”还包括 5G、特高压、城际高速铁路和城际轨道交通、工业互联网、新能源汽车充电桩、大数据中心、人工智能等涉及多个社会民生重点行业的基础设施建设，这些都是“新基建”大体的应用方向。在大数据中心方面，IT 设备厂商、IDC 集成服务商、云计算厂商、软件厂商等都可以在“新基建”的倡导下，加强合作，实现共赢。

“新基建”的发展不仅刷新了人们对数字技术的认知，还为大数据变革传统行业、挖掘新的市场机会提供了支持。譬如，近年来不断涌现的直播带货、社交电商、共享汽车、无人驾驶等都离不开新基建的身影。

大力倡导新基建将加快企业数字化转型的步伐。一方面，经济下行，企业盈利空间有限，积极利用以数字技术为代表的新基建进行数字化转型，成为企业突破发展瓶颈的抓手。另外，发展新基建的政策倡导也在一定程度上推进了各行业融合数字技术的进程。各行业与数字技术的融合并不单指基础的网络技术建设，而是要深入行业内部，将数字技术与业务和产品深度融合，协调推进。这既能助力数字技术在不同行业平稳落地，又能帮助企业进一步挖掘新的商机。

总而言之，“新基建”的发展拓宽了数字技术的应用范围，加速了企业数字化转型的步伐。

4.2 新冠肺炎疫情下企业加速数字化进程

2020 年初，新冠疫情的突袭打破了春节的祥和，这场疫情让全国经济和生活近乎停摆，各地普遍推迟了企业复工、学校开学的时间，众多行业，特别是餐饮、旅游、电影等文化娱乐行业遭受重创，一些公司甚至因长时间歇业而倒闭。

因疫情造成经济损失，企业开始转向将数字技术与运营管理进行融合，通过数字化转型实现降本增效。

疫情危机下，企业主动转型并不只有这一次，在 2003 年“非典”期间，阿里巴巴顺势推出淘宝网，发展电子商务平台，加速了中国电商产业的发展。同样，在此次新冠疫情期间，众多线上活动的开展也带动了企业数字化转型。

疫情期间，旅游行业受疫情冲击，营收暴跌，这也迫使旅游行业加快线上布局。各旅游企业纷纷选择以网络直播、云旅游、线上景区为代表的线上传播方式，不仅提高了旅游产品的曝光度，提高了用户覆盖率，还推广了不少商品，这些都为疫情过后旅游复苏进行了预热。制造行业疫情期间工人无法全员到岗，生产力不足，原材料供应断档，耽误工期，而一些企业及时通过物联网大数据平台实现了远程操控，保障了生产节奏。

除此之外，国内许多企业也积极利用数字技术寻求新的业务场景，为用户提供更多线上活动平台。譬如，积极研发出行、医疗等数据平台，助力一线疫情防控工作。它们运用大数据技术实时分享病例数据，利用定位技术获取个人行动轨迹，利用网络技术和智能终端实现远程诊疗。

|第 5 章|

何时数字化转型

企业何时可以开始数字化转型？答案是越早越好，最好当下便开始。那么转型的时间有没有参考标准？本章就来探讨这一问题。

5.1　数字化转型的时机

如今，有些企业成功实现了数字化转型，有的刚开始，有的已经稳固发展。但是，大多数企业都还没有迈向转型。这是由于每个行业都有一个大规模爆发数字化转型的时间。不同行业由于数字化渗透的程度不同，进行数字化转型的时间也不相同。譬如，零售行业和金融行业较早接触数字化，行业内的大部分企业现在正在进行数字化转型。而建筑业、农业等传统行业的数字化渗透较少，至今还没有开始数字化转型。

那么企业应该何时开始数字化转型呢？同行业的大部分企业都没有开始数字化转型，自己要不要先转型？答案是肯定的，这和“先到先得”的道理是一样的。当行业内的企业大部分没有开始数字化转型时，有的企业会率先尝试，虽然数字化转型的结果可能会成功，也可能会失败，但一旦成功转型，它就会比行业内没有开始转型的企业更具颠覆行业的优势。

所以，还没有开始转型的企业要抓紧时间，第一步便是综合自身数字化转型的条件和实力，并立即着手转型。

5.1.1　剪刀差理论

企业当下便要开始数字化转型的原因还在于，数字化转型是一项长期工程，从长远来看，其对效率的提升、管理的优化、产品的创新、业务的开拓都具有持续作用。这就意味着企业越早布局，就能越早具备数字化能力，碾压那些还没有进行数字化转型或转型稍晚的企业。正如图 5-1 中的剪刀差理论所示，随着时间的推移，企业的人力成本会越来越高，数字化成本会越来越低，但在数字化成本和人力成本的交叉点来临之前，人力成本是低于数字化成本的。可能正是因为这一点，有些企业没有抓紧进行数字化转型。但当企业等到拐点（交叉点）的时候才开始数字化转型，就已经落后其他企业多时了。因为，数字化转型需要一个时间差，才能看到它的效果。在数字化成本和人力成本到达拐点之后，企业的人力成本会高于数字化成本，因此某些企业认为“光加人就可以代替数字化转型，比技术投入便宜”。这个观点是错误的。一旦到达拐点，企业的数字化能力将会大力赋能企业发展。

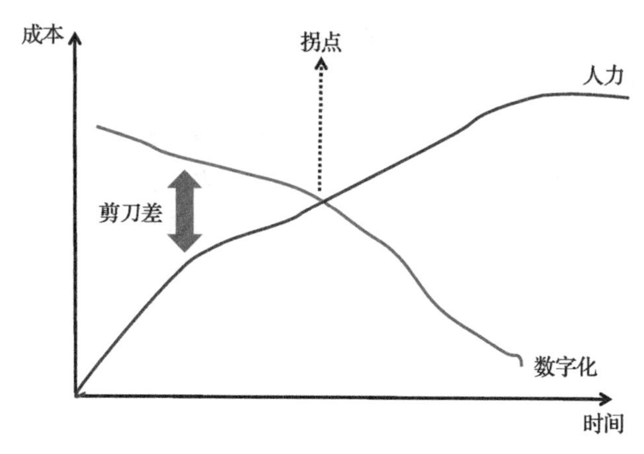

图 5-1　剪刀差理论

企业的数字化转型是螺旋发展的过程，因为数字化转型是个新兴事物，且要历经多个过程。可能所处行业内还没有成功转型的范例，也就无法借鉴他人经验；可能行业内有成功转型的企业，但该企业与自身企业的发展规模和实力等差别较大，可借鉴性较低。因此，企业需要根据自身情况，结合外部成熟经验，独自摸索，在不断的试错与纠正中螺旋发展。

在这个过程中，有些企业可能认为自己照搬其他已经成功转型的案例，便可直接取得成功。但其实，每个企业都需要历经数字化转型的每一个阶段和步骤，借鉴他人经验的确可以规避错误，但中间的历程都需要企业根据自身情况，独自摸索，一一攻克，"个中过程"不能绕开。可能企业在向别家企业就某个环节取经时，这家成功转型的企业已研发出更高效的工作方式了。

因此，越早开始数字化转型越利于自身的发展。也许你的企业在数字化转型初期，并没有收获太多的转型成果，但企业的组织架构、员工的数字化思维，以及企业的数字化文化等都在培养中。再者，数字化转型也是一个试错的过程，企业越早转型，越能快速发现及纠正自身的问题，越能早日步入数字化转型的正轨。

5.1.2　数字化的马太效应

马太效应是指强者愈强，弱者愈弱。数字化的马太效应是指运用数字化技术的企业的整体能力将比没有运用的企业强，且会越来越强；较早运用数字化技术的企业的整体能力将会比稍晚运用数字化技术的企业强，也会越来越强，如图 5-2 所示。这是因为，数据早已成为企业不可忽视的生产要素了。

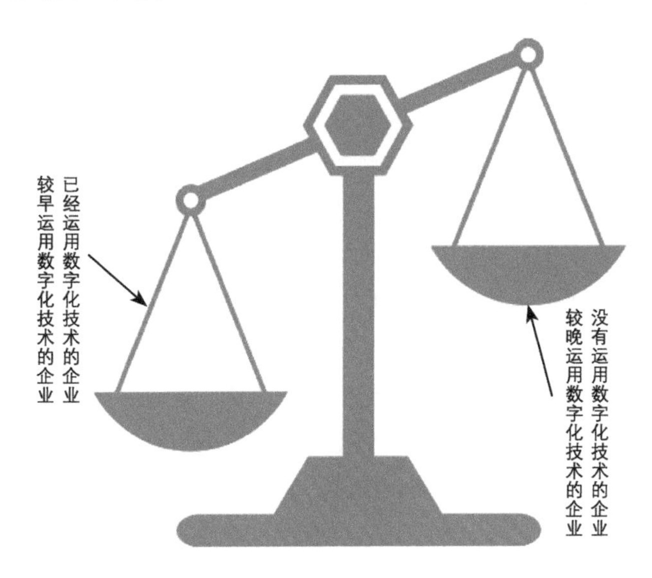

图 5-2　数字化的马太效应

如今，数据作为一种新型生产要素，与土地、劳动力、资本、技术等传统生产要素并列。这意味着，数据同劳动力、资本、技术等传统生产要素一样，可以为企业运营赋能。数据这种新型生产要素与劳动力相比，具有两个方面的区别。

第一个区别是叠加优势。企业规模越来越大，就会需要配置更多的劳动力，但企业的边际成本[㊀]并不会降低，劳动力成本只会越来越高，管理的成本也会越来越高。因此，劳动力作为生产要素，其叠加效应不明显。但当企业规模化地投入数据技术后，会使用大量数据，这也会产生更多数据，其运用的数字化技术也会越来越成熟，单个数据技术的成本便会逐渐降低，数据使用的效果反而呈指数级提升。因此，数据作为新型的生产要素，是具有叠加优势的。

第二个区别是规模优势。劳动力作为生产要素，很难规模化发展和管理。企业想要通过增加劳动力来达到一定的发展规模，首先要找到适合的人才，还要有管理这些人才的领导，这对企业来说都具有一定的挑战；且企业很难将这些人才培养成像数字化技术一样具有标准化的作业状态。这种依靠增加劳动力扩大发展规模的方式会遇到发展瓶颈。而数字化技术的边际成本为 0。如果依靠数字化技术，企业从拥有 1 家工厂发展成拥有 10 家工厂的规模，技术的提升空间将会越来越大，智能效率将会越来越高。因此，数据作为新型的生产要素，具有规模优势。

正因为数据具有叠加优势和规模优势，企业一旦恰当运用数据和数字化技术，其数字化转型的进度将会比同行更快，效果将会比同行更好，投入数字化的信心和资源会更多，公司整体的数字化能力将会更强。数字化转型的过程就像马太效应一样，企业一旦正确运用便会越来越强。另外，企业从数字化技术中获利越多，越会加大对其的投资，从而更快地抢占市场份额，最终超出同行水平，成为新的行业巨头。

㊀ 边际成本指每一单位新增生产的产品（或者购买的产品）带来的总成本的增量。

5.2　各行业数字化转型时间参考

从作为数据原生之地的互联网行业，到开启数字化运营探索的电信行业、金融行业，再到积极拥抱数字化的零售行业、娱乐行业，以及房地产行业、汽车行业、教育行业、能源行业、医药行业，都有数字化转型大规模爆发的时间。但这个时间与现实社会发展并不完全对标，只能根据行业属性、行业发展情况、行业发展规律等对各个行业的数字化转型时间做出预测。

各个行业都会掀起数字化变革浪潮，但是变革时间有先后之分。如图 5-3 所示，ICT、媒体与金融行业最早开始数字化转型；娱乐休闲、零售贸易等消费行业排第二；公共事业、政府、医疗、教育等相关部门排第三；高端制造、油气、基础产品制造、化工和制药等资本密集型行业排第四；农业、个人与本地服务、酒店服务、建筑等本地化行业开始最晚。

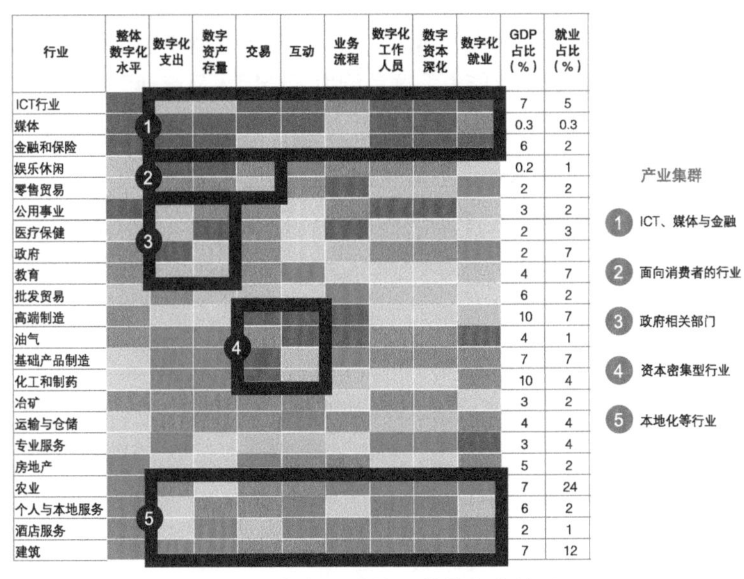

图 5-3　各行业陆续开始数字化转型

企业想要跟上数字化转型的浪潮，需要了解本行业的数字化转型趋势，及时制定数字化转型方案并部署行动，保证执行到位。

5.3　数字化转型的误区：当前加人成本低，加人即可

某些企业对于数字化转型的认识存在一些误区，这些企业认为当前多安排一些岗位及人员比配置数字化技术实惠，所以选择加人解决问题。企业的这种想法只考虑到当下要节省数字化转型的成本，为公司节流，却忽略了通过数字技术改造传统的思维范式、工作方法和流程带来的永久价值；也忽略了数字化转型的马太效应。

另外，加人与运用数字化技术相比，具有下列劣势。

首先，人员流动会导致资源和能力的流失，如果企业缺乏完整的流程或体系来沉淀资源或能力，一旦人员变动，将造成业务工作的堵塞，很多工作就需要从头开始。而数字化技术的运用会帮助企业形成一定的数字化能力，这种能力不会因人员流动而消失。

其次，人员的多部署并不能带来数字化转型的效果。数字化转型是通过数字技术和业务需求的结合优化流程、提升效率、创新业务，涉及企业的各个部门和模块，且是通过海量数据挖掘出规律和价值，结论较为科学，具有说服力。而人员安排依靠领导层的个人经验，难免产生职位安排的疏漏，且人员增加产生的效果与数字化转型效果难以评断。

最后，数字化转型对企业提升效率、优化管理、创新产品、开拓业务均具有持续性作用，可以连续为企业赋能。因此，企业为了降低当前运用数字化技术的成本而选择加人是存在误区的，会影响数字化转型。

第三部分

什么是数字化转型

当企业明确了解为什么要数字化转型、何时开始数字化转型后，还需要了解数字化转型的具体内容。

数字化转型是打造智能商业操作系统、帮助企业沉淀数字化能力的过程，它是一个系统性工程，每个环节和角色都要发挥效力。数字化转型既是个试错的过程，又是个探索未来的过程。数字化转型包含6个要素，缺一不可。企业只有了解何谓数字化转型，才能在转型之路上少走弯路。

|第 6 章|

数字化转型的要素

企业数字化转型就是打造智能商业操作系统的过程，而这个过程是系统性的，本章将对此进行详细阐述。

6.1 智能商业操作系统——构建数字化能力

企业进行数字化转型前需要构建智能商业操作系统。智能商业操作系统是企业的基础能力，基于数据分析的结果引导企业的商业行为，商业行为又生成数据，继续反馈到数据分析里，数据分析再次指挥商业行为。如此循环反复，数据和商业行为之间形成一个动态的、循环拟合的运转状态，帮助企业实现数字化转型的目标，获得良好的业绩。智能商业操作系统可打破当下商业非智能、非动态进化、非持续成长的状态，如图 6-1 所示。

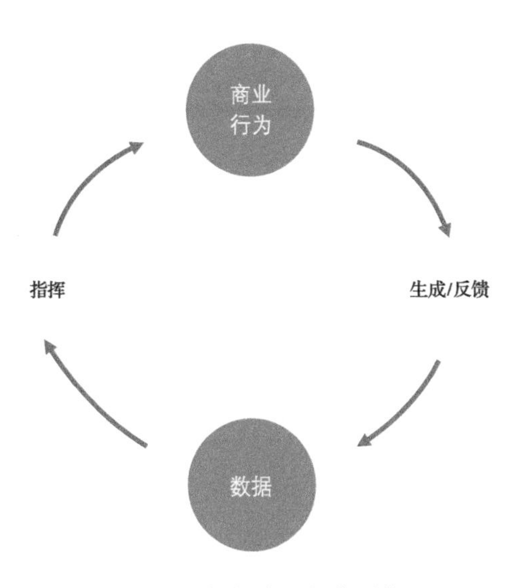

图 6-1　智能商业操作系统

6.1.1　智能商业操作系统的内涵

企业要想数字化转型成功，首先需要了解智能商业操作系统的结构及构建意义。

1. 智能商业操作系统的结构

数字化转型就是构建企业的“智能商业操作系统”，其架构如图 6-2 所示。

数字化转型是一个不断学习、迭代、拟合的过程，这决定了智能商业操作系统也是一个动态拟合的结构。如图 6-2 所示，智能商业操作系统的底层技术架构依托数据中台的建设，数据中台支撑着企业上层应用中台，是企业打造智慧研发、智慧运营、智慧供应链的引擎。在数据中台底层架构的支持下，企业将经销商数据的市场指标、利润率的财务指标、组织关系方面的团队指标

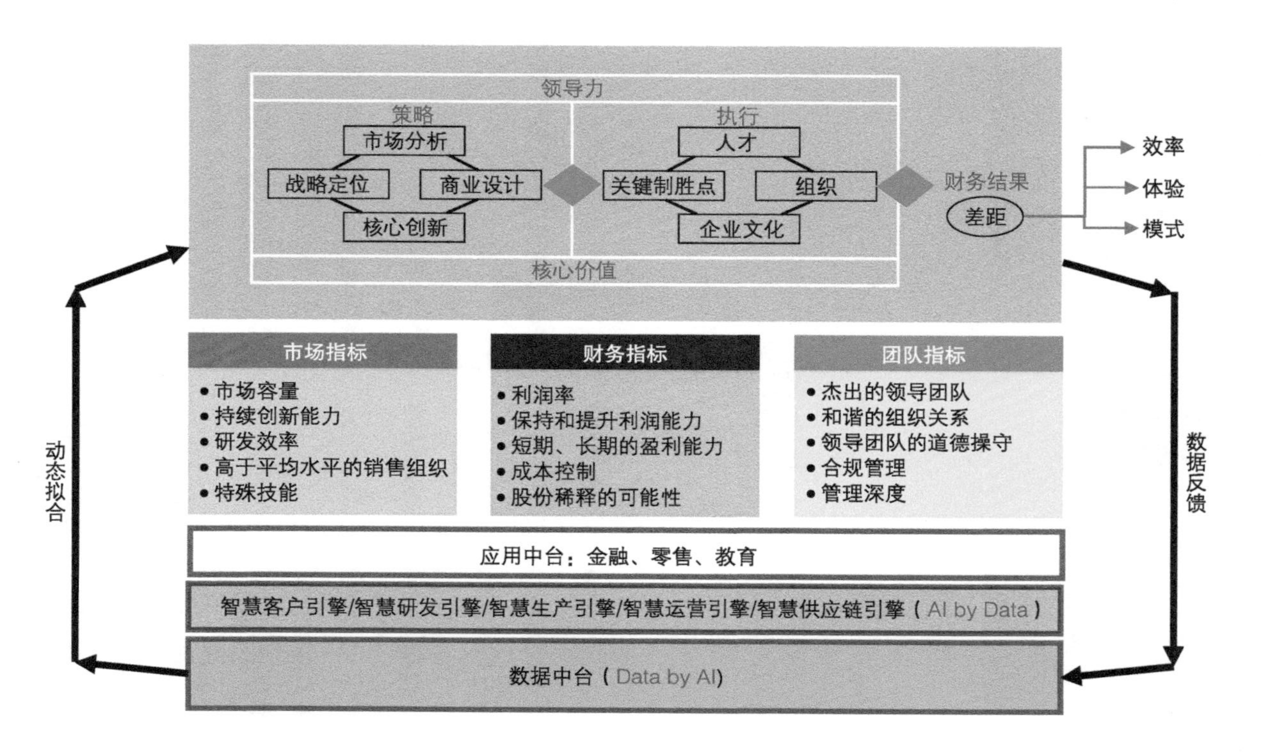

图 6-2　智能商业操作系统：数据中台 × 应用中台

梳理后形成智能应用，这些智能应用构成了应用中台的核心。在这些智能应用的基础上，企业若想转型成功，还需要运用领导力模型。领导力模型包含策略和执行两大部分。市场分析、商业设计、战略定位等构成了策略的内核。人才、组织、企业文化等推进执行工作。数据中台、应用中台、领导力三者合力促使企业实现数字化转型的目标，具备数字化的能力，达成可量化的财务业绩。

2. 智能商业操作系统的构建意义

企业数字化转型的实质是打造智能商业操作系统。这要求企业不仅要批量生产个性化的产品和服务，还要融入创新理念，将现有运营、管理、研发等思维重新组合，促使部门协同一致，同时还需要利用数字化技术实现数字智能，即构建数据中台架构，实现从 B2C 到 C2B 的过渡。

在这个过程中，企业应具备试错能力、沉淀能力、共享生态资源等不同的能力，如图 6-3 所示。

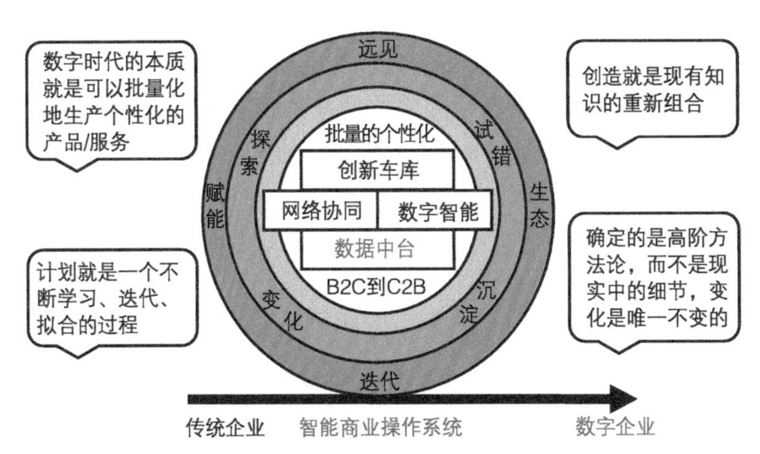

图 6-3　数字化转型就是构建企业的“智能商业操作系统”

以前，企业主要依靠人来经营，很多商业决策和商业要素没有将数字化纳入其中，没有实现智能化，使得企业经营管理与市场运行脱节。真正的商业智能系统是将企业的用户、商品、渠道、人员进行数据智慧化整合，形成动态链条，再运用自动模型进行智能运转。比如，零售行业的智能定价应用解决了零售企业上百万个 SKU[⊖]的智能定价问题。

智能定价应用首先将该零售企业的销售、生产、供应链、原材料等上下游数据、竞争对手的数据，以及物流数据进行汇聚、分析和智能化处理，为企业提供动态的商品定价参考。该智能定价应用调整了以前按季度或年度才进行一次定价的频率，可以根据不同时期、不同原材料状况、不同市场行情智能地调整商品价格，帮助各渠道商获得一线的市场参考价格，及时跟上市场变化。智能定价应用也改变了企业过去为了保持收入，不惜成本地压低价格、打压对手的竞争套路，为整个行业的利润增长提供了保障。

智能定价应用基于企业数据一体化，这些数据在数据中台被完全打通。在数据中台，技术人员会建立模型，方便业务人员结合数据分析进行智能定价。

这种定价模式所获得的收益是过去依靠人工定价无法达到的，它依赖整个智能商业操作系统的高效运行能力。智能商业操作系统以高效、智能化的方式管理数据，减少 IT 人员的配置成本，既为企业持续发展提供动力，又为企业节省了人力成本。

6.1.2　智能商业操作系统与数字化转型的关系

打造智能商业操作系统是实现企业数字化转型的必经之

⊖ SKU（Stock Keeping Unit，最小存货单位）是销售商品的统一编号，由 6 位数字组成，进入销售环节的每一件商品均对应有唯一的 SKU 号。

路。企业转型就是要培养一种循环、动态拟合的能力，从而提高效率、获得收益。而智能商业操作系统完全可以构建这种能力。

智能商业操作系统具备数字孪生能力。所谓数字孪生能力，就是对企业的运行数据进行连续采集和智能分析，并在系统之上虚拟构建产品的数字化模型，对其进行仿真测试和验证，从而提高产品价值。数字孪生能力可有效提升产品的可靠性和可用性，同时降低产品的研发和制造风险。

智能商业操作系统将企业上下游数据汇聚打通，建立模型，通过模型来测试业务运营状态，再反馈到实际场景进行调整，从而优化商业运行状态。经过实战调整后的结果将反馈到模型中，模型通过动态拟合的方式将结果转化为数据，更新后的数据再继续为模型服务。周而复始，循环往复，形成可持续的智慧化能力，这便是智能商业操作系统的实质。

智能商业操作系统可帮助企业沉淀数字化基础设施能力，以应对在未来商业竞争中可能遇到的各种变化和挑战。

6.2　数字化转型适用于木桶理论

大多数企业习惯从信息技术角度理解数字化转型，并没有意识到这是一项战略性、系统性、长期性的艰巨任务。正如木桶理论一样，数据、应用、人才、工具、经验、中台 6 个要素缺一不可，如图 6-4 所示。任何一方出现短板都将大大影响企业的数字化转型效果。

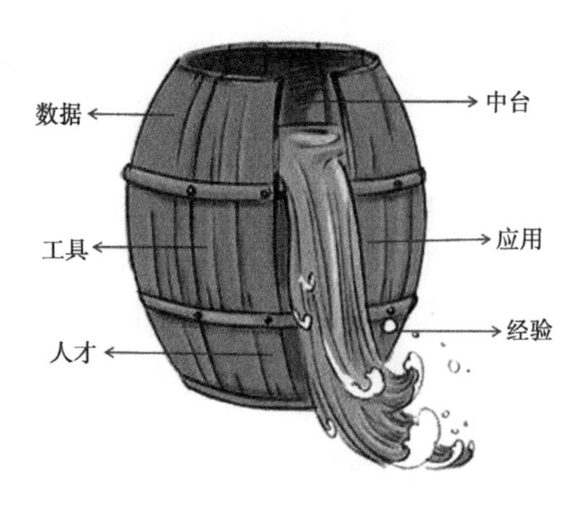

图 6-4　数字化转型的木桶理论

企业的数字化转型是循序渐进螺旋式发展的。在企业数字化转型的行进路上，一旦某一要素发展滞后，将会影响转型整体的进程和结果。譬如，企业在数字化转型过程中，只注重技术投入，但人才匹配不合理或不完善，数据赋能业务就无法达到好的效果，也就无法达到企业的转型目标。企业只有将六大要素配备齐全，才具备成功转型的基础。因此，企业在数字化转型过程中，要及时根据当前状态观察各个要素的发展规模和应用程度，快速弥补短板，调整发展过快的要素的速度和规模，避免单项过度投入。

6.3　数字化转型是个系统性工程

事实上，企业数字化转型是一种系统性的变革创新，包括战略制定、数据治理、技术更新、产品创新、组织变革、管理变革。

一些企业缺乏对数字化的整体认识，在转型时无法做到“点线面结合”。仅依靠底层的数据治理，仅重视各种信息化设备和系统的购置，完成自动化、智能化的生产线、厂房建设，只是多款智能应用的叠加和智能产品的部署，对企业数字化转型来说，都是片面的。单方面重视各种数据工具的增设和高素质人才的搭配，也可能“治标不治本”。因此，企业只有从整体上实现数据的全维应用，才能发挥数据赋能业务的价值。

若企业无法合理使用数据，企业的数字化运营将停滞在浅层的统计分析上，无法达到深度 DT 应用。因此，企业不仅要重视信息技术基础设施的配备，更要关注数字化技术与业务，以及与组织架构、生产流程、管理模式的深度融合。企业需要重新思考数字化战略在企业发展过程中的地位和推动作用，从企业发展的战略高度深刻理解数字化转型，从而为企业构建顺应数字化时代的运营理念和发展方式。

企业转型除了要完成以上工作外，还需要从数据层面梳理数据与业务逻辑之间的关系，从而确保数据智能应用的正确方向。数字化转型需要从数据采集、数据治理、数据挖掘、数据分析、智能应用等方面全面部署。企业需要通过数据治理实现数据的打通与共享，形成数据资产沉淀，通过建立数据模型达到应用沉淀，将共享的数据和沉淀的应用形成闭环，让应用生成数据，让数据完善应用，最终快速满足用户需求，实现降本增效。

综上，数字化转型是一个系统性问题，不是单点问题。缺少任何环节或者因素，都会导致企业的数字化转型失败。

6.4　数字化转型不可或缺的 6 个要素

数字化转型是系统性的工程，数据、应用、人才、工具、经验、中台 6 个要素是系统性工程的具体化，如图 6-5 所示。

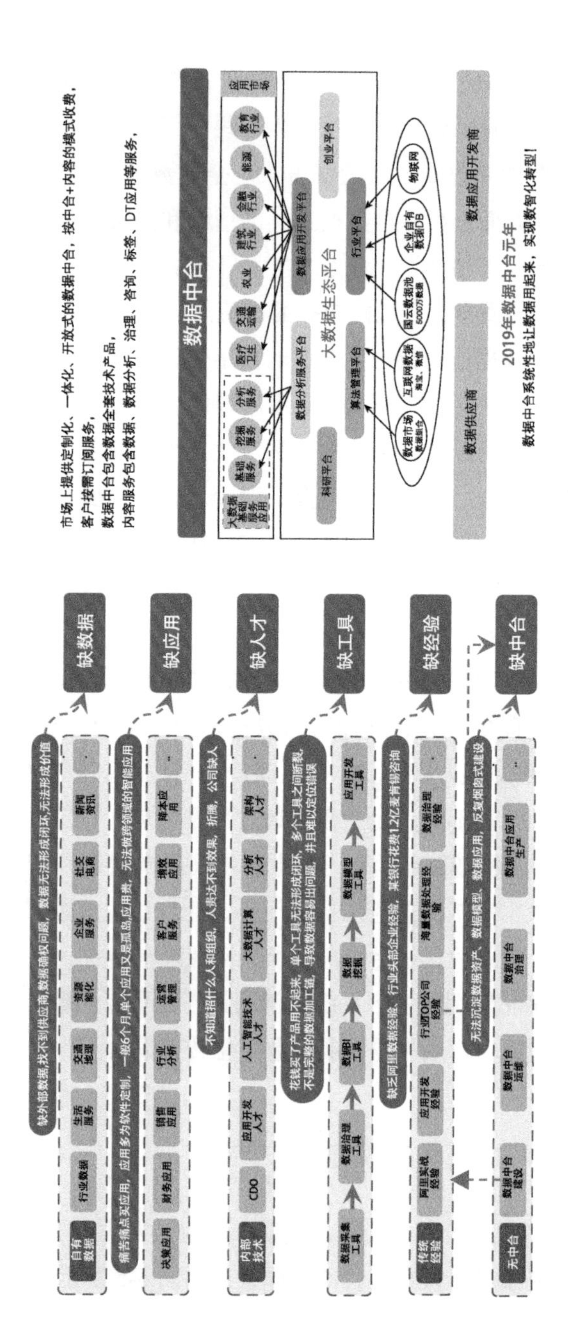

图 6-5　数字化转型不可或缺的 6 个要素

6.4.1 数据

企业在数字化转型过程中，不仅需要内部数据，也需要外部数据。企业在生产经营过程中会产生大量数据，这些是企业的内部数据，它们存放在不同的部门，并没有打通。即使是同一个部门的数据，也可能放置在不同的数据仓库中，想将这些数据打通也存在技术壁垒。企业内部数据不打通，业务部门就无法将不同数据进行关联和整合，无法挖掘更深层次的数据价值。

在数字时代，企业若想及时抓住商业机会，不仅需要内部数据，还需要外部数据的支持。过去，企业并不善于融合和使用外部数据。如今，面对席卷而来的数字化浪潮，企业不得不对这些外部数据加以重视。

企业缺乏数据问题的原因很多。首先，企业内部存在一定的数据问题。

1）内部数据盘点不够清晰，企业没有明确的数据资产管理办法和体系。

2）内部数据资产的价值不明晰。

3）数据没有形成闭环，企业无法全面使用数据资产。

4）数据没有达到 OneWorld[㊀]，数据标准不一致。

5）对于没有质量保障的数据，企业不敢轻易使用。

6）部分数据资产在供应商手中，企业无法灵活自主地使用。

7）数据资产缺少风控体系（技术手段、法律手段、管理手段等）保护，导致数据外流，没有形成数据优势。

8）数据缺少沉淀和积累。

其次，企业对外部数据的理解与使用也存在如下一些问题。

㊀ OneWorld 是数据治理的步骤之一，通过 OpenAPI 的方式实现与合作伙伴的数据互连互通。

1）对企业自身应该获取和补充的数据类型缺乏认知。

2）对外部数据获取来源和渠道不甚清楚。

3）即使通过多方渠道获得外部数据，数据确权问题也会导致数据使用举步维艰。

6.4.2　应用

数智应用可以帮助业务部门解决需求，但企业在数字化转型过程中经常遇到数智应用不全面的问题。即企业的技术投入没有体现业务场景的价值，没有让业绩发生变化。

企业在日常管理中常用的 CRM、ERP 等信息系统实现了数据采集，但这只是企业数据应用中的一环，与充分利用数据改善管理、降本增效、实现创收的目标还有很大距离。

数智应用缺少的原因有三个。

原因一是应用技术开发模式过于传统，应用开发成本高、响应滞后、易生成数据孤岛。企业应用的开发多为定制性的，一般造价不菲，开发周期长。单个应用之间无法共享数据，产生数据孤岛。

原因二是 IT 投入过度，数字技术投入过少。数字技术是利用 IT 软件产生的数据来赋能业务，将业务价值最大化，而不是对数智应用进行管控。

原因三是企业的数据中台并不具备应用开发能力，无法做出真正的数智应用。如果企业自己开发的应用没有产生直接的业务价值，只是产生了大量的报表性材料，企业可以参考 7.1 节的内容测评自身处在哪个级别，从而制定相匹配的数智应用开发方案，开发能够产生直接价值的数智应用。

6.4.3　人才

数字经济浪潮的到来迫使企业及早思考如何从工作流程、业务模式、思维方式、应用场景等方面快速布局数字化。“数据驱动业务”并不是一句口号，其落地的第一步便是人才队伍的建设。

完整的数据体系不仅需要掌握数据战略的高层人才，也需要熟稔技术、应用、算法的中层、基层人才，如图 6-6 所示。

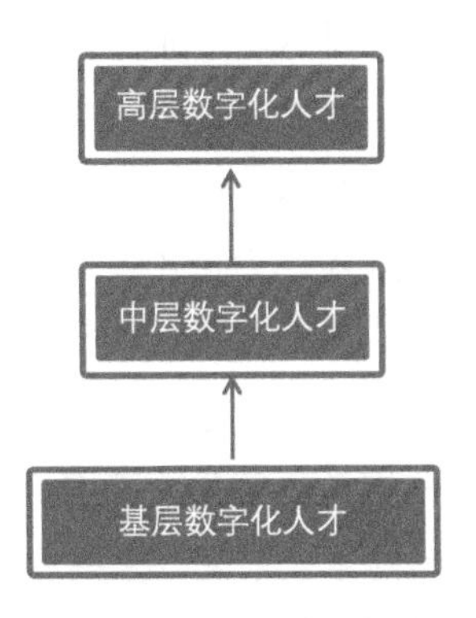

图 6-6　数字化人才结构草图

首先从高层人才方面考虑，很多企业在数字化转型过程中，可能会换好几轮 CTO。每一位 CTO 对数字化转型都有不同的见解，因此他们对公司的数字化转型方案都有不同的执行侧重点。这有可能造成企业的数字化转型工作持续在某一个环节打转，没有进展。企业在高层人才建设方面，除了缺适合的 CTO 外，还缺 CDO。CDO 旨在通过采用数字技术创造新的商业机会，主要负责推进企业的数字化转型执行工作。该职位要求既能理解上层的数字化转型方案，又深谙技术原理和业务逻辑，可以有效推动数字转型工作的细节，实现数据赋能业务。

其次从中层人才方面考虑，中层需要解决将数据转变为数字化产品并赋能业务的问题。在这个过程中，需要中层人才推动每个业务场景下的转型任务，使技术部门与业务部门完美配合。

最后从基层人才方面考虑，企业需要形成一支多兵种配合作战的队伍。不同性格、工作习惯、职业技能、专长方面的人可以根据项目需要协同工作，实现更高的工作效率。在基层人才的配置方面往往会产生一个现象，即某一方面的人才饱和，比如写代码的人员偏多，但缺少数据分析师、产品经理、算法工程师这些既懂业务又懂技术的多面型人才。企业的人才配置不合理，就无法高效赋能前端业务。

其中，中基层的数字化人才需求较大。企业可以建立自己的培训体系，培养合适的人才，为企业多维度配置人才、形成系统化的人才梯队做好准备。

企业只有拥有数字化人才，才能形成数字化文化，才能以一定基数和规模的人才来推动数字化的应用。因此，数字化人才队伍的建设对数字化转型的企业来说，至关重要。

扫描前言二维码，获取更多资料。

6.4.4　工具

企业不能妥善使用数据还可能是因为缺少数字化工具。信息化并不等同于数据化、智能化。CRM、ERP 等系统的部署仅完成了企业数据智能应用链条上数据采集这一环，数据加工、数据挖掘、数据分析等环节均需要不同工具来实现。

数字化工具可以提高企业管理的效率和质量，但必须建立在完整的工具体系基础上。因为数据工具之间的格式大多存在差异，如果不将这些数据格式统一，就无法形成数据闭环。滥用这些数据工具，容易出现错误的分析结果，并且难以定位问题到底是出现在数据融合环节还是数据分析环节。

因此，企业要实现数据驱动业务，不仅要搭建不同环节的工具体系，还要在数据共享的基础上使数据工具之间形成闭环。

6.4.5　经验

如果缺少数据运营经验，企业使用数据也会困难重重。那些率先完成数字化转型并成功搭建数据中台的企业，大部分都具备丰富的数据运营经验，比如数据中台概念的提出者阿里巴巴。

数据中台是阿里巴巴在数字化转型浪潮下，不断革新大数据建设并经历多次实战后提出的概念。阿里巴巴数据中台的建设依靠的是阿里强大的数据处理能力。一般企业并不具备阿里这种行业顶级公司的数据应用开发和数据治理能力，面对海量的历史数据，常常“束手无策”。他们不了解大数据的应用场景和数据价值，难以准确摸清大数据应用需求，也就无法对企业的发展实现自我诊断、挖掘数据背后的价值。

业务部门不能提出清晰的数据需求，数据技术部门在短期内无法帮助业务部门挖掘数据价值，企业的决策者可能会认为数据技术投入与产出不成正比，这在一定程度上会使企业对数字化转型的战略持犹豫、观望的态度，不仅影响了企业挖掘数字化时代的商机，也阻碍了企业依靠数字化转型沉淀技术和数据应用能力的进程。

企业想要扭转这种局面，需要依靠专业的数据团队构建大数据应用场景，让业务人员了解数据的真正价值，并不断提高数据业务实践能力，不断积累数字化转型的经验。

6.4.6　中台

企业依靠数据中台可以梳理数据资产、构建数据模型、沉淀数据应用。面对业务和管理问题时，一味地增设应用却不建设数据中台，会导致重复建设的情况，造成数据烟囱林立，内外部数据无法实现共享和打通，也就无法沉淀数据应用能力。

数据中台可以帮助企业实现内外部数据的打通和融合，实现全域数据分析和应用。业务部门可以在中台之上自由地享用数据服务，而后端技术部门也不必为前端业务的简单需求绞尽脑汁，可以留出大量时间和精力研发更高水平的应用产品，因为通过数据中台，业务部门自己就可以解决这些基础需求。

数据中台是企业数字化转型的核心内容，可以说，企业不搭建数据中台便无法顺利进行数字化转型。

然而，有些企业将以上的内容都建设完成了，但仍不能成功转型。这是为什么呢？原因在于以下 3 点。

1. 数据无法良性地动态循环

尽管有些企业将以上 6 个方面都进行了梳理和建设，但其数据是静态的，没有形成良性循环，不能实时更新与回流，也就无法为前端业务提供实时动态的数据分析。

2. 数据缺少体系化的管理

虽然有些企业完成了数据的前期治理，但是仍遗留了一些问题。比如每个模块的数据都独立存在，呈点状分布，没有实现连通；数据与数据之间没有业务逻辑联系；即使每个业务模块的数据都很标准，但相互之间没有叠加效应，产生的效益仅限每个单独的业务模块或业务部门使用，无法发挥全局数据的价值。

3. 数据使用陷入“畸形模式”

通常会有一些业务模块较为重要或占据市场份额较大，这些模块的数据应用较频繁、集中，数据的质量也较好。这为企业发展重点业务提供了较大帮助，但也带来了一些问题。譬如因为这些业务模块数据治理较好，赋能业务价值较大，企业便会将数据治理的重点放在这些地方，从而忽略其他业务模块的数据治理。虽然重点业务模块的数据赋能价值越来越强，数据智能运营越来越专业，但是其他业务模块的数据应用却很弱。这些单点业务的数据应用日趋完善，却越来越难与其他业务模块的数据融合，企业为了维持这些业务模块的数据赋能，只能不断加大投入力度进行维护，最后走入怪圈，造成企业数据应用的“畸形模式”。

数字化转型是企业围绕“数据赋能业务”的核心进行全面布局并长期坚持的工作。为了实现数字化，企业不仅要关注以上内容的建设，还要注意数据运行、数据管理、数据使用的情况。只有这些要素运转顺畅，企业才能真正实现“商业智能”，从而成功转型数字化。

第四部分

是否应该数字化转型

如今数字化转型已然成为一种行业趋势，以下问题成为关注焦点。

企业是否应该数字化转型？

发展到什么级别的企业可以进行数字化转型？

数字化转型需要具备哪些条件？

在数字化转型过程中需要注意哪些问题？

解决以上问题需要企业根据数据化运营程度，运用专业的数字化测评模型，对自身的数字化水平做出判定，并从发展战略、管理体系、组织架构、人力资源等方面进行梳理，判断自身是否具备转型的实力，从而确定当前是否应该着手数字化转型。除此之外，企业还应注意避开数字化转型的误区，以免误入歧途，丧失转型良机。

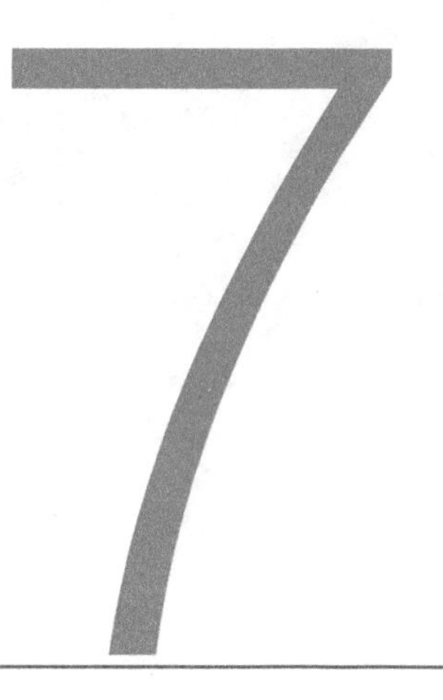

|第 7 章|

数字化转型自我测评

企业在明白了什么是数字化转型后，便要决定自己是否应该着手转型。本章将从数字化运营级别和数字化转型的准备程度帮助企业判断是否应该数字化转型。除此之外，企业在决定数字化转型前还需注意避开四大误区。

7.1 数字化 MAX 成熟度模型与测评

企业是否应该数字化转型？

发展到什么级别的企业可以进行数字化转型？

回答这 2 个问题前，我们需要明白，数据及技术工具并不能代表数字化运营程度，运用 Excel 不能代表数字化运营程度低，运用大数据、BI、中台等工具也并不能代表数字化运营程度高。

数据在企业管理当中发挥的作用与价值才是衡量数字化运营程度的标准，企业通过专业的数字化 MAX 成熟度模型对自身的数字化水平做出判定，从而决定是否应该数字化转型，并制定符合自身需求的数字化转型方案。

7.1.1　数字化 MAX 成熟度模型的 6 个级别

数字化 MAX 成熟度模型包含第 0 级到第 5 级，共 6 个级别，如图 7-1 所示。

第 0 级：未应用数据，完全依靠负责人主观决策。

第 1 级：采用 Excel 存储和分析数据，数据文件零散、数据量小。

第 2 级：依赖技术部门进行数据分析。

第 3 级：以技术为中心，系统化地应用数据，利用数据支撑业务。

第 4 级：以业务为中心的数据化运营，数据赋能业务。

第 5 级：数据引领业务，赋能业务创新和变革。

从第 0 级公司未应用数据到第 5 级公司数据引领业务创新，数字化 MAX 成熟度模型从 6 个维度出发，对企业的数字化水平做出划分，帮助企业快速了解自身的数字化短板，明确数字化转型的必要性，找寻数字化建设的重点与切入点，合理制定数字化转型方案，从而快速实现数字化转型。

7.1.2　数字化运营级别测评

在了解数字化 MAX 成熟度模型后，企业可以对自身的数字化水平进行评定，从而明确数字化转型的必要性，制定适合自身发展的数字化转型方案。下面展开说明数字化 MAX 成熟度模型的 6 个级别。

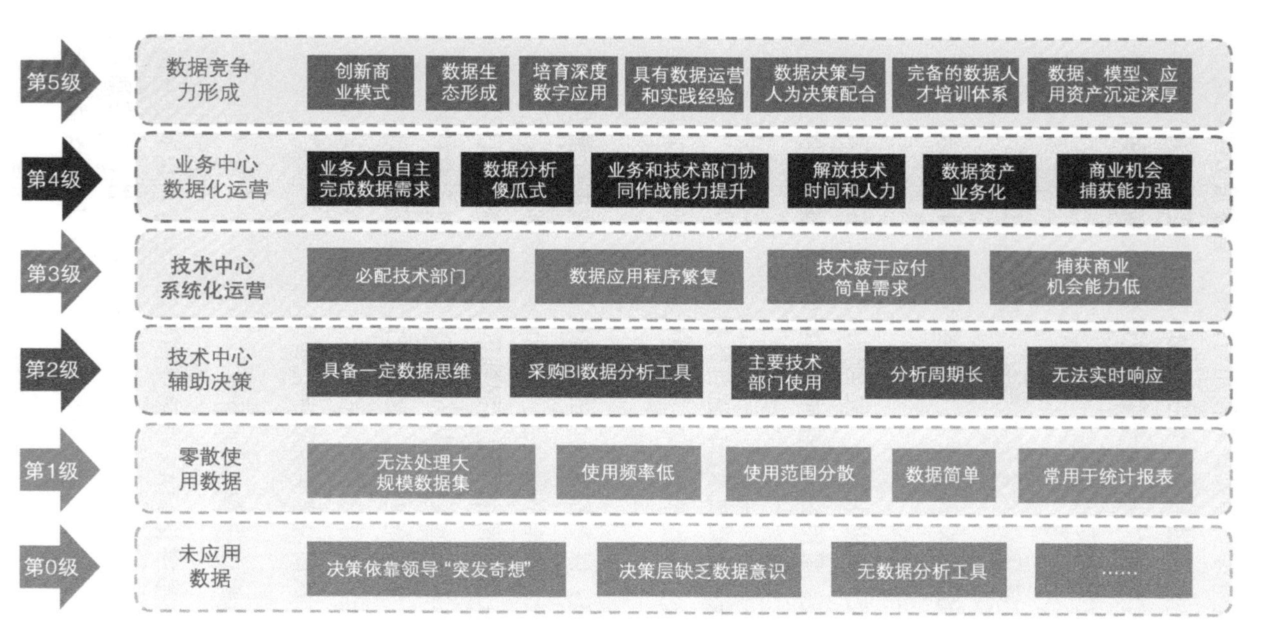

图 7-1　数字化 MAX 成熟度模型的 6 个级别

1. 第 0 级公司

第 0 级公司未将数据分析纳入日常运营工作中，决策层缺乏数据意识，也没有采用数据分析工具，对将数据应用于公司日常运营完全没有概念。

2. 第 1 级公司

第 1 级公司的各部门人员和管理层零散使用数据分析。某些企业的业务部门会选用最常用的 Excel 工具进行数据分析，但使用频率较低，且使用人员并不多。企业可能有十多个部门，但仅一个部门会使用 Excel 工具进行数据分析。这种情况下的分析结果只能为该部门所用，无法实现全域数据分析，也就无法从公司高度出发，帮助高层领导制定决策。也可能是某个部门中的几个成员会使用数据分析，所用到的数据也只是该员工日常工作中所接触的，分析出来的结果可能比较单一、片面。除此之外，需要进行数据分析的还可能是为领导提供分析报告的助理。助理使用的数据大多来自企业的 IT 系统，比如统计销售额的数据。这些数据分析结果较为微观，无法从企业宏观角度为领导决策提供参考。因此，第 1 级公司还未形成系统化的数据使用习惯，只是将数据作为临时性的考量意见。

第 1 级公司虽然已经开始运用 Excel 工具来满足某些数据分析的需求，但数据应用远远不够。Excel 有其可取之处，也有其弊端。Excel 的优点是维护成本较低，具备基础的查询和计算功能，可以限制用户访问和修改权限。但 Excel 的数据量一旦过大，查询和计算的速度会明显下降，且无法对用户进行角色的管理，数据结构要求较简单。因此，第 1 级公司所使用的 Excel 工具无法支撑企业级的数据体系。

3. 第 2 级公司

第 2 级公司的数据运用已从个人上升到企业级别。这类公司会采用 BI 分析工具进行数据分析，从而辅助领导决策，但主要的使用者是技术部门。这类企业 BI 分析工具的应用场景有企业运营报表、管理驾驶舱等。相比第 1 级公司，第 2 级公司已经是有规模、有组织地进行企业级的数据化运营了。

最常见的运营报表基础统计分析工具是 Excel 和 BI（商业智能）。BI 和 Excel 相比具有报表分析和交互功能，能更清晰地显示数据动态，因此已成为某些具有数据思维的企业进行数据分析的首选。

使用 BI 分析工具需要多个部门协同合作，如图 7-2 所示。当业务人员有数据分析需求时，IT 人员首先负责数据的清洗和打通，再将整合好的数据交给数据分析部门，数据分析部门得出结果再反馈给业务部门，最终为业务人员提供决策依据，支撑公司运营。但是少则两周、多则几个月的分析周期无法及时响应业务人员的需求，更毋论需求较多、需求复杂的情况了。

此类 BI 分析工具因为技术门槛高，只有技术人员会使用和维护，不能真正覆盖企业全方位的日常管理。

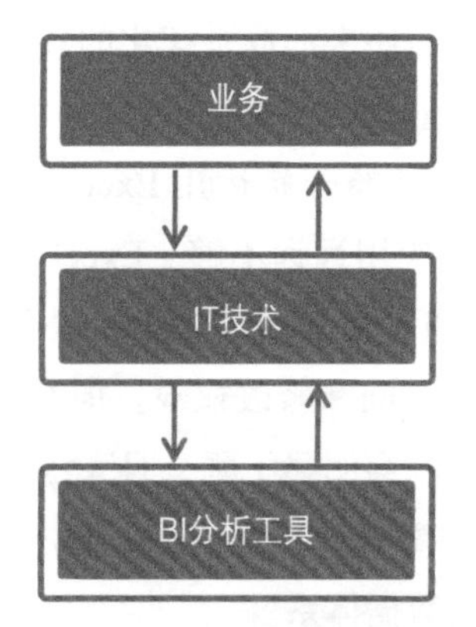

图 7-2　第 2 级公司的数据应用模式

4. 第 3 级公司

第 3 级公司以技术支持为中心，搭建系统化的数据运营体系。这类公司中技术团队是数据价值产生的主体，业务部门的需求由其实现。这种技术团队具有一定规模，通常为公司解决一些通用型数据问题，主要为公司部分核心部门提供支撑。由于这类公司的数据化运营成本高，无法实现全员数据化运营。

当企业的数据量达到一定规模时，仅仅依靠数据分析很难解决根本问题，此时数据治理显得尤为重要。因此，搭建系统化的数据运营架构并最终将其应用于业务单元是第 3 级公司的运营特点。这类企业的数字化转型是技术单元支撑的，也会产生少量的浅层应用产品。

对于等 3 级公司来说，治理数据是数据化运营的基础。一般企业大多采用 BI（数据分析）—ETL（数据加载）—DW（数据仓库）模式将数据治理到数据分析的整个过程打造成工具箱，从而进行数据治理。其中，每个流程都需要做中转工作，因此需要企业配备一支专业性强的技术队伍。

技术部门在维护企业的各类 IT 产品或 DT 产品时会发现，许多产品之间数据联系紧密，比如用户在支付宝产生的个人信用数据可用于蚂蚁金服上的贷款资质审批，微信账号可用于腾讯视频的登录。这源于阿里巴巴和腾讯都将旗下各产品的数据做了融合。但这些产品的数据没融合前，技术人员需要对相关 App 的数据逐一维护，耗费的人力成本较高，且这个数据治理过程对技术人员的专业能力也有一定的要求。

另外，企业的数据整合、数据维护、数据赋能业务需要历经复杂的过程，如图 7-3 所示。首先，各类业务人员会根据自己负责的产品类型和用户喜好，提出各种各样的数据分析需求，比如金融行业的业务人员为保障银行的风控能力，需要评估客户的信用状况。针对业务人员的需求，数据分析部门会建立模型；然后，技术部门将数据分析部门的模型语言写成代码，并检验其是否正确；最后，业务人员通过这些模型或应用实现业务价值。这种数据支撑业务的模式是单向循环的，需要历经多个部门的多项操作。

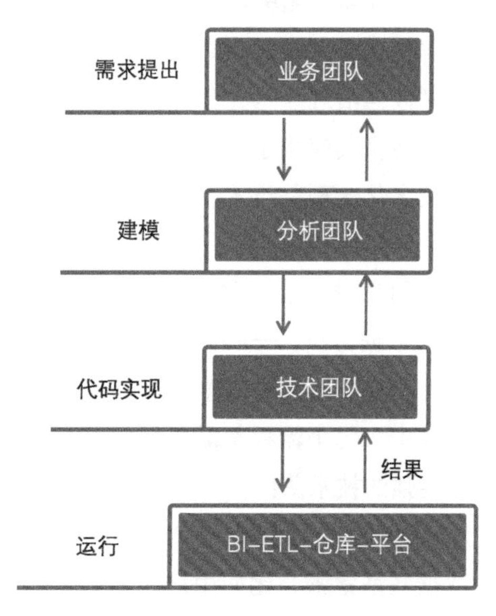

图 7-3　数据支撑业务的模式

由此可见，企业需要配备专业的技术团队和数据分析团队完成提出需求、建立模型并检验的整个过程，业务人员在这一过程中只是提出数据分析需求，实施过程需要技术人员投入大量的时间和精力。而有些数据分析需求对技术人员来说比较基础且简单，譬如日常统计分析，业务人员借助专业的数据分析工具将数据接入即可自动生成分析结果，不需要技术人员耗费精力和时间进行处理。技术人员常年忙于应付这些简单的需求，无法投入更多精力研发更深层次的应用产品，也无法为企业数字化转型赋能。这种以技术为核心的数据化运营模式让技术人员“叫苦不迭”，而且数据使用并未进入核心业务，数据使用深度不足。

5. 第 4 级公司

第 4 级公司形成了以业务为中心的数据化运营体系，即各个部门使用数据均以赋能业务为出发点。这类公司已形成数据的良性循环，实现了数据资产沉淀，达到了数据赋能业务的目标。这类公司改变了以技术团队为中心挖掘数据价值的数据运营模式，建立了比较完整的数据中台。一线业务人员可以自主完成 80% 的数据需求，这是第 4 级公司运用数据的特点，如图 7-4 所示。

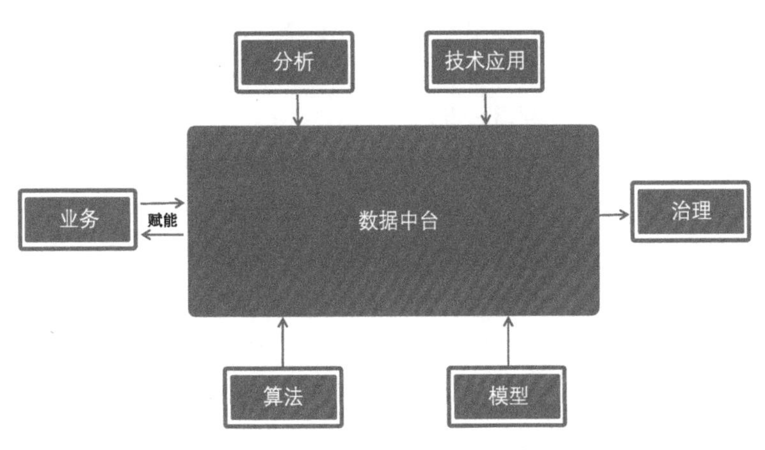

图 7-4　数据赋能业务的模式

数据中台的搭建打破了第 3 级公司数据分析单向作业的模式，业务人员分析需求不必再像以前那样历经多个部门和环节，可以直接调用经数据中台打包、封装好的数据资料，并通过数据中台提供的BI分析工具分析数据。甚至在业务人员自主分析数据前，数据中台已对某些简单的数据分析需求直接给出了答案。如图7-4所示，数据中台打通了企业全链条数据，实现了数据的循环流通，它将企业已成型的数据、模型、算法、应用等“资产”进行存储与延展开发，并设置了共享模式，确保企业的技术部门、数据部门、业务部门可随时直接调用。因此，不仅业务人员可从数据中台受益，技术人员的数据治理、模型研发、算法构建、应用研发等均可通过数据中台实现。

数据中台的搭建使业务人员可以轻松便捷地使用数据，业务人员有大量数据分析需求时，可以不再依赖技术人员和数据分析人员的力量，而是直接通过数据中台解决。这不仅为业务人员释放了大量数据分析需求，激发了更多应用产生的灵感，而且为技术人员和数据分析人员节省了时间，技术人员可集中精力梳理数据资产，令其对业务产生直接影响，实现数据资产业务化，从而建立基于数据的盈利增长点。

如果说第3级公司通过数据分析满足业务需求，从而提高商机捕获的效率，那么，第4级公司基于数据做决策，业务人员不断调整工作重心，进一步提升了商机捕获效率。此外，数据中台的建设改变了以往技术部门只专注技术能力提升，不注重为业务赋能的情况。如今，技术部门以服务业务部门为工作重心，积极转化职能，可以更快地推动业务发展。另外，业务部门也能感受到技术部门职能转化带来的便利，双方协同作战，提升能力，新的、更有深度的数字应用产品将会在双方紧密合作中产生，从而助力企业成功转型。

行业中的龙头企业大多处于第3级别，专业数据中台服务提供商可以帮助它们加速进入第4级别，使数据良性循环。

6. 第 5 级公司

第 5 级公司已实现了数据的良性循环，可以沉淀出核心数据竞争力和数据资产，并能够基于数据开创出新的商业模式。已打通内外部数据，形成完整的数据战略、应用战略、模型战略、算法战略，60% 以上的员工都可以运用数据实现业务价值，基于数据创造出了新的商业模式并带来了一定的收益：这类能够做到“数据驱动发展”的企业便是第 5 级公司。

这类企业内部，数据半自动化、全自动化决策能力和人为判断决策良好地融为一体。内外部数据打通形成了数据生态，不断推动企业进行数字化转型。在经过几年的数据化运营后，与同行相比，它们已经形成独特的数据资产和数据生态，拥有自主算法资产、模型资产、应用资产，其应用深度和数量在行业内排名前列。由于业务角色不同，研发的数字应用也不一样，使用的场景也大不相同，企业内不同角色可以以较低的成本快速获取相关数据。数据化运营已经深入第 5 级企业发展历程中，数据安全战略已在企业内部形成，并且展开数据应用。同时，企业因为具备了完整的数据运营思路和实践经验，数据人才的培训体系和流程也比较完备。如此，“实践培养人才，人才助力实践”达成良性循环，为企业数字化转型提供源源不断的力量。

总而言之，企业可以通过数字化 MAX 成熟度模型测评自身的数字化运营级别，以便确定接下来的跳级策略：是按部就班一级一级发展，还是进行多级跨越。如果企业想要多级跨越，需要考虑到达目标级别需要具备的资源和能力，进而步步达成，避免跨级失败。

回顾过去十年的企业数字化发展，行业龙头企业大多处于第 3 级别，甚至有些企业很早便进入第 3 级别了。企业内部少则数十人、多则数百人都在解决数据问题，高成本的数据维护却仍然无法衍生出有深度的数字应用。企业数据使用仍然停留在浅层，数据运用陷入困境，无法形成良性循环。这种情况下，企业需要根据自身的状态，确定升级策略。

扫描前言二维码，获取更多资料。

7.2　数字化自我准备模型的 9 个维度

企业在决定是否数字化转型前，除了需要通过数字化 MAX 成熟度模型测评自身数字化运营的级别外，还需要考虑自身是否具备转型的条件。这需要企业从内外部综合考量、梳理数字化转型的实力，完成数字化自我准备模型的测评工作。测评可以从掌舵人认知、领导组织、数字化转型人才、数字化转型文化、数字化转型预算、数字化转型沉淀能力、落地方法、技术设施、顾问委员会 9 个维度进行，如图 7-5 所示。数字化自我准备模型可以帮助企业判别数字化转型的实力和契机，从而明确数字化转型的决心，并制定适合自身的数字化转型方案。

图 7-5　数字化自我准备模型的 9 个维度

7.2.1　掌舵人是否具备数字化转型认知

企业利用数字化自我准备模型考量转型的实力，首先需要评测企业掌舵人（一号位）是否具备数字化认知。数字化转型的决策制定、关键节点把控和角色分配等环节都需要企业掌舵人敲定，如图 7-6 所示。只有企业的最高领导人对数字化转型有深刻的认知，数字化转型才能产生良好的效果。

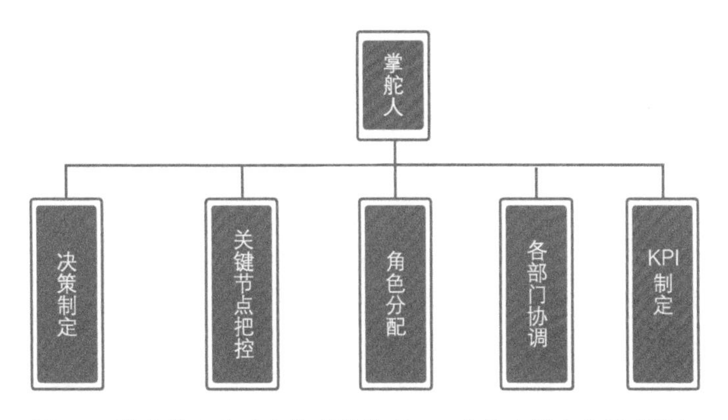

图 7-6　数字化自我准备模型的维度一：掌舵人数字化转型认知

企业掌舵人还需要对数字化转型过程中应解决的问题有一定的预期和准备，如各部门如何齐心协力、协调合作，参与转型工作的成员 KPI 如何制定，转型过程中不同阶段如何验收等，这些问题都需要企业掌舵人拍板。因此，对于企业来说，掌舵人需要对数字化转型的整个过程有清晰的认知，做到胸有成竹，长期兼顾。

7.2.2　是否具备数字化领导组织

当企业掌舵人对数字化转型有清晰的认知后，需要建立相匹配的领导组织，如图 7-7 所示。数字化转型会对企业现有的经营模式进行变革，可能会影响某些团队的利益。因此，构建对数字化转型有一致认知的领导组织是非常必要的。

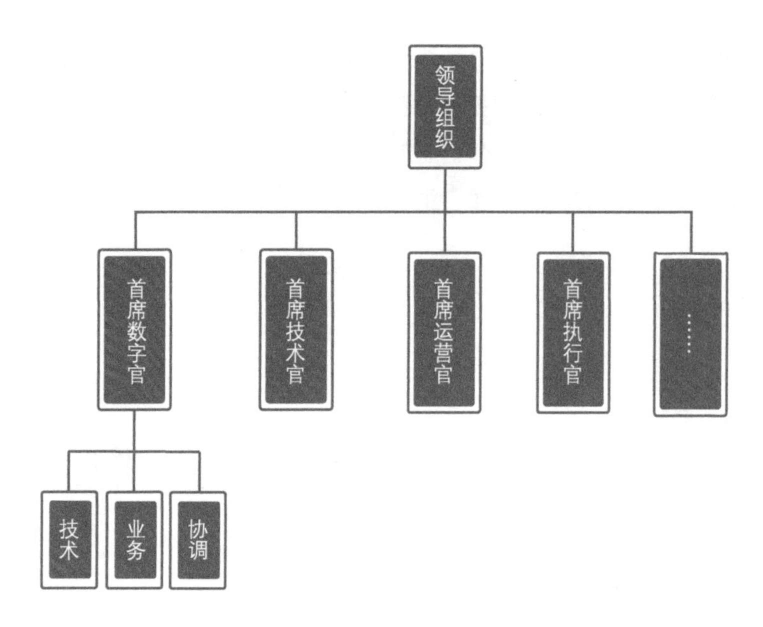

图 7-7 数字化自我准备模型的维度二：搭建数字化领导组织

数字化转型必然会涉及企业所有部门的 KPI，部门负责人如何在完成既定任务的基础上，为企业数字化转型提供支持，也是需要领导组织思考的问题。企业数字化转型前需要建立合适的领导组织，并考虑组织成员角色是否互补、对数字化转型的认知是否一致。不同行业的企业可能需要不同角色构成的领导组织，但应包含首席执行官、首席数字官、首席技术官、首席运营官等关键职位。

这些职位中，首席执行官把控全局，为数字化转型的结果负责；首席数字官负责推进、执行转型工作，该职位既要深谙业务又要具有深厚的技术实力，还要具备不俗的协调能力；首席数字官的技术、业务、协调能力缺一不可，否则难以帮助企业快速高效地推进数字化转型工作。

7.2.3　是否具备数字化转型人才

当企业明确了掌舵人是否具备数字化转型认知，以及清楚自身是否具有数字化领导组织后，还需要评定企业内部是否具备一定数量的数字化转型人才，如图 7-8 所示。

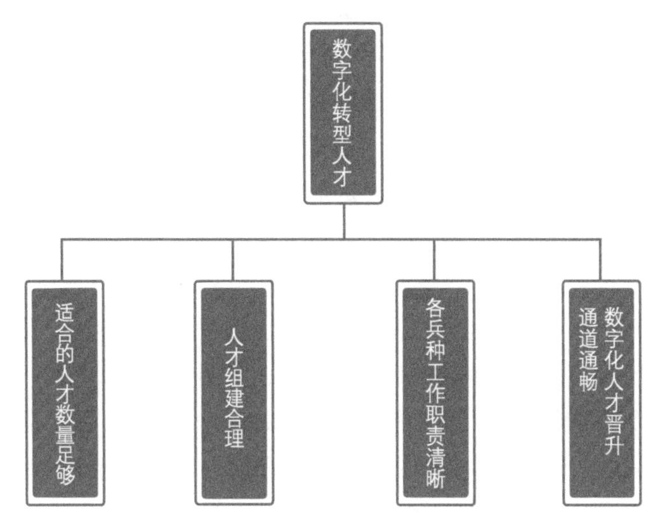

图 7-8　数字化自我准备模型的维度三：数字化转型人才

企业在评定时，需考虑为基层储备数字化人才，为中层培养可以推进数字化转型技术、业务、数据工作的带头人，企业数字化转型过程中，需要不同的适配人才，如数字化产品经理、数字化分析师、数字化业务工程师等。

另外，组织数字化转型团队需要从 4 个方面考量人才建设。

1）足够且完备的人才储备。为企业数字化转型提供源源不断的后备力量。

2）人才组建合理，匹配合适。单兵种的队伍不能发挥全局效力，难以形成人才闭环；多兵种人才相互搭配，利于协同配合完成任务。

3）各岗位工作职责清晰。倘若多兵种的队伍没有明确的职责定位，也难以发挥各个职位的效用，无法顺利推进企业数字化转型。

4）数字化人才晋升通道通畅。企业在数字化转型过程中应建立一套完整的人才晋升机制，实现从基层到中层的人才培养，从而为数字化转型储备中坚力量。

企业数字化转型团队需要考量人力资源的建设。企业目前的人力体系是否能够识别和构建数字化团队，是否明确数字化转型团队构建所需的人力模型、筛选通道及标准，如何做到人才保留、如何建设晋升通道等，都是企业需要考虑的问题。

7.2.4　是否具备数字化转型文化

企业除了要评测掌舵人认知、数字化领导组织和数字化人才外，还需要考量是否具备数字化文化，如图 7-9 所示。数字化文化即以业务为导向、以数据为驱动解决问题的意识。数字化转型是打破过去传统的、长期适用的规则和能力，应用新技术实现提高效能、降低成本的目标。

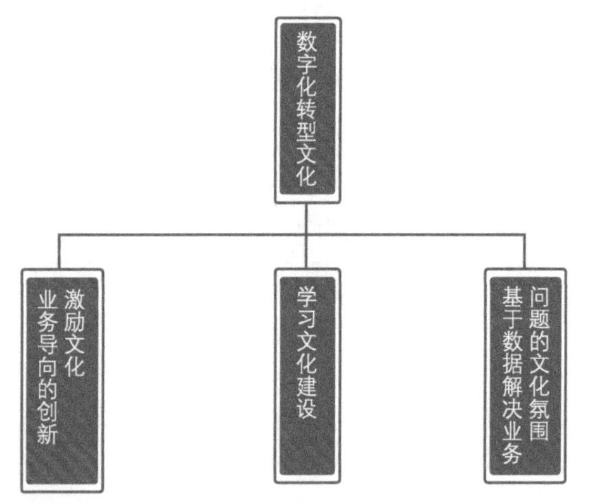

图 7-9　数字化自我准备模型的维度四：数字化转型文化

因此，企业在数字化转型前，还需要建立一套文化体制。譬如建立以业务为导向的创新激励文化，通过物质激励的方式鼓励团队成员敢于打破桎梏，建立新生模式；建立学习文化，鼓励团队成员保持源源不断的学习动力；建立基于数据解决业务问题的文化氛围，具体表现包括搭建底层数据治理、数据资产管理、数据使用的流程体系，让更多员工能够自主地、自由地进行数据分析，培养其使用数据解决业务问题的意识，形成“以数据思维满足业务需求”的文化氛围，从而帮助企业真正做到数据创新。

7.2.5　是否制定数字化转型预算

企业数字化转型需要准确制定财务预算。数字化转型期间涉及的人才招聘、设施升级、数据采集等环节均离不开财务的支持，如图 7-10 所示。企业应基于数字化转型前期的调研和认知，预估转型过程中所需的费用，才能在实践过程中做到游刃有余，不至于产生费用乱拨的情况。企业需要估算数字化转型所需要的时间和费用，确定财务成本和时间成本，从而做到有的放矢。

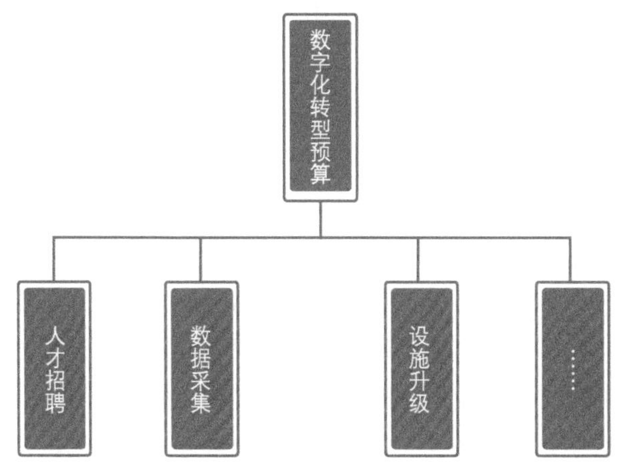

图 7-10　数字化自我准备模型的维度五：数字化转型预算

7.2.6　是否具备数字化转型沉淀能力

企业快速启动数字化转型需要具备一定的沉淀能力，数据、用户数字化、商品数字化、组织数字化、理论体系等都是企业进行数字化转型的能力，可以被视为企业快速启动数字化转型的基础，如图 7-11 所示。

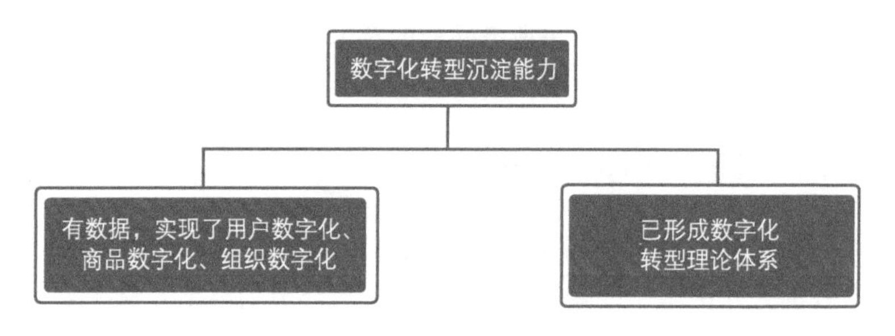

图 7-11　数字化自我准备模型的维度六：数字化转型沉淀能力

数字化转型的第一个沉淀能力是数据，数据是企业数字化转型的灵魂。虽然企业在什么都没有的情况下也可以进行数字化转型，但在数字化转型前完成数据的汇聚、治理，将会在转型后期起到事半功倍的效果。

用户数字化、商品数字化、组织数字化也十分重要。基于用户、商品、组织等元素，实现数字化能力，可以帮助企业创造新的业务模式和运营技巧。企业如果没有足够的积累，就需要在数字化转型开始后花费大量的人力物力完成这方面的积淀。

另外，数字化转型经验也是企业的沉淀能力，这是帮助企业快速启动数字化转型的关键基础。如果企业没有尝试过数字化转型，没有过成功的应用案例，缺少数字化转型试错经验，那么企业转型数字化只能从零开始。但企业如果通过数字化转型获得了一定的试错经验，那么就可以快速启动了。

最后，企业需要对自身是否具备数字化转型的理论体系进行判别。在企业长期运行过程中，会沉淀一些专业的知识和理论等，甚至有些企业还有专业的流程和思路。这些理论体系的沉淀可以帮助企业快速找到数字化转型的正确方向，走出“困惑”，从而在之后的打通数据壁垒、梳理数据资产、数据赋能业务方面更加游刃有余。

7.2.7　是否拥有数字化转型落地方法

数字化转型方法是企业完成数字化转型的关键指标，如图 7-12 所示。在企业数字化转型过程中，如何确定推进步骤、是否具备可实践的方法论，决定了企业数字化转型的最终方向以及推行的顺利程度。数字化转型方法论要求是清晰且形成闭环的，非点状、碎片化的理论知识。当企业推动关键性的举措时，碎片化的理论知识无法引导整个转型过程形成良性循环、闭环反馈和动态拟合的状态，即使在转型过程中某些环节完成得不错，最终也无法驱动企业业务成长。

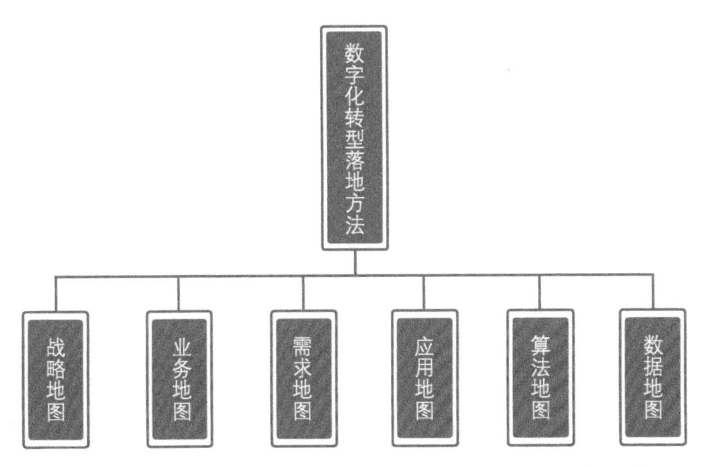

图 7-12　数字化自我准备模型的维度七：数字化转型落地方法

在实际的数字化转型过程中，企业应注意构建六大地图。首先，数字化团队需要根据公司发展目标和计划梳理战略地图。其次，数字化团队需要根据战略地图进行业务梳理，梳理业务之间的流转和关键节点，从而构建业务地图。技术和业务团队还需分析出业务地图中哪些部分可以提高效率，哪些部分配置不合理，将其拆分或转化。最后，数字化团队还需根据业务地图进行数据梳理，整合公司全部业务数据以及数据回流方向，对整体的数据来源与流通形成全局思维，从而“绘制”数据地图。在梳理业务地图、数据地图时，企业还可根据需要衍生出算法、应用、需求等更多地图，从而整体把握企业数字化转型实力，保障转型效果。

在数字化转型之前，企业需要有专业的团队为其梳理出清晰的转型计划，从战略、业务、需求、应用、算法、数据六大维度制定一到三年的执行规划，并为转型计划的关键节点配备相应的验收标准，从而让数字化转型团队能整体上掌握数字化转型进程。

7.2.8　是否具备数字化转型技术设施

企业数字化转型除了要准备以上的工作外，还需要考虑技术设施是否可以满足整个数字化转型过程中的技术需求。从前期的数据治理到后期数据响应业务，无不需要强大、灵活的基础技术架构，如图 7-13 所示。

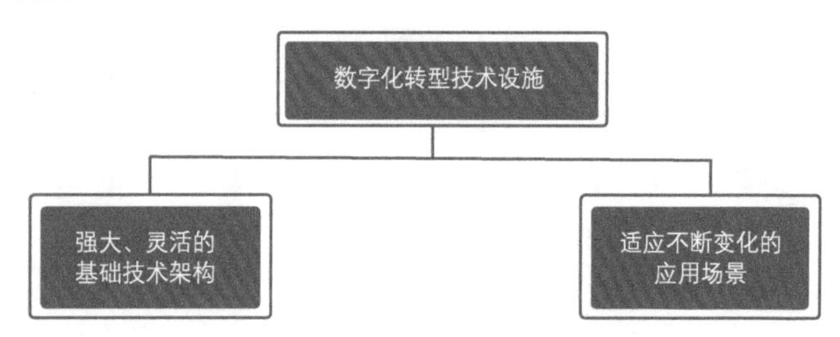

图 7-13　数字化自我准备模型的维度八：数字化转型技术设施

企业在信息化建设过程中形成的 IT 设施是无法灵活响应数字时代多变的数据需求的。企业在信息化时代建设的基础技术架构复杂，无法轻易改动，且扩展能力弱、适配性不强。这就造成了企业的后端技术架构对前端的业务需求无法感知，进而无法实现数字化创新。

此外，由于企业的前端用户场景不断变化，产生的数据、用户、技术经验等都在积累，而后台技术架构复杂、延展性弱，使得企业新生数据无法整合、技术能力无法沉淀。随着人员流动，企业新产生的数据资产和技术能力无法保留，隐形损失不容忽视。

因此，企业的基础技术设施具备前台灵活、中台强大、后台稳定的特性后，就可以进行数字化转型了。企业的基础技术设施若是传统的，且对业务没有产生降本增效的作用，无法响应前端业务灵活的变化，那么企业需要将其升级为利于数字化转型的基础技术设施。一旦企业将后端基础技术架构升级，随着数据量增加、模型和算法不断积累，企业将拥有强大的数据处理和应用能力，数字化转型成果将得到有力保障。

7.2.9　是否具备数字化转型顾问委员会

除了自身的技术实力和经济实力外，企业数字化转型过程还需要专家团队的支持，如图 7-14 所示。数字化转型顾问委员会可以为企业提供明确的培训体系，帮助基层、中层、高层成员提高数字化认知。顾问委员会可以针对企业实际问题，在数字化转型过程中的关键节点提供专业的建议，避免企业踏入误区。顾问委员也可以从专业的角度为企业数字化转型全程把脉，协助制定关键节点 KPI、拟定转型效果的验收标准，从而从整体上为企业数字化转型保驾护航。

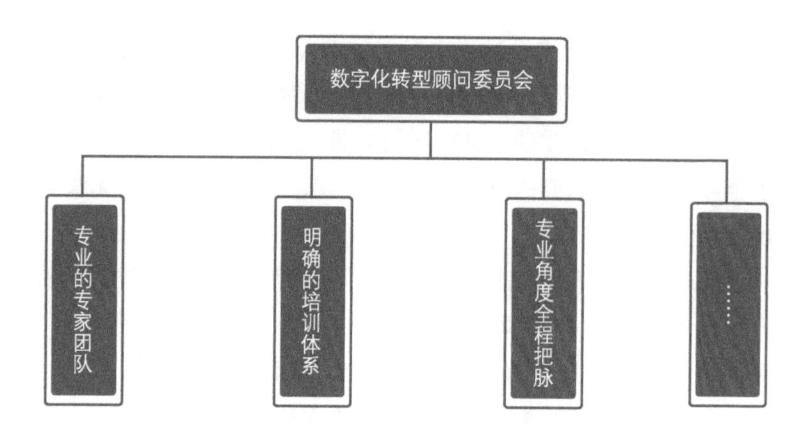

图 7-14　数字化自我准备模型的维度九：数字化转型顾问委员会

但有的企业认为数字化转型无须顾问委员会指导。然而事实并非如此，数字化转型需要数字化转型顾问等专业人士的辅助，明确企业在数字化转型中需要什么资源，且可以基于企业对于数字化的需求为其量体裁衣，定制一套符合企业发展的数字化转型方案。数字化转型顾问委员会的设置可以大大节省企业转型的试错成本与时间成本。

此外，顾问委员会与企业之间不会存在竞争关系。准确地说，数字化转型顾问委员会与企业之间更像是伙伴关系，除了为企业量身定制一套数字化转型方案外，它还与企业共同承担数字化转型风险，共同分享数字化转型收益，并弥补企业在数字化转型方面的不足。

要知道，一个企业想靠大规模招人来实现数字化转型是很困难的。一是企业的用人成本会大幅增加，二是员工思想不容易不统一，数字化转型时无法集中发力。而有了数字化转型顾问委员会之后，企业可以通过顾问委员会推动全体员工朝着正确的方向行进，快速实现企业数字化转型。如果企业在数字化转型逻辑不明确的情况下，不寻求专业人士的帮助，盲目发展，那么企业不仅极有可能数字化转型失败，还会浪费大量的财力物力，影响员工士气。

总而言之，企业进行数字化转型需要评估自身实力，从战略、体系、组织、资源等不同维度考量自身的数字化转型准备程度。

企业若要决定进行数字化转型，便要从以上 9 个维度测评自身的准备程度，从而综合考量自身的实力与所拥有的资源，以便为转型做好充足的准备。如果企业没有做好准备工作便率先开始数字化转型，将会造成转型过程毫无头绪，执行过程毫无章法。

扫描前言二维码，获取更多资料。

7.3　数字化转型的 4 个误区

当企业通过数字化 MAX 成熟度模型了解自身的数字化水平，通过数字化自我准备模型了解自身实力后，便应对当前是否应该数字化转型有了决断。数字化转型的 4 个误区如下。

7.3.1　误区一：当前盈利尚佳，无须数字化转型

有些企业认为当前效益很好，暂不需要数字化转型。还有一些政府机关、高等院校、金融机构认为自身基础较好，地位牢不可破，不需要费时费力进行数字化转型。

殊不知，数字化转型是一个周期较长的变革潮流，作为一场技术变革势力，它正在不断向各个行业渗透，那些变革较慢的企业将在激烈的市场竞争中逐渐处于劣势。这种情况不仅限于企业，政府机关、高等院校、金融机构也应积极思考数字化转型的思路及方法，并采取一定的措施。政府的数字化打造将提高政府

民生服务的效率和质量；金融机构的数字化变革将为消费者提供更加便捷的支付体验及个性化金融产品；高等院校的数字化发展将帮助高校研发更加契合学生学习、学校教学的专业课程，培养社会人才。

数字化转型是一个长期、浩大的工程，企业及各类机构应早早布局。

7.3.2 误区二：数字化转型是领先企业的事情

数字化转型是为了实现企业的智能化和差异化。智能化是为了建立数字化业务流程，提升用户体验，提高服务效率；差异化的目的是利用业务重构与创造新的数据驱动模式给客户提供更好的体验、服务和产品。从服务客户和提高产品竞争力的角度来看，数字化转型和企业规模没有直接关系，要想在不断变化的市场中生存下去，就需要改变传统的管理和营销思路，数字化转型是必经之路。

对于企业来说，数字化转型意味着一套数字化优化方法，可以帮助企业调整运营思路，优化渠道和企业管理。企业进行数字化转型可使组织架构更具创新性，更利于企业发展。小微企业在面对数字化浪潮时，如果未积极部署战略并实施，在未来将会落后于竞争对手，甚至退出市场竞争。相反，如果小微企业通过数字化转型，及时把握商机，同时利用企业“船小好调头”的优势，快速调整市场方向，可能比大企业反应更快，早一步抢占市场有利位置。

因此，数字化转型是当前时代企业发展的必备良药。

7.3.3 误区三：行业领先企业无须数字化转型

在一些处于行业领先地位的企业眼中，数字化转型并不是它们发展的必经之路。众多大型企业目前仍采用传统、落后的生产经营模式，虽然具有资源优势，但是这种优势是有限的，且数据资源得不到有效的应用，数据之间存在孤岛，虽然目前可以保持公司的正常运营，但也仅限于此，较难突破发展瓶颈。

对于这些企业来说，苟且红利是一个可把握机会。处于行业领先地位的龙头企业拥有更为先进的技术、雄厚的资金、丰富的客户资源，更了解用户需要什么样的服务，而且组织架构清晰，只需要实现效率颠覆便能获得更多市场机会，巩固市场领先地位。

在以往标准化的工业时代，企业抢占市场依靠的是扩大生产规模和拓宽销售渠道。企业依靠这些优势建立行业壁垒，占领消费市场制高点。但是现在客户需求“千人千面”，不同的客户都需要进行个性化的服务。消费市场考验企业的不再是企业规模，而是企业如何凭借技术和产品为用户提供个性化服务。这是目前企业较难攻克的问题。然而，即使某些大型企业为客户提供了个性化服务，其实现成本也是相当大的。

因此，行业领先的企业也需要向数字化转型过渡，以较少的成本创造更多的价值，突破企业发展瓶颈，推动企业更好地进行产业升级。

7.3.4 误区四：数字化转型成功者寥寥，不必数字化转型

一些尚未数字化转型的企业可能认为，既然本行业没有特别成功或者让人眼前一亮的数字化转型案例和方案，转型成功者寥寥无几，那就不必数字化转型了。

其实这是错误的想法。很多企业正是因为存在这种误区，才对数字化转型“看不见、看不懂、看不上、跟不上”，即“看不见”数字化转型的威力，“看不懂”如何进行数字化转型，因为看不见、看不懂，所以“看不上”数字化转型，也就“跟不上”

其他企业的转型步伐。殊不知，数字化转型是一个不断试错的过程。可能目前行业内一些先行尝试数字化转型的企业仍在不断摸索，还未收到数字化转型的成效。但等到这些企业实现了数字化转型，其他企业再决定转型已然错失良机。

所以，不同公司的生产经营状态不同，在制定数字化转型方案时需要根据自身的特性拟定个性化的数字化转型方案，不能因为眼前缺乏成功的范本，自己便停滞不前。

目前有两种数字化转型模式，一种为渐进式，一种为切入式。

1. 渐进式数字化转型模式

适用渐进式数字化转型方案的企业大多资源丰富，在劳动力、资本、土地等方面拥有得天独厚的优势，其组织结构呈现部门林立、链条长、集权化的特点。这类企业机构繁冗，不适合直接向数字化转型过渡，需要渐进式的发展，通过一步一步地积累、螺旋式地推进来完成数字化转型。数字化转型是一个长期的工程，短时间内无法看到数字化转型的效果，但是经过长久积累，量变达到质变之后，将会获得其他未转型企业较难赶超的效果。在这一过程中，企业只需要保证数字化转型方向正确，在一定的累积效应下便会获得成果。

2. 切入式数字化转型模式

另一类公司因其所处行业的特性，可以根据自身的体量和发展现状采用切入式方案快速推行变革。例如，可以对内部一些流程简单、业务链条简短的环节进行颠覆式创新。有些服装企业可以在 5 天到 15 天内快速生产一批衣服，赶超了同行普遍 20 天的生产周期。市场竞争的本质便是对于时间的把控，所以某些条件适合的企业可以采用切入式数字化转型方案进行数字化转型。

第五部分

谁来负责数字化转型

当企业结合自身发展现状，确定了是否要数字化转型之后，企业负责人便要思考以下问题。

如何构建数字化转型的领导组织?

在领导组织确定后，如何选拔人才、搭建组织架构?

哪些人负责数字化转型?

哪些岗位的人执行数字化转型?

在数字化转型过程中，如何制定数字化转型 KPI，保障转型工作有力推进?

顺利解决这些问题能帮助企业在部署数字化转型工作时做到分工明确、责任到人，从而保障转型工作执行到位、有的放矢。

|第 8 章|

数字化转型主力

下面详细介绍作为转型工作的指挥者，董事会如何推动企业数字化转型，CEO 如何搭建组织架构、如何选拔和留住人才以及制定数字化转型 KPI；CDO 如何持续推进转型工作等。

8.1 董事会如何推动企业数字化转型

数字化浪潮正在引领各个行业的发展，使技术在商业中的地位越来越重要，从而挖掘出更多新的产品和服务，为社会和经济带来更大价值。数字化转型对于企业来说具有不可忽视的作用，它将打破企业现有竞争格局，以数字技术的智能应用推出新的产品和服务，甚至新的商业模式，实现人、物、场无缝连接，并打破企业各部门之间的信息壁垒，创造更多商业机会，以保持企业在未来市场竞争中屹立不倒。

企业决定进行数字化转型时，董事会作为组织内部的最高决策者，只有先行了解数字化转型的意义及影响，才能做出正确决策、领导企业进行调整，确定业务发展方向。

8.1.1　数字化转型对董事会的 3 个挑战

数字化转型是目前及未来大多数企业主要的业务创新来源，企业需要重新思考旗下业务的发展模式和服务方式。因此，作为企业最高决策者，董事会面对数字化浪潮的席卷，将面临 3 大挑战，如图 8-1 所示。

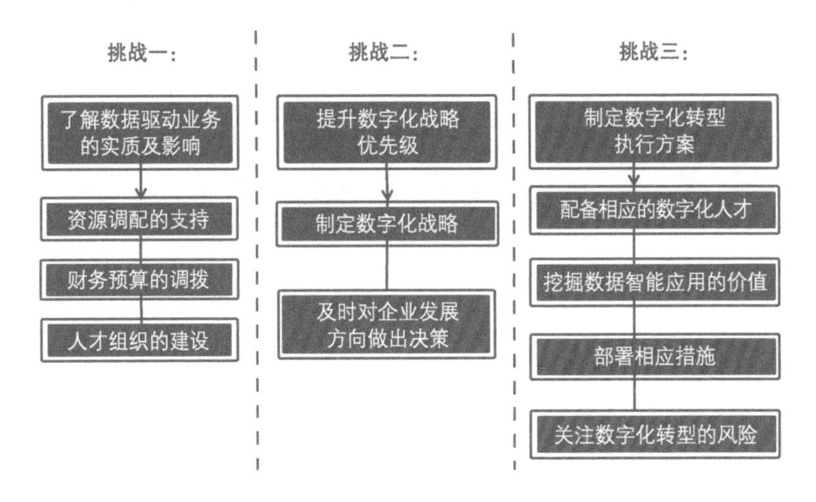

图 8-1　数字化转型对董事会的 3 个挑战

1. 了解数据驱动业务的实质及影响

作为企业最高决策者，在决定进行数字化转型前，董事会的态度至关重要。因为这关系到数字化转型过程中资源调配的支持、财务预算的批准和人才组织的建设。只有董事会明白企业为何要数字化转型、是否应该数字化转型、何时开始数字化转型、如何推进数字化转型、数字化转型后会达到何种效果等问题，转型工作才能顺利推进、达成目标，如图 8-2 所示。

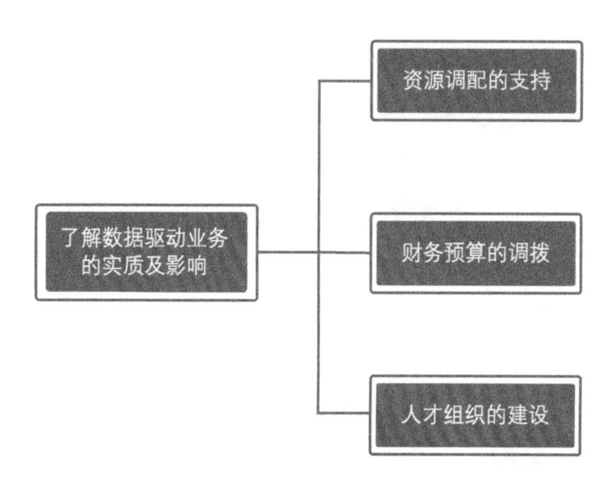

图 8-2　数字化转型对董事会的挑战：数据驱动业务的实质和影响

2. 提升数字化战略优先级，以应对未来竞争格局

数字化转型的巨大能量体现在变革行业发展。对此，董事会需要对企业发展方向做出及时的决策意见，这其中就包括制定数字化战略，并将其提高到企业第一战略地位，令全公司上下一心，积极探索数字化转型之路，如图 8-3 所示。

3. 制定数字化转型执行方案，提高客户体验，提升产品与服务质量

当董事会制定完成数字化战略之后，就需要根据战略推动企业数字化转型行动方案，一线团队将根据执行方案更好地完成数

字化转型的各个阶段目标，保证数字化转型的结果。当然，在数字化转型进程中，董事会也应配备相应的数字化人才，挖掘数据智能应用的价值，并采取相关措施，关注数字化转型的风险，如图 8-4 所示。

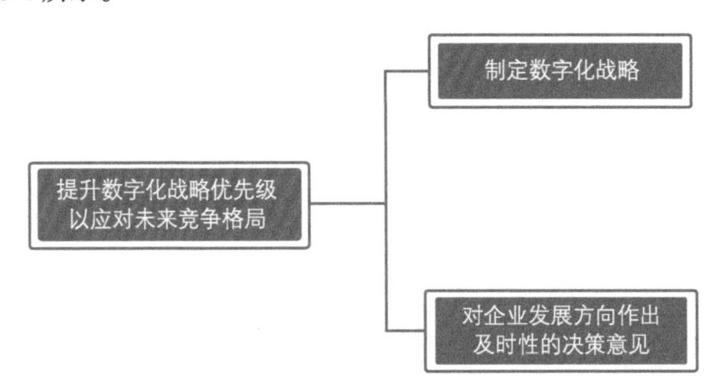

图 8-3　数字化转型对董事会的挑战：数字化战略优先级

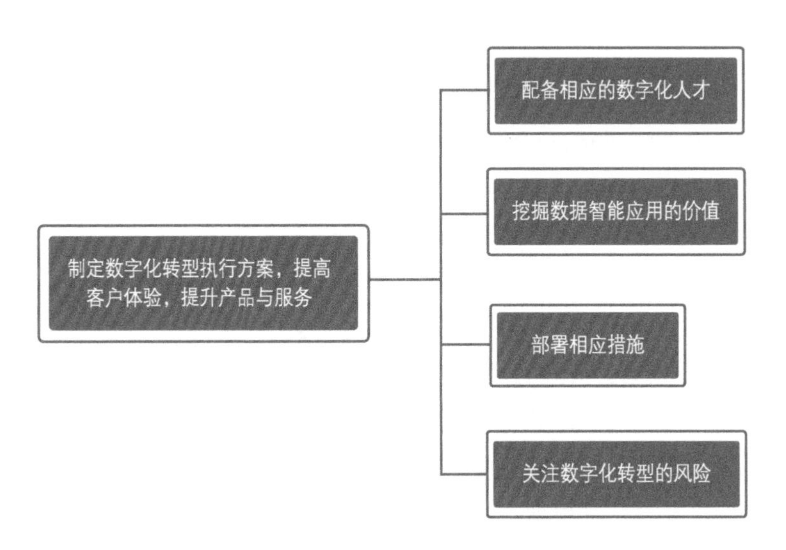

图 8-4　数字化转型对董事会的挑战：制定数字化转型执行方案

8.1.2　如何构建数字化竞争优势

下面详细介绍企业如何构建数字化竞争优势，如图 8-5 所示。

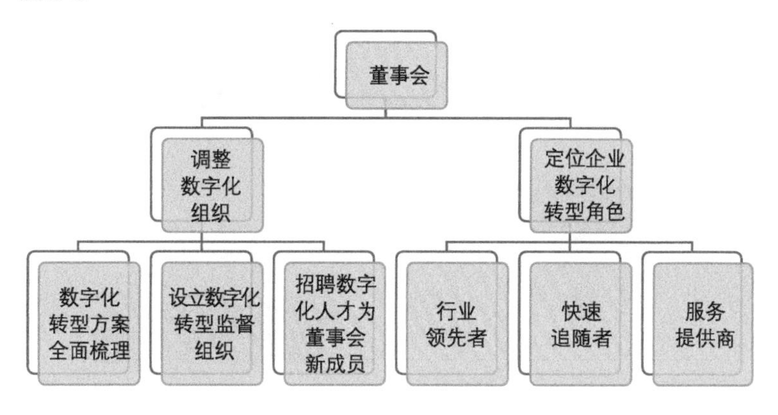

图 8-5　构建数字化竞争优势

1. 董事会进行数字化组织调整

企业需要充分利用信息化基础设施获取大量数据，从而完成业务数据的交汇、沟通、分析、应用，推进企业发展规划。董事会可以从以下 3 个方面着手调整数字化组织。

（1）数字化转型方案全盘梳理

作为企业组织架构的最高级，董事会的工作重点在于政策制定，而非执行。但在数字化转型过程中，董事会不仅需要了解政策制定的意义及内容，也需要了解数字化的执行过程及结果，从而及时采取措施调整转型方向。因此，董事会需要执行团队对转型方案进行全盘梳理，包括战略制定、财务预算、人才布局、技术配备、进度把控等，并依据行业发展趋势及企业业务特性，明确数字化转型战略目标及阶段目标。

（2）设立数字化转型监督组织

企业数字化转型一旦开始，需要花费较多精力对效果加以跟踪分析。因此，董事会可以设立针对数字化转型的监督组织，用来跟踪、了解企业数字化转型的进程及效果，从而为下一步的数字化措施制定提供更多参考依据。

另外，董事会作为数字化政策的制定者，并不直接参与企业数字化改革的具体执行工作，一线团队的执行效果需要通过中层领导进行汇总与审核。因此，一线执行团队直属领导的数字化业务能力需要董事会加以甄别，确定其具备传统业务向数字化业务转变的衔接及调控能力。

（3）聘用数字化人才为新任董事会成员

数字化浪潮席卷传统行业不限于颠覆传统行业成型多年的业务模式、管理模式，还会打破企业董事会传统的组织架构。因此，董事会需要遴选新生代数字化人才，积极应对数字化转型中的变化。

在企业数字化转型过程中，内部组织架构起着关键作用。敏捷组织[㊀] 是一线执行团队完成数字化工作的必备要素，但对上层的决策者——董事会来说，他们也需要有懂数字化业务的专业人员加入，使数字化政策的制定更加科学、客观、有效。具备数字化建设经验的董事会成员将挑战传统的董事会组织架构，在董事会内部及企业上下建立利于数字化业务推动的工作模式及方法。

2. 董事会定位企业数字化转型角色

在数字化转型过程中，不同规模的企业处于不同的数字化发展进程。具备扎实的数字技术并拥有大量用户数据的电商巨头，

㊀ 敏捷组织是类似于特种部队作战模式的组织架构，是具备快速响应力、强大执行力、持续创新力的全功能团队。

可以称为引领企业数字化转型的代表。在数字化转型的道路上，还有一大批转型发展程度不一的企业。

无论是大型头部企业还是中小型企业，若想数字化转型成功，都需要对自身定位有深入理解。无论是力争上游成为引领企业数字化发展的行业领先者，或是成为数字化转型的快速追随者，还是成为重在产品研发和服务创建、为行业数字化转型提供解决方案的服务提供商，董事会都需慎重思考并决定。常见的企业定位有以下 3 种。

（1）行业领先者

在数字化转型过程中，引领数字化发展趋势的大型互联网企业将推动行业创造价值，它们是在消费驱动、服务驱动、资产驱动、产品驱动等领域创造价值的主要角色。数字化转型的行业领先企业将会思考人、商、物三者之间的连接意义，将价值创造作为数字化转型成功的衡量标准。

无论是快速发展的互联网行业，还是迟缓发展的传统行业，都会出现可以颠覆传统发展模式的企业新秀。数字化转型这个领域也不例外，依靠数字技术与业务的深度结合而崛起的行业新秀将与那些不肯创新求变的企业进行激烈的市场角逐，新型数字化企业将对重新定义传统行业，不断刷新行业认知。

（2）快速追随者

在行业领头羊之后，还有众多数字化转型跟随者。这些跟随行业领先企业进行转型的企业，能够快速识别领先企业的数字化优势及数字化政策制定的重点，通过借鉴相关举措，再结合自身企业特点，快速创造新的业务市场，最后建立能够防御行业竞品的体系。

（3）服务提供商

除了行业领先者和快速跟随者，还有一种定位是服务提供商。服务提供商并不具备行业领先者夯实的数字技术，也不具有庞大的体量，在发展规模上与头部企业差距较大，甚至距行业跟随者也有一定的差距。在企业数字化转型的大环境下，服务提供商仅能依靠少量的市场份额自行完成数字化转型。

在数字化转型过程中，面对越来越多新技术的出现，服务提供商不仅要提供满足市场需求的产品，更要匹配相应的服务，避免数字化技术对自身产品和业务体系的快速颠覆。只满足于研发单一产品，而不提升相应服务的企业在数字化转型浪潮中将难以立足。

企业进行数字化转型需要依据自身的业务特性和定位进行判断，是成为引领行业发展的领先者，还是成为追随者，亦或是成为服务提供商。无论哪种角色，都应该开始行动了，行业领先者需要不断以数字技术打磨业务和产品，从而挖掘数字化转型价值所在；追随者需要密切注意市场动向和行业发展情况，分析和借鉴引领者的数字化转型措施，从而调整自身数字化变革步调，挖掘价值创造点；服务提供商重在产品研发和服务的创建，在数字化浪潮中保持市场竞争力。

8.2　如何构建数字化转型领导组织

在数字化浪潮席卷各行各业之际，传统的由上到下层级森严的组织模式已不再适应新时代的发展要求。数字时代下的商业环境，对用户需求的响应速度、服务的精准度、用户体验的个性化都提出了更高要求。而这些目标的实现都需要大量的数据分析投入。

因此，企业需要建立以满足旺盛的分析需求和多变的数据驱动为目标的新的组织结构，即建立能适应数字化发展的领导组织。数字化领导组织以实现企业数字化转型为目标，由能够赋能数字化转型的不同技能的人员构成，旨在提高业务创造力、用户响应速度。

数字时代的领导组织应打破以往企业内部僵化的层级模式，丰富企业资源，提升团队内部活力，并形成一定的共享机制，使企业能够更灵活地适应外部市场变化。

企业可以先了解目前层级领导结构的局限性，再创建数字化转型的领导组织。

8.2.1　了解层级领导结构局限性

尽管无法准确预测数字化转型带来的价值到底有多大，但数字化转型要求企业必须具备更高的敏捷性、更快的决策能力、更大的参与度，以及更高的创造力和自主性。而传统的层级领导结构重在体现汇报与问责机制，侧重风险管控、资源优化以及渐进式改进。这种过去工业时代的管理方法与追求灵活性、响应速度、定制化、个性化的数字化发展模式格格不入，如果不改变，就会影响企业数字化转型的进程。

8.2.2　创建数字化领导组织

正如每一次工业革命都会颠覆社会生产和生活方式、提出新的组织结构和新的管理模式一样，数字化革命也对企业组织结构及业务作业模式提出了新的要求。正是因为数字化转型并不是一个短期的项目，而是涉及企业组织架构、管理模式、工作模式等多维度的长期计划，所以企业才要充分实现数字化转型，必须实施自上而下的数字化战略，建立以项目制、技能性、场景化为核心的组织模式，从而激发数字化转型团队的创造力，提升业务敏捷性。

1. 建立以 CEO（一把手）为核心的数字化领导组织

在商业场景不断变化的今天，企业需要一个领导组织来应对数字化变革的压力。在这个数字化组织中，CEO 受董事会的领导，统领 CTO、CIO、CDO、COO 等的工作，是数字化转型工作的第一责任人。CEO、CTO、CIO、CDO、COO 各自分工不同，他们的工作内容需要企业在数字化转型前加以明确，以便为数字化转型的实践提供组织上的保障，如图 8-6 所示。

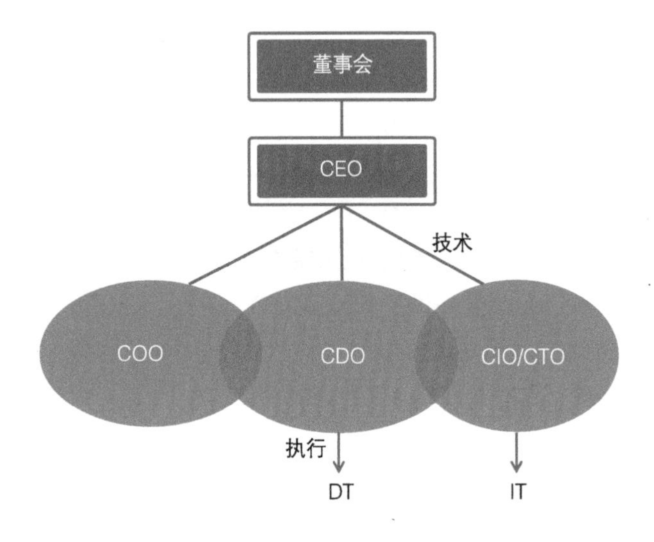

图 8-6　数字化领导组织

CEO 作为第一决策人，需要在数字化转型战略方面发挥主导作用，为 CDO 推进和执行数字化转型提供决策意见、协调人力和财务资源、构建领导组织并确认结果等，确认 CTO 或 CIO 的技术架构建设、赋能业务的工作，协调 COO 与 CTO 或 CIO 之间的业务与技术衔接问题。企业数字化转型需建立以 CEO 为核心，CDO、COO、CTO 或 CIO 三者平衡，相互协作的领导组织。

2. CDO 负责数字化转型的执行工作

CDO（首席数字官）作为企业数字化转型的执行领导，带领数字化转型团队完成数据到业务的变现目标。CDO 从整体上负责企业数字化转型的进程，包括开始执行、过程推进、结果核验。CDO 向 CEO 汇报工作，与 CIO 或 CTO、COO 平级，共同协作达成企业数据赋能业务的目标。

3. CIO 负责信息技术和系统的维护及运用

国内的企业一般会将 CIO 和 CTO 的工作内容融合起来，由一人负责。但若对 2 个岗位的工作职责进行细分，会发现二者所负责的内容确实不同。

参与数字化转型的 CIO（首席信息官）可以协助 CDO，从信息技术的运用方面支持 CDO 完成数字化转型目标，并从信息技术角度向数字化团队提供技术改进策略。因此，CIO 需要具备技术和业务两方面的知识，协助 CDO 完成组织的技术调配战略和业务战略紧密结合、赋能业务的总体目标。

4. CTO 提供技术支持，负责技术指导及把关

在企业数字化转型过程中，CTO（首席技术官）作为技术方面的有力协助者，帮助 CDO 把关技术选型，就具体技术问题进行指导，完成 CEO 赋予的各项技术任务。

5. COO 负责多业务条线的梳理，提出业务需求

企业数字化转型的目的便是利用数字技术提升运营效率和管理水平，使业务创新。因此，COO 需要在数字化转型过程中梳理出不同维度、不同功能、不同类别、不同层次的产品和服务，

明确企业的业务线，并在此基础上整理出各个业务的需求点，设置相匹配的数字化转型节点目标。其中，COO 需要注意数字化转型方案是否与公司早前定的业务计划相契合，是否可以让市场运作和管理更加智能化，是否能够让销售业绩提升。特别需要注意的是，在实际的数字化转型工作的推进过程中，COO 需要平衡技术部门与业务部门之间的关系，使双方需求沟通顺畅，合作紧密无间。

数字化领导组织的构建将为数字化团队提供可用的资源，在技术、系统、业务等多个领域创立连接端口，从而塑造整体的数字化领导组织。数字化领导组织的建设促进了不同领域的领导之间的敏捷性与灵活性，为数字化团队的信息共享和资源协作打通了渠道，打破了信息孤岛和资源壁垒，提供了沟通和协作的平台。

以上对 CDO、COO、CTO 或 CIO 等组织角色的细分，可以根据公司或银行等机构的实际情况进行调整，若 CIO 具备 CDO 的能力，则可以由一人兼任，只要达到企业的转型目标即可。

8.3　CEO 如何搭建数字化转型领导组织

每个机构都设有“一把手”的岗位，银行的行长、高校的校长、企业的 CEO 等都是各自机构的最高行政长官，负责机构的日常运营工作，为了方便下文统称 CEO。本节将以企业的 CEO 为例，讲述各个机构在数字化转型过程中如何搭建领导组织。

企业的 CEO 对内需要把控企业运营情况，对外还要处理各种合作关系。企业数字化转型离不开 CEO 的决策与推动。因此，CEO 搭建数字化转型领导组织至关重要，他不仅要了解这类组织搭建的重要性，更要了解组织搭建时需要考虑的因素，以及数字化转型过程中不可或缺的角色和能力。

8.3.1　CEO 在数字化转型中扮演的角色

1. CEO 的定义

CEO（Chief Executive Officer，首席执行官）是企业中负责日常事务的最高领导，主司企业行政事务，又称作司政、行政总裁、总经理或最高执行长。在企业数字化转型过程中，CEO 要从战略上敲定企业的数字化转型方案，并搭建领导组织，协调各方的资源，为数字化转型工作的稳步推进提供支持。

2. CEO 的数字化转型职责

- 对公司的一切重大经营运作事项进行决策，包括制定数字化转型方案、数字化转型财务预算、数字化转型经营目标、数字化业务范围增减。
- 把控公司数字化转型方向以及制定数字化战略规划。
- 参与董事会的决策，执行董事会的各项决议。
- 主持公司的日常业务活动，考虑与数字化转型方案的融合与匹配。
- 考核公司里负责数字化工作的高层管理人员。
- 定期向董事会报告业务情况和数字化转型阶段成果，并将数字化转型效果纳入年度报告中，向董事会提交。

因此，在数字化转型过程中，企业的 CEO 需要积极发挥领导作用，引导数字化转型的方向，带动企业上下一致地向数字化转型目标迈进，解决 CDO 等人在推进数字化转型工作时遇到的困难，并把握、核实数字化转型的进度和效果，从而及时调整转型速度和方向。

8.3.2 CEO 如何搭建数字化转型领导组织

CEO 作为企业的最高领导，对企业的经营成败起着关键作用。因此，在企业数字化转型过程中，CEO 一方面要了解搭建领导组织的必要性，另一方面还要学会搭建数字化转型领导组织，如图 8-7 所示。

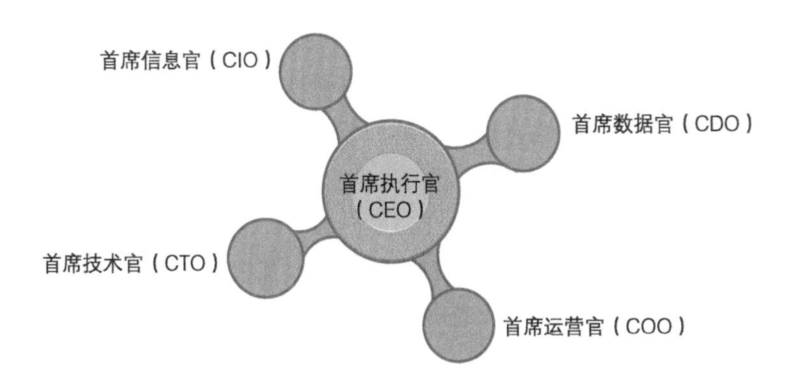

图 8-7 CEO 如何搭建数字化转型领导组织

1. 搭建组织架构的必要性

组织架构是指一个组织的整体结构，是在企业管理要求、管控定位、管理模式及业务特征等多因素影响下，在企业内部组织资源、搭建流程、开展业务、落实管理的基本要素。

搭建团队的组织架构，能让整个团队的协作更加系统化、规范化，进而提升团队的办公效率。搭建组织架构需要梳理整个团队的职能架构，再根据每个人的角色、岗位，划分具体的工作内容。因此在团队运营过程中，合格的组织架构必不可少，它是整个团队工作的核心。

2. 搭建组织架构需要考虑的因素

实现数字化转型面临的压力是巨大的。那么，在重压之下，CEO 搭建组织架构应该要考虑哪些因素呢?

1）领导力。领导力由领导素质、领导知识水平、领导行为和领导战略几个部分组成，是搭建架构的重中之重。

2）预算成本控制。根据预算规定的收入与支出标准检查和监督各个部门的生产经营活动，保证各项活动和各个部门充分达成既定目标，既能获得收益，又能达到资源的合理利用。因此，费用支出要受到严格有效的约束。

3）战略规划。制定组织的长期目标并将其付诸实施，谋划重大、全局性的任务。

4）技术水平。科技的发展日新月异，CEO 必须了解行业技术发展动态，才能制定出符合当前技术发展水平、与公司发展情况相匹配的政策。

5）经营模式。将经营模式集成到当前的业务模式，以抵御数字业务在不断变化的环境中可能面临的风险，并将数字化融入设计和工艺，确保有序、稳定地推进数字化。

在数字化转型业务的实施过程中，很多高管表示希望用最快的速度转型成为一家数字化企业。然而转型之路并不轻松，需要时间，需要强大的意愿，还需要严格的时间管理和规划。

3. 确定数字化转型业务的核心负责人

在数字化转型业务中选对核心的负责人是关键。那么什么样的人可以成为核心负责人呢? 负责组织中领先数智业务的 CIO、CTO、COO 以及 CDO 都是核心负责人的优秀人选。

CDO 的岗位职责是带领团队梳理业务线，基于数据提炼业务价值，利用数据解决业务问题。CDO 作为企业数字化转型的主要推动者，需要向 CEO 汇报工作，既要对数字化技术了然于胸，又要对企业业务、数字化战略有深刻认识。

CIO/CTO 是一种新型的信息管理者，属于公司最高决策层，相当于副总裁或副总经理级别。CIO/CTO 的职责如下。

1）积极配合 CEO 完成数字化商业战略的规划及组织架构的搭建。

2）提高专业能力及业务知识，在建立数字化业务方面发挥重要的领导作用。

3）确保预算中包含数智商业技术组件。

4）评估团队技能，在确保他们适应数字化业务新平台的前提下，带领团队积极应对业务和技术方面的挑战。

企业在数字化转型过程中面临的最重要的问题是数据的复杂性。数据已经变得同业务和技术一样复杂，核心负责人必须有执行重点，有能力给出合适的解决方案。

8.4　如何选拔和留住人才

企业数字化转型过程中，人才是关键，不论 CEO 制定的数字化转型方案如何完美，都需要数字化人才执行才能落地。

1. 数字化人才选拔标准

数字化人才的吸引、选拔以及保留是推动企业数字化转型成功的关键。数字化人才需要了解并掌握相关技术、数据和业务，能实现业务创新。鉴于同时具备这种综合能力的人才比较少，企业可以将具备技术、数据、业务等单方面能力的人才进行组合，以团队的形式实现业务创新，如图 8-8 所示。

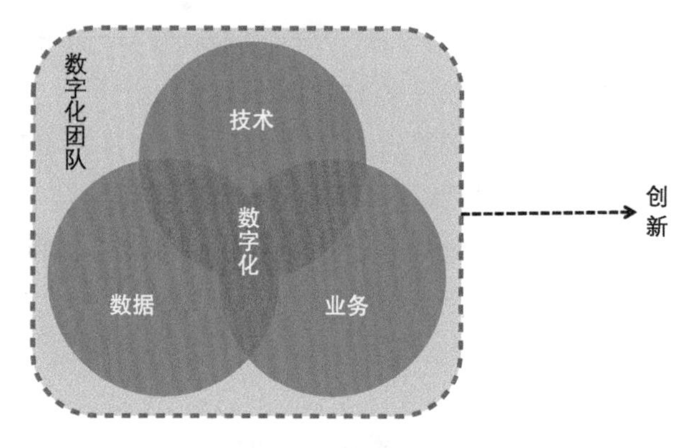

图 8-8 数字化团队赋能数字化转型

企业在选拔数字化人才时首先要注意，不能以技术实力为核心选拔标准，而是要以数字化转型预期目标来主导数字化人才的选拔。这点也是需要 CEO 向董事会明确阐明并获得支持的。

2. 创建数字化工作场所

数字化工作场所不仅可以提高团队成员的工作效率，还可以提高他们对项目的参与度。创建数字化工作场所可以利用技术优势，比如数据分析工具、云办公软件、基于员工行为的算法等都可以部署在数字化工作场所，从而改变员工的工作方式，提升其创造力及工作效率。数字化工作场所是以新的方式做传统的工作，有利于业务创新。缺乏数字化工作场所的数字化团队，会逐渐失去数字化创新能力，数字化人才也会很快被同化为传统的人才。

企业数字化转型负责人在打造数字化工作场所时不能只关注基础 IT 系统的配备，即不应以技术驱动为主，而应该以提高员工的体验、互动性和提升业绩为目标。数字化工作场所不仅需要具备云办公应用程序，以支持远程工作和便捷使用数据，还要提供专业的数据分析工具，实现自助数据分析服务。同时，领导层利用数据分析工具还可以有效地管理员工，以便企业利用数据反馈员工绩效达标情况，提高管理效率。另外，数字化工作场所的社交性质浓厚，利于培养团队成员之间的协同配合精神及创新精神。

为员工提供有吸引力的数字化工作体验不单单需要 IT 部门的努力，还需要其他业务部门配合，根据实际的业务场景和需求制订相应的工作流程。

未来的工作方式将由更智能的工作体验构成，搭建数字化工作场所便是一种实现方式。将适当的技术手段与适合的工作场所结合，可以提升数字化团队的创造力、协同力和工作效率。

8.5　如何制定数字化转型 KPI

制定数字化转型关键绩效指标（KPI），涉及如下 3 个方面的考量。

1）如何确定数字化转型的衡量标准及原则。

2）如何考量数字化进程中企业的收益。

3）如何构建面向未来的战略能力。

8.5.1　数字化转型 KPI 制定的标准和原则

作为企业运营管理的掌舵者，CEO 在企业开始数字化转型前，需要确定数字化转型 KPI 的衡量标准及原则。譬如银行数字化转型 KPI 的制定要遵循两类原则，一类是收益类 KPI 的制定，一类是战略能力 KPI 的制定。收益类 KPI 旨在以数字化转型的方式提升银行当前及未来的收益，如图 8-9 所示；战略能力 KPI 旨在提升银行面向未来的战略能力，比如商机捕捉能力、效率提升、数据应用能力等。

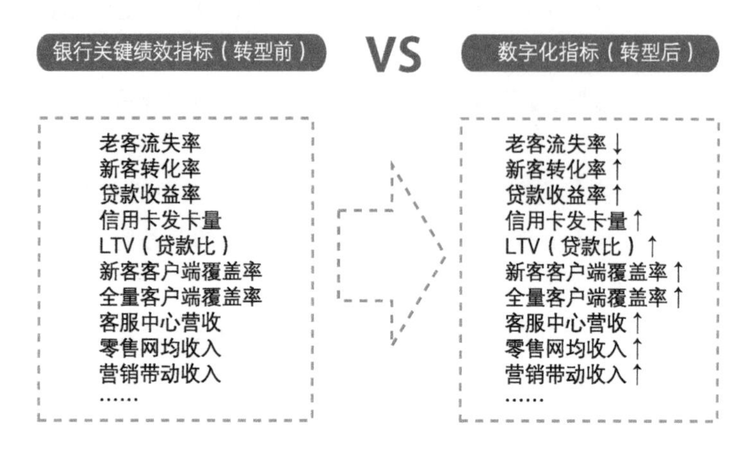

图 8-9 银行收益类 KPI

无论是收益类 KPI 还是战略能力 KPI，都应该涵盖企业数字化业务发展的各个阶段。企业可以根据不同阶段设定相应的利于收益增长和战略能力提升的指标，从而推动数字化业务的发展进程。

另外，应该在数字化业务发展前期规划不同阶段的目标，而不是项目实施过程中再规划，并且在前期规划时应该做到足够周全、详细，保证规划合理。

最后，数字化业务指标不宜过少或过多。指标过少，在整个项目的推进过程中，工作边界会难以掌控，责权不到位；指标过多，则行动受限制，负责内容过多，影响数据团队的角色定位。

数字化转型 KPI 旨在评估企业的数字化转型发展进程，继而带动业绩提升，业绩变化可以体现在企业的 KPI 中。只有明确了数字化转型的衡量标准，才能对数字化业务发展进行指导，从而帮助企业根据行业和业务的不同，随时调整评估指标。但须注意的是，这些关键绩效指标不是一成不变的，它与企业的其他业绩评估指标相辅相成。

8.5.2 量化各领域数字化收益

在企业进行数字化转型的过程中，CEO 不仅要明确 KPI 制定的原则，还需要与不同部门的高管合作，量化数字化将为各部门带来的收益指标。在与这些高管合作的过程中，CEO 需要制定一套 KPI 来评估目前业务模式的数字化进程。KPI 可以帮助 CEO 衡量数智业务的效率，及时调整数字化模式。比如销售领域的数字化转型 KPI 可以帮助侧重于销售业务的企业根据数字化渠道衡量销售比例，从而评估数字化对公司的销售业绩的帮助。

CEO 可以对运营、供应链、产品、客服等企业运营管理的不同方面设定数字化目标和 KPI。例如仓储方面，在数字化 KPI 的推动下，某企业在一定时间内，库存可由 20 亿降为 5 亿。

8.5.3 构建面向未来的战略能力

CEO 在制定数字化转型 KPI 时，除了要制定收益类的 KPI 外，还要制定面向未来的战略能力 KPI。这些战略能力可以帮助企业在未来赢得或保持市场份额，是企业可以持续发展的数字化能力。战略能力包含很多方面，比如捕获商机的能力、提升效率的能力、数据应用的能力等。

CEO 在制定商机捕获方面的战略能力 KPI 时，可以从对突发事件和热点事件的数据分析质量及速度、对事件的把控以及对流量红利的运用效果等方面综合考虑。

CEO 在制定效率提升方面的战略能力 KPI 时，可以从获客能力方面考虑。譬如某企业运用了数字化的获客方式后，其获客能力比竞品公司高，每个获客环节的效率都提升了，那么该企业可以根据获客能力制定战略能力 KPI。

CEO在制定数据应用方面的战略能力KPI时，可以从数据应用的质量和数量、反馈时长等方面综合考虑。譬如CEO可以考虑有多少人运用数据解决问题，用数据解决业务问题的效率有多高、反应弧有多短，这些都是数据应用方面战略能力KPI的参考因素。

战略能力在很多时候是无形的，是无法直接看到的，但战略能力会逐渐植入到企业的组织架构和业务发展中，以数字化的方式潜移默化地影响整个公司的经营发展。企业在发展过程中，短期以绩效和收益为重点，长期以战略能力为核心。

8.5.4 制定KPI的5个注意事项

企业在推进数字化转型的过程中，需要考量团队成员的工作效果，制定KPI是非常有必要的。但数字化转型KPI不同于企业日常运营KPI，企业在制定时需要注意5个事项。

1. 数字化转型KPI不是企业KPI

数字化业务目标与企业日常运营KPI是不同的，二者无法相互取代。二者对企业拓展业务、追求收益的目标是一致的，基本都围绕着收入增长、降低费用、增加利润几个目标而努力。不同点在于实现目标的方式，数字化业务强调运用新型数字化技术与业务相结合达到降本增效、收益递增。但企业在执行数字化业务目标的同时还应该保持企业日常运营KPI，借此评估数字化业务的进程和机会，即通过营收、利润指标明确体现数字化营收与非数字化营收之间的差异。

2. 数字化转型KPI是临时的

KPI是有时限的，因此，企业在设定数字化转型KPI时应该建立时间范围，设定起点时间与终点时间。数字化转型的终点时间可以结合转型进度进行调整，终点时间的设定将推动团队成员按部就班地执行数字化任务。企业完成数字化转型后，原先的 KPI 可能会发生变化。比如，某些可续用的数字化指标可添加到企业 KPI 中，成为企业永久性的业务指标，指导数字化工作不断深入发展。

3. 数字化转型应设立平衡点指标

企业数字化转型并不意味着所有业务模式都需要实现数字化。实际上，设置太多数字化互动模式可能会产生负面影响。企业设置数字化转型的 KPI 应该在员工与客户之间达到平衡，每个 KPI 都应该有一个平衡点，以避免过度数字化。而随着数字化进程的推进，平衡点也可能随之改变，企业数字化转型 KPI 的设定应与企业业务特性等相匹配。

4. 多部门仅分享关键指标

虽然企业数字化转型中涉及很多具体指标，但只有一部分关键指标可与多部门共享。生产过程中会涉及不同维度的指标，比如生产指标、数据分析指标、产量优化指标、消耗品减少指标、库存最大化指标，可将生产指标作为关键指标描述生产过程的数字化水平，并与多部门共享。而其他单一指标并不足以代表该项目的数字化进程，也就无须共享了。除了要共享关键业务指标外，在数字化转型的各个关键节点上，也应该设置明确的可衡量目标。

5. 制定数字化转型 KPI 应计算当前市场份额，预测未来市场规模

企业在制定数字化转型 KPI 时可能会参考企业 KPI 模式，仅考虑到跟踪增量进度和收益，但数字化业务往往可以颠覆商业

模式和企业的业务模式，创造出全新的机会，因此数字化转型 KPI 的设定除了要考虑到执行进度中的目标，还应该评估企业追求创新增长机会的指标。KPI 帮助 CEO 了解企业目前的营收及当前市场份额，并对未来市场发展提供参考，以便企业能够正确量化新业务模式，为将要出现的商机做充分准备。

扫描前言二维码，获取更多资料。

8.6　如何推进数字化转型

CEO 作为企业的掌舵人，负责企业所有的运营管理工作，无法全身心投入到数字化转型工作中，所以企业可以聘用 CDO 作为数字化转型的主要推动者，负责全面统筹数字化转型工作。CEO 需要以头脑风暴的形式确定数字化转型战略，统一企业自上而下的数字化转型思想，再安排给 CDO 分工执行。CDO 的主要任务是监督数字化转型团队实现数据赋能业务的目标，积极推动数字化转型落地，如图 8-10 所示。但在执行的过程中，CDO 也面临诸多挑战。

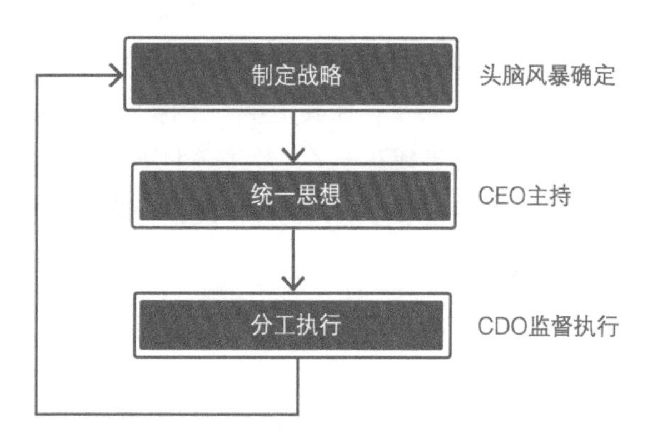

图 8-10　如何推进数字化转型

1. CDO 应具备的能力

在企业数字化转型过程中，CDO 只有理解了业务需求的实现方式，以及数据驱动业务的实质，才能明白在实际的转型工作中如何带领团队完成既定目标，挖掘业务价值。CDO 作为数字化业务的执行负责人，需要具备以下能力。

（1）数字化能力

CDO 的主要职责是将传统业务转变为数字业务并推动利润增长。CDO 要了解如何利用智能化的工具、平台、技术、服务和流程来创造新的业务价值。因此，CDO 的数字化能力是指其既能够对数字化趋势加以判断和把握，又可以对行业发展情况和公司当前的业务问题有深入的理解，并可以从中找到解决之道。CDO 的数字化能力是对市场发展情况、技术变革趋势、企业生存状态的一种灵敏嗅觉。

（2）战略理解力

CDO 需要明白企业深度的战略更新的意义及举措，明白企业为何要制定这样的战略，数字战略与以前的战略有何区别。CDO 只有了解了这些关键点，才能更好地推进和把控数字化转型的进度。

（3）业务能力

CDO 需要考虑业务的连续性，需要了解旧业务的优劣，还需要了解通过数字化方式实现业务创新的内涵和效果，甚至了解不同业务线的布局，不同产品和服务的数字化变革的需求等。这些都要求 CDO 拓宽和深化业务方面的认知。

（4）技术甄别能力

CDO 还需要注意技术变革趋势和技术的运用，不仅要了解过去的 IT 信息技术架构的优劣，还要了解数据中台等新技术架构的发展趋势、特点、成本、性能等，并考虑这些新技术架构与公司的匹配度，至于运用技术的具体细节可以交给 CIO/CTO。

（5）执行力

CDO 需要在数字战略达成、技术变革推进、业务价值提升三者之间取得平衡。在执行过程中，CDO 需要有一流的执行能力，实现新旧业务模式无缝融合，并保障收益。CDO 需要以企业的数字战略为指导，牵引 CIO/CTO 与 COO 协同工作，以数字技术促使企业的业务价值得以提升，稳步推进企业的数字化转型工作。

CDO 除了要具备以上能力外，还需要有良好的心态、丰富的管理经验、多面的知识储备。

2. 设定推进数字化转型的工作计划

为数字化转型团队设定工作计划，可以保障企业数字化转型战略目标与实际实施一致。CDO 必须为团队的数字化转型工作设定一个两到三年的战略计划，为工作推进做出指导。制定数字化转型战略计划可以更好地引导 CDO 带领团队有效完成工作，加快企业数字化转型进度。

3. 明确 CDO 的责任和权限

企业需要明确 CDO 在组织协调方面的责任，在数据资产的管控、治理、分析、应用等各个环节的权限。

企业要明确赋予 CDO 在组织协调方面的权力，让 CDO 在达成数字化转型战略目标过程中，有权协调公司各个部门和人员。CIO/CTO 和 COO 对 CDO、CDO 对 CEO 也应有定期汇报的机制，可以让 CDO 及时了解各个部门的配合程度，也让 CEO 可以定期了解数字化转型的执行进程及效果。

企业还需要明确 CDO 的责任，但创建有意义的绩效指标是该岗位考核面临的困难之一，特别是与业务绩效有关的指标。大多数数字化转型企业都较难将数据度量和业务度量相关联，因此，对于企业来说，创建明确的、可衡量的业务相关标准，定义以 CDO 为首的数字化转型团队的绩效和责任是非常关键的。这类责任指标不要过多，否则会模糊工作边界。责任指标过多，CDO 负责内容过多，疲于应付；责任指标过少，CDO 负责内容过少，无法全盘控制转型进度。只有形成有效的责任指标，才能让 CDO 充分发挥才能。

CDO 需要对数据资产的类型、质量、权限、使用路径、获取方式、技术型号等全权负责，否则将难以推动数字化转型的执行工作。

8.7 CEO 对数字化转型的常见误解

数字化转型过程中难免会出现一些错误，董事会、CEO、CTO 的某些错误决策可能会使转型进入误区。

有些企业的 CEO 认为，可以将数字化转型工作全权交予他人，自己全程不参与；有的 CEO 认为，只要对数字化转型的执行负责人实行问责制即可，自己不亲自参与也不影响数字化转型的效果；有的 CEO 认为，如果数字化转型的执行负责人工作出错，只要将他换掉即可以弥补数字化转型的损失。这些观点都是对数字化转型的错误理解。

1. CEO 不参与数字化转型工作

领导数字化转型是 CEO 的工作。作为企业高层决策者，CEO 需要了解数字化转型的逻辑，例如转型的执行路径、人员安排、资源调配路线、资金调拨、技术部署效果。同时在某些具体的项目上，CEO 需要基于自己对数字化转型关键节点的了解，让适合的人执行到位。因此，CEO 不仅不能对数字化转型不闻不问，还要深谙数字化转型的实质、把控数字化转型的方向。

2. CEO 中途问责可弥补数字化转型损失

有些 CEO 将数字化转型工作交给他人负责，他只负责向其问责。要知道，对于企业员工来说，最大程度的损失无非是丢掉工作，而对于企业来说，数字化转型走错路的损失不仅仅是辞退一个人这般简单。

这是许多企业在数字化转型过渡期普遍存在的误识。数字化转型是新事物，转型出现错误后，将负责人辞退并不能弥补错误带来的损失。除去时间、财务成本之外，转型失误还消耗了信任成本，数字化转型一两年没有正向激励效果，甚至产生了负面影响，可能会让企业整体对数字化丧失信心，没有人能为一个企业的信任成本买单。

3. 中途换将对数字化转型没有影响

某些致力于数字化转型的企业，特别是一些掌握决策权的董事会、CEO，认为数字化转型可以随时调整负责人，且负责人的调换对数字化进程没有影响。其实，数字化转型一旦开始，便牵动着企业各个核心体系，中途换将对数字化转型进程的影响很大。

（1）中途换将无法及时扭转错误的数字化转型执行方向

数字化转型的执行负责人要慎重选择。数字化转型和信息化变革之间的区别较大，如果没有选对合适的人负责企业的数字化转型，会导致企业浪费大量的时间成本和经济成本，还无法达到数字化转型的预期效果。而且，负责人更换之后企业还将面临新的难点，即前负责人推动数字化转型朝着错误的方向发展，并持续了较长时间，更换负责人之后无法在第一时间扭转数字化转型方向。

（2）人员安排失误造成经济损失、资源浪费

数字化转型要将关键的人才安排到关键的岗位和关键的部门。大型企业有不同的部门和职能，他们的工作重点不同。企业在数字化转型过程中一旦将人员安排错误，中途换将将会带来较大经济损失和资源浪费。

（3）数字化转型人员安排注意事项

企业在数字化转型过程中，需要明确以下 3 点人员安排相关事项。

1）数字化转型需要什么样的人才。

2）数字化转型人才需要具备什么样的能力。

3）数字化转型人才需具备哪些经验。

企业数字化转型试错成本太高，如果中途调换负责人不但会改变数字化转型组织结构，还可能会错失某些潜在的商机。

4. 数字化转型隶属 IT 部门

如果 CEO 认为数字化转型由 IT 部门负责，业务、管理、运营部门配合即可，那么该企业的数字化转型项目就直接走入了歧途。对于数字化转型团队，特别是主持数字化转型工作的 CEO 来说，这种想法是万万不能有的。CEO 掌握着企业的决策权，如果他们认为数字化转型只是某个部门的事情，无须其他部门配合或参与，那么其数字化转型注定失败。

数字化转型应从整体上进行战略部署、团队安排、资源调遣、技术配置、需求规划，是全维度实施的过程，并不能单纯地依赖 IT 部门的技术架构建设。IT 部门进行数字化转型会从自身

的角度进行考虑，往往会忽略业务、运营、管理等部门的需求，无法从企业角度进行全局思考和部署转型工作。

5. 可以照搬他人的数字化转型方案

一些 CEO 在主持数字化转型工作时，直接照搬别家公司的数字化转型方案，并没有根据自己公司的特性量体裁衣。很多企业的数字化转型工作已经进行了半年，但是没有看到任何效果，最常见的原因就是使用了错误的方式、错误的建设思路，并没有设计适合自身的数字化转型方案。

因此，CEO 要根据企业的发展阶段、所属行业的属性等，定制转型方案，不能完全依靠其他数字化转型成功企业的方案。按常理来说，数字化转型方案从执行初期应该就可以产生价值，不应该等了很久还看不到效果。这里有个常见的误区，很多人认为数字化转型是件长期的事情，短期内看不到效果很正常，但实际上这只是因为企业一开始就选错了数字化转型方法。数字化转型方案并不能拿来即用，需要根据企业自身的发展特性，适当地进行调整。

第六部分

如何数字化转型

搭建完成数字化转型执行团队后，下一步是明确数字化转型落地的实施方案。企业不仅要明确具体的实施方法论，还要注意规避数字化转型失败的风险。因此，提前了解导致数字化转型失败的风险、掌握成功转型的方法、确定转型的执行路线是非常关键的。

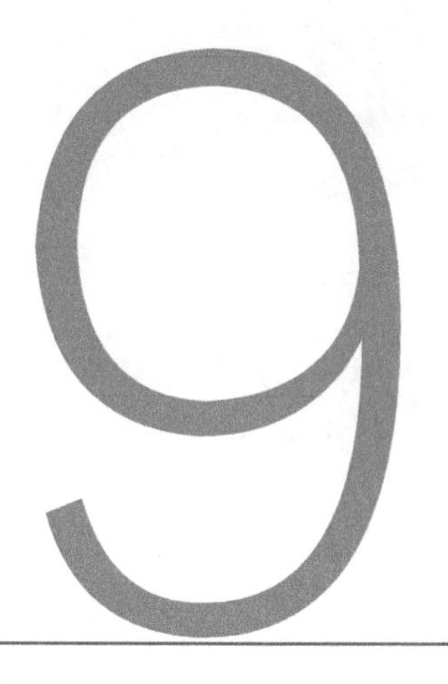

|第 9 章| 数字化转型败局

数字化转型 KPI 包含能力和业绩两部分。能力即构建智能商业操作系统、提升挖掘业务价值的能力，业绩就是转型效果，转型效果不好即宣告转型失败。本章从败局角度为企业数字化转型提供前车之鉴。

9.1 数字化转型失败企业的 4 种发展曲线

企业是否可以成功实现数字化转型，由很多因素决定，某一因素、某一环节的缺失都有可能导致转型失败。但总的来说，企业的数字化转型路线是呈螺旋式的。图 9-1 所示为失败企业的 4 种发展曲线，横坐标为时间，纵坐标为数字化转型产生的业务价值。随着时间的推移，企业在转型过程中，要走过数字技术 / 体系、场景经验落地和行业结合等不同的阶段，时间愈久，企业数字化转型的个性化特点就愈发鲜明。各类企业的发展路线并不相同，提前掌握数字化转型失败的 4 种发展曲线，企业可以规避风险，做到有的放矢。

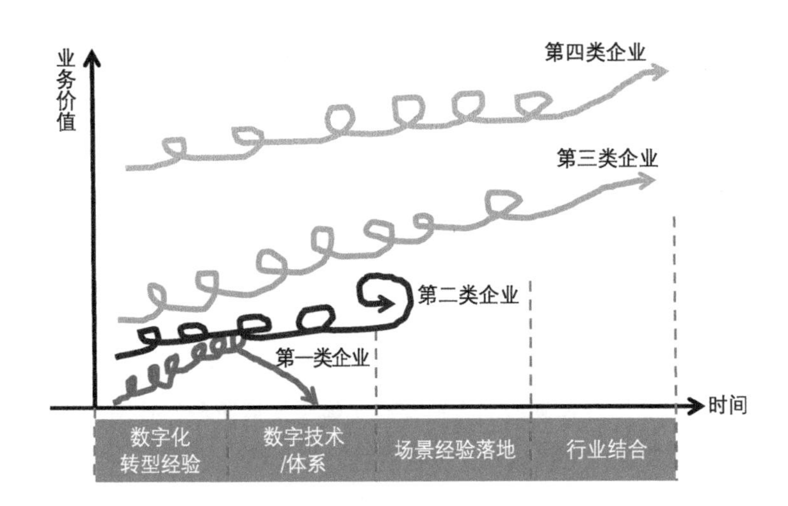

图 9-1　数字化转型的 4 种发展曲线

1. 第一类企业的发展曲线——止于体系泥潭

第一类企业在刚开始转型时，投入的精力和经费较多，对转型效果也很有信心，认为数字化转型是拯救公司或者实现弯道超车的机会。但它们没有从体系化角度了解数字化转型，转型的起点较低，企业的数字化团队只能不断试错，无法前进。

这个现象说明企业的数字化转型已经达到了瓶颈。在这种情况下，企业可能丧失数字化转型成功的信心，找不到突破困境的方法，直到最后放弃数字化转型。

2. 第二类企业的发展曲线——止于技术泥潭

第二类企业数字化转型的起点较高，它们拥有优秀的转型咨询资源，也懂得借鉴其他企业的转型经验，因此平稳地跨过了数字体系泥潭，很快便到了技术环节。而到了技术环节之后，企业就在这里一直打转，可能尝试了很多年仍然不能突破技术泥潭。

这类企业数字化转型的决心很大，总觉得技术投入还不够，因此不断加大传统 IT 技术的投入。可是传统的 IT 技术很难产生新的 DT 应用，而数字化转型需要投入 DT 技术。

这类企业到最后可能在技术泥潭中放弃转型，也可能继续这样挣扎着，陷入 IT 怪圈。

3. 第三类企业的发展曲线——场景挖掘不足

第三类螺旋式发展的企业穿越了体系发展阶段、技术发展阶段，获得的业务价值也高，但数字化转型仍然失败了。

这类企业具备较好的技术体系和转型体系，但是场景挖掘得不够深入，不能和竞争对手拉开差距。这往往是缺乏数字化人才造成的。企业的数字化人才密度不够，就很难批量、流水线式地进行业务创新。

企业转型发展到这一阶段，需要很多懂业务的数字化人才进行业务创新。企业应打造创新体系和创新激励制度，建设完善的人才体系、文化体系和激励体系。

4. 第四类企业的发展曲线——未处理好转型拐点

第四类企业的发展速度更快，但是当其人力成本和技术成本到了拐点后，数字化转型速度便开始放缓。原因在于，这类企业在拐点处没有处理好，导致最终的转型结果还是失败。

这类企业具有较强的技术实力，初期转型速度较快，但在中后期仍以摸索方向为主，耗费时间较长，最终影响了数字化转型效果。

数字化转型起点高的企业，一般是借鉴了成熟的数字化转型经验，可能还准备好了数字化转型所需的资源，且绕过了前面那些坑。这类企业在数字化转型的初期便开始产生较高的业务价值了。

将以上四种路线进行比较，会发现最聪明的做法是既借鉴成功的数字化转型经验，又使用先进的技术，并具备一定的落地场景经验，不断与行业结合，逐步投入资源，耐心等待转型效果。除此之外，企业若想实现数字化转型，还需要注意以下几点。

（1）关注成本

企业实现数字化转型的过程也是一个不断试错的过程，其中的试错成本包括财务成本、时间成本、信心成本。时间成本是最关键的。若企业在试错过程中一直没有获得满意的业务价值，会打击数字化团队的信心，也会消耗大量的时间成本。试错成本是从转型的整体出发考虑的，会随着转型的深入不断提高。因此，企业要快速借助成熟的数字化转型经验，在转型初期便提升业务价值，尽量降低试错成本。

（2）注意试错时间差

在数字化转型的某一阶段，企业可能仍在摸索试错，一时看不到业务价值，但是一旦试错成功，业务价值将会持续增长。企业进行数字化转型时切勿急功近利，需要注意时间差的概念。

（3）马太效应——转型效果越好投入越大

企业数字化转型的马太效应表现为企业获得的转型效果越好，则投入越多，对数字化转型的效果将越有信心。图 9-1 中，螺旋曲线越往上转速度越快，企业投入越大，转型提升的价值就会越高。如果企业在一开始进行数字化转型时没有投入，看到其他企业获得较好的转型效果时再开始投入，就已经来不及了。因此，企业要及早重视数字化转型的投入。

（4）注意剪刀差问题

当别的企业的人力成本和技术成本到达剪刀差的拐点时，自己再想追赶已经来不及了。如果企业在前期对数字化转型不重视、不投入，那么即使花费了大量时间也仍会比别的企业发展慢，将永远落在后面。

9.2　企业数字化转型的 6 种败局

本节将对企业数字化转型的 6 种败局加以阐述，帮助企业降低转型失败的风险。

败局一：方向错误

一些企业数字化转型开始时的方向便是错误的，或者开始时方向是正确的，但是后来越走越偏，导致技术和业务脱节，各自按照不同的发展轨迹前行。导致这种情况的原因可能是公司管理层对数字化转型工作关注度不足，没能及时纠正数字化团队的转型路径。

在这种情况下，该怎么做呢？一种方法是回顾整个数字化转型历程，剖析出现问题的环节，调整数字化团队的执行流程，纠正转型方向。另一种方法是采纳咨询公司的数字化转型方案，在具体的执行过程中，依据实际情况对方案加以调整。

败局二：数字化转型技术路线错误，不断推倒重来

企业数字化转型的第二种失败原因是技术路线错误，需要数字化团队不断推倒重来，导致转型工作陷入无底洞、死循环。

1）技术和业务不融合。其实这个现象在企业中非常常见。技术人员做出来的东西，业务人员感受不到价值，但又不知如何把需求说明白。双方之间的不融合使企业的数字化转型方向慢慢跑偏。

2）技术基础设施有问题。企业把数字化转型的想法都落实到技术上面，但是技术的基础设施有问题。为什么数据中台流行呢？因为企业数字化转型失败最常见的原因就是 IT 投入巨大，导致数据烟囱林立。但凡业务部门有需求，IT 部门就配合做一个系统，常此以往，企业配置的 CRM、ERP 等管控软件越来越多。数据中台是一种技术支撑，支持实现一些不好描述需求的创新型业务，从而弥补企业技术基础设施的问题。

败局三：数字化转型产生的业务价值低，无法赋能业务

企业数字化转型失败的第三种情况是技术实力强，但是产出弱，业务价值低。很多有实力的公司具有较全面的技术能力，也购买了很多先进技术，但是最终只产出了一堆报表，这些报表不能直接生成业务价值，如图 9-2 所示。

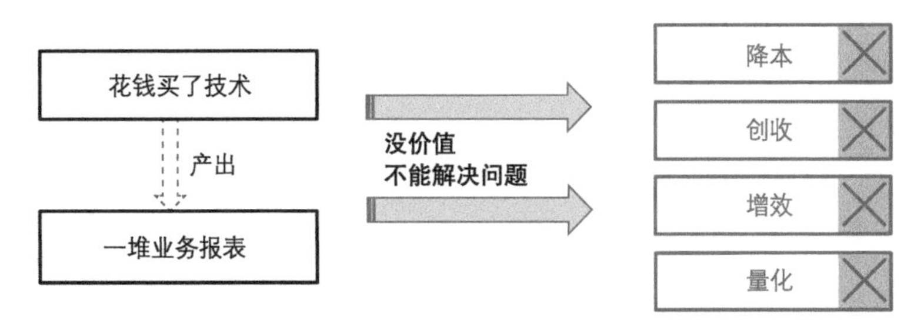

图 9-2　数字化转型业务价值低，无法赋能业务

这类企业的技术服务的对象是管理者，但对一线员工的赋能关注太少，而真正的数字化企业要赋能一线员工。

败局四：没有完整的数字化转型体系

数字化转型是一个长期、持续的试错过程，企业需要有一套完整的体系，尽可能减少试错成本，需要站在更高的视角看待数字化转型。企业应了解别人在数字化转型过程中走过的坑，总结经验教训，避免犯同样的错误。

对于企业来说，数字化转型每个环节不同阶段的侧重点是不一样的，就算是商业模式和业务模式都相同的公司，在不同的阶段、不同的组织能力、不同的领导风格下，它们的转型重点也是不同的。所以企业在每个环节都应具备相应的知识和技巧。

数字化转型需要企业上下共同协作、配合完成，参与的部门多，周期也长。企业应该规定一个清晰的体系，不断发现并解决各环节存在的问题，不断调整团队的工作重点。

败局五：上下不统一

数字化转型是企业面向未来的战略能力。在这个转型过程中，企业可能会面临几个上下不统一的问题。

1）思想不统一。对于企业高层来说，他们有自己的想法和视野，但是中层、基层对数字化转型路线是否有清晰的认识，CEO 和董事会并不一定清楚。有些企业虽然规模很大，但只有几个人在思考数字化战略。

2）能力不统一。企业中真正具备思考未来战略能力的人是少数。

3）KPI 不统一。各个部门的数字化转型 KPI 是不一样的。很多企业喊着“数字化转型很重要”的口号，但是各部门执行过程中使用的还是传统的工作方法，因为这样能毫不费力地完成 KPI。

4）利益不统一。企业数字化转型过程中会打破以前稳定的利益格局，触碰一些人的利益。比较常见的一种情况是，企业在数字化转型成功之后，以前的一些人可能不再适合做现在的工作，此时企业需要处理好各角色之间的关系。但是这里涉及很多技术和业务混合的情况，所以企业很难找到巧妙的解决办法。其实企业在转型开始就埋下了这颗种子，规模大、非市场化的公司对此尤为发愁。

5）态度不统一。CEO 的想法如果没有让中层和基层领悟，企业的态度就无法统一。

败局六：缺少数字化人才

缺人才也会导致企业数字化转型失败。

1）缺少具备数字化转型经验的人才。企业在数字化转型过程中最缺的不是技术型人才，而是有数字化转型经验的人才，尤其是有数字化转型经验的高层。这类人可以帮助企业大幅缩短试错周期，加快推进数字化转型。

2）缺少数字化运营人才。具备数字化思维的业务人员，是企业数字化创新的源泉。数字化人才会用数据意识去解决业务问题，实现业务创新。能够将业务和数据意识结合起来的人才是极其重要的。

3）数字化人才没有形成闭环。公司的数据分析、数据挖掘需要形成闭环，这样才能推动企业的数字化转型。从基层到中层再到高层，企业仅完成人员配置是无法发挥效用的，这些人才需要形成合理的闭环，才能实现预期效果。

10

第 10 章 如何低成本实现数字化转型

近几年，很多行业利润空间降低，特别是制造业中小型企业，面临人力成本上升、管理水平滞后、创新能力不足、经营效率低下的状况，一些企业濒临破产。尽管经济形势相比往年有下滑，但消费端却保持着旺盛的需求，亟待挖掘及引领。企业如何在行业利润较低的环境下，低成本实现数字化转型？企业在实现数字化转型的过程中会遇到哪些阻碍？数字技术如何驱动业务满足用户多元的需求？本章介绍如何低成本实现数字化转型。图 10-1 阐明了低成本实现数字化转型的原理。

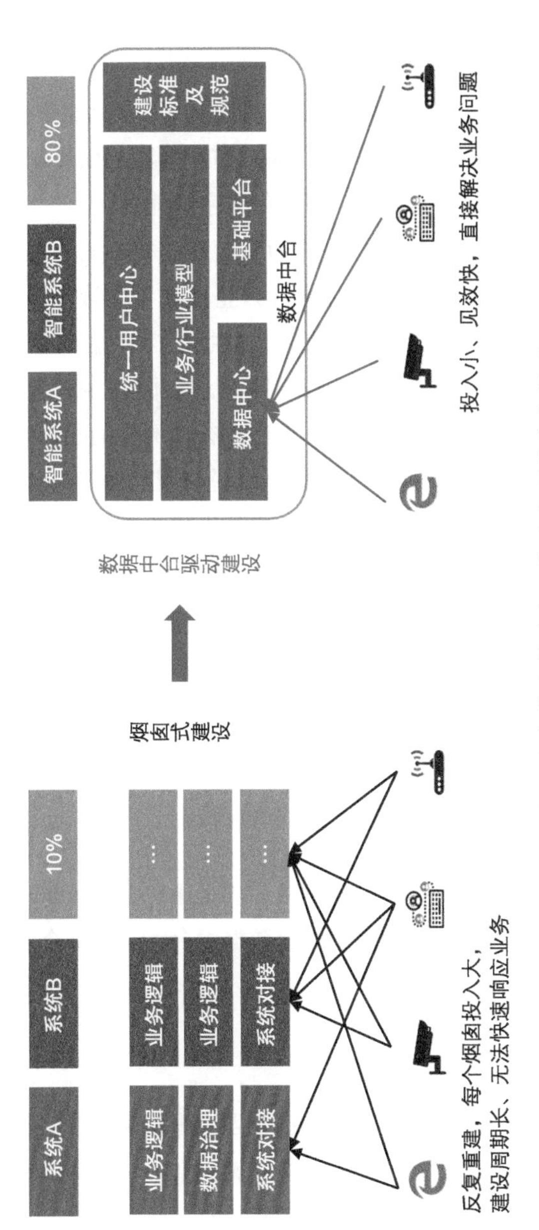

图 10-1　数据中台模式低成本、快速实现数字化转型

10.1 企业数据驱动业务阻力较大

伴随着大数据、物联网、人工智能、5G 技术的快速发展，数字技术的一站式服务在为人们的工作和生活提供便利的同时，也在一定程度上挖掘出了用户更多的数字智能需求。

如今，数字技术的应用已成为企业建立核心竞争力的关键，而企业对数据资源利用不足，也导致企业数字化转型难以达成。很多企业各部门之间存在数据屏障，数据烟囱林立，缺乏统一的数据格式。同时，由于数据确权难度大，企业无法找到合适的数据供应商，缺乏外部数据协同，无法进行全局性的数据展现。企业内外部数据无法形成闭环，数据价值挖掘较为困难。以上因素都导致企业的数智应用成本加大，再加上缺少专业技术人才和技术系统的加持，企业数字化转型之路困难重重。

缺少数字化转型人才、技术和方法论的企业，可借助数据智能服务商的力量，从形成数据资产、搭建数据技术架构等多个层面完成数字化转型。

10.2 低成本实现数字化转型的诀窍

企业可利用数字技术驱动业务，满足用户多元的需求，实现降本增效的目标，其诀窍便是构建数据中台，这也是企业数字化转型的核心。

1. 统一的数据中台架构

数据中台通过搭建统一的数据处理应用架构，帮助企业打通不同业务部门的数据，统一用户中心。数据中台的基础平台具备一定的延展性，可根据前端业务需求及时调整底层架构。数据中台改变了企业系统林立、采购成本高的状况，在一定程度上降低了企业的运营成本。

2. 专业的数字化人才

专业的数据智能服务商在提供数字化转型服务的过程中，不仅帮助企业形成规范的技术架构，还为其培养专业的数字化人才。不论是数据分析师、IT 架构师还是业务分析师，都可为企业数字化转型提供专业的建议。

3. 提供数字化经验借鉴

数据智能服务商在为多个行业提供数字化转型服务时，积累了丰富的实践经验。尽管各个行业业务逻辑不同，但其背后的数据治理模式是相通的。数据智能服务商可以帮助企业建立数据智能部门，组织数字化运营培训，为企业培养数据人才，并指导企业通过扩大经营规模、降低平均成本的方式，将客户转移到统一的数据中台进行管理，从而有效提升企业用工效率，降低用人成本。

数字化转型企业借助数据智能服务商的力量搭建数据中台，不仅投入小，而且见效快，可大大缩短企业试错时间，降低试错成本。数据中台可帮助企业优化业务流程、降低运营成本，使得产品供应合理化，从而提升企业的市场竞争力。

10.3　数字化转型误区：没有经验可以复用

随着人类从信息时代进入数字时代，数字化成为社会经济的一部分。但对于某些行业来说，数字化转型仍然比较陌生。

对于如何进行数字化转型、何时进行数字化转型、如何搭建数字化转型技术架构等问题，企业需要在数字化转型探索之路上不断摸索，找到适合自己的解决方案。有些企业认为数字化转型无本可依，无法借鉴他人的经验。其实，当行业内有成熟的数字化转型案例时，企业可以充分借鉴，学习技术架构搭建经验、资源分配经验。

1. 复用数字化转型经验的重要性

复用数字化转型经验并不是单纯照搬，而是根据企业自身特性，合理借鉴他人经验，将其调整为适合自己的数字化转型方案。复用有价值的数字化转型经验不仅可以提高企业的数字化转型认知，还可以降低企业转型的试错成本。

2. 复用数字化转型经验的内容

可复用的内容包括打造价值应用、搭建数据中台架构、建设敏捷组织、协调各部门加速成长等。

3. 复用数字化转型经验的注意事项

在复用数字化转型成功企业的经验时，企业要特别注意以下两点。

第一，确保数据中台基础架构搭建万无一失。企业要选对数据中台，确保中台架构在搭建初期的方向便是正确的，避免后期推倒重来。基于数据中台基础架构，企业可以快速打造智能商业操作系统。

第二，不断复用数据中台能力。数据中台的能力是可以复用的，企业可以利用数据中台架构开展不同性质的业务。

11

|第 11 章|

数字化转型六图法

数字化转型六图法中的图，指的是战略地图、业务地图、需求地图、（数智）应用地图、算法地图和数据地图。企业根据战略地图梳理业务地图；通过业务地图形成需求地图；需求地图梳理完成后，结合数字化转型路线绘成（数智）应用地图；实现（数智）应用地图依靠的是算法地图和数据地图。如图 11-1 所示。

数字化转型六图法从 6 个角度助力数字化转型落地，保障企业数字化转型的每一步都行之有效。

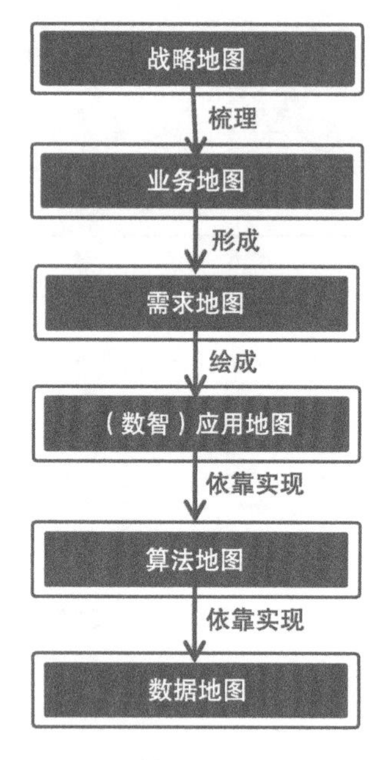

图 11-1 数字化转型六图法

11.1 战略地图

随着新一代 DT 技术的发展，利用数字化转型抢占市场和战略制高点成为企业发展的必经之路。企业想要转型，第一步便要梳理战略方向，形成战略地图。梳理战略地图涉及战略目标、业绩目标、KPI 类型、KPI 增长方式、KPI 增长价值等内容。

以银行为例，某银行希望明年的利润提升到 1 亿元，可以将这个利润目标拆解为一级一级的小目标逐步实现，评估和配给不同模块所需的资源。譬如可将全年利润收入分解为营销带动的营收目标、客服中心的营收目标、零售网均的营收目标等。这便是梳理战略地图的路径。

另外，企业在梳理战略地图时，还应注意参与者要包括董事会、CEO 以及核心高管。战略地图并不是静态的，需要企业每年进行更新和调整，但大架构并不会改变。

11.1.1　梳理现有战略，明确新的战略目标，促使行动一致

企业在构建战略地图时，首先要梳理三到五年内的规划，并明确新的战略目标，确定从上到下推行战略的执行步骤，促使战略行动的高度集中。以某银行制定战略地图为例，其三到五年的战略愿景为“超常规发展大零售，大幅提升对银行的利润贡献”，战略路径为“深度客户运营、丰富产品服务、推动产能提升、加速渠道转型”，并细化了战略目标的实现路径，如图 11-2 所示。

企业在梳理战略地图的过程中，可能会出现两种情况：一种是商业模式没有被数字技术改变，譬如效率颠覆和体验颠覆；另一种是数字技术促使商业模式改变，譬如战略颠覆，从而形成数字化战略。

因此，企业在考虑实现年度业绩目标并梳理战略地图时，首先要明确应从哪里开始变革，是从战略上变革，还是从效率或体验上变革。企业要根据变革角度梳理相应的战略地图，我们先不讲战略变革和体验变革，重点介绍企业如何从效率上变革，并梳理战略地图。

今天人们提到的产业互联网、工业互联网、S2B2C 企业、新零售、新金融等词汇都是数字化变革的代表。这其中涉及的大多数行业内容没有变、奋斗目标没有变、产品性质没有变，但是经营方式改变了。传统产业依靠人工经营，如今依靠数字化的能力经营。当同样的事情用不同的方式做并达到数倍的效果时，这种新的运作方式会颠覆旧的方式，从而形成新的商业。这便是效率颠覆传统行业的典型表现。

战略愿景	超常规发展大零售，大幅提升对银行的利润贡献			
发展目标	• 有效客户数 新客转化率提升20% 老客流失率降低20% • 价值客户数(>1000元) • 金卡以上客户数(>5万) • 单客产品数	• AuM • 存款付息率 • 贷款收益率提升30% • 信用卡发卡量增加100万	• 零售网均存款规模 • 零售网均收入提升200% • 营销带动收入（MROI） • 销售团队人均产能提升20%	• 线上客户端覆盖率 新客客户端覆盖率 全量客户端覆盖率 • 客户端活跃客户比例 • 移动收单带动零售存款 • 客服中心营收提升10%
	深度客户经营	丰富产品服务	推动产能提升	加速渠道转型
战略路径	• 新客获取 批量获客 推荐计划 • 新客转化 新客营销活动体系 新客专属产品包 • 存量客户提升 客户分层经营 战略客群经营 • 流失客户挽回 流失客户定向优惠 大数据流失预警	• 丰富负债产品 丰富创新存款产品 定期存款差异化定价 依托财富管理提升资金沉淀 • 跨越式发展零售资产业务，提升资产业务收益率 丰富小微产品体系，深化客户经营 个人业务发展综合消费类信贷 • 做大中收业务规模 做强财富管理 加速扩张信用卡 差异化费率定价	• 精细化、专业化销售管理体系 军事化目标管理 自动化过程管理 精细化团队管理 • 搭建营销体系，创新营销方式 打造营销管理体系 大数据用例驱动营销	• 线下渠道优化 推进网点轻型化转型 渠道画像 渠道赋能 • 线上渠道创新 迭代升级线上渠道，全面提升客户体验 客服中心职能转型 • OMO（线上线下）一体化经营 线上精准定位高潜客户 线下网点引流至线上虚拟店

图 11-2　某银行梳理的战略地图

11.1.2　总结战略目标及愿景

企业梳理战略地图，确定战略目标固然重要，但战略目标的实施路径、实施节奏和实施手段同样重要。

当企业完成内部战略和外部战略的梳理后，便需要总结新的战略目标及战略愿景。企业需要将战略目标分解成不同环节的目标，明确存量目标及二级目标。譬如零售企业在制定明年全年的销售目标时，需要对今年销售目标的完成情况进行梳理。结合市场发展、供应商变动等外部情况，制定合理的年销售目标；再将年销售目标按照月份、部门等维度细化，明确每个阶段的销售目标，确定阶段性销售目标的实施路径。

企业完成了总体战略目标和阶段目标的制定后，还需要对相应目标的实现路径和方式有清晰的认知，从而匹配合适的战略执行路径及实施策略，同时要确保战略目标能够按照计划有序推进、稳定落实。

11.1.3　人力、财务等资源匹配，实现战略目标

企业在梳理战略地图、实现战略目标方面，需要对资源进行匹配，特别是在人力资源方面，要考量员工能力、数量及人才结构，形成具象化战略。企业在推进和执行战略地图的过程中，通过数字技术可以更好地挖掘商业模式、创新收入模式以及运营模式。

很多企业存在一个误区，认为制定战略地图与技术无关。其实不论是数据中台还是数字化转型路径，都是为战略服务的。企业的转型战略没有匹配当前的新型技术，就意味着在未来竞争中会失去优势。因此，当企业发现传统的战略模式已经无法带动业务发展、满足客户需求时，需要利用数字技术和手段重新梳理战略地图，创造更好的商业模式和解决方案。

11.2　业务地图

当企业确定数字化战略并拟定上下一致的战略地图后，可以根据最新的数字化战略以及运营模式梳理业务地图，并依次推导算法地图、数据地图和（数智）应用地图。业务地图是企业实现战略地图的行动方案，包括业务流程和业务方式。企业只有梳理了业务地图，才能清楚哪些业务环节可以优化、重组。

企业若拥有不同维度的业务，特别是核心业务，在规划初期便应分解出相关举措，将现有业务架构进行梳理，分析当前面临的问题及痛点，如图 11-3 所示。

企业中层需要参与公司核心业务的梳理工作，可以先梳理关键业务及关键环节，包括业务部门待优化之处、组织架构待调整之处、待实现数据智能化运用之处等。比如，某零售企业在梳理业务地图时，某项关键业务可能就涵盖了上万个类别的办公用品，在这些分类中又有子分类和不同的产品型号。除了产品品类，该企业的关键业务环节可能包括定制服务、售后服务等，这些都是该企业的核心业务，需要在梳理业务地图时特别注意，明确优先处理的事务及环节。

在完成业务地图的梳理后，企业可以更高效、低成本地用数字技术和方法达到战略目标。

11.3　需求地图

如今，企业对数据赋能业务的认识越来越深刻，利用数字技术满足业务需求、实现业务创新，争取更多的客户资源，增加企业收入，是企业进行数字化转型的目的。企业在梳理业务地图的基础上，可以进一步制定一套满足业务需求的体系——需求地图，如图 11-4 所示。

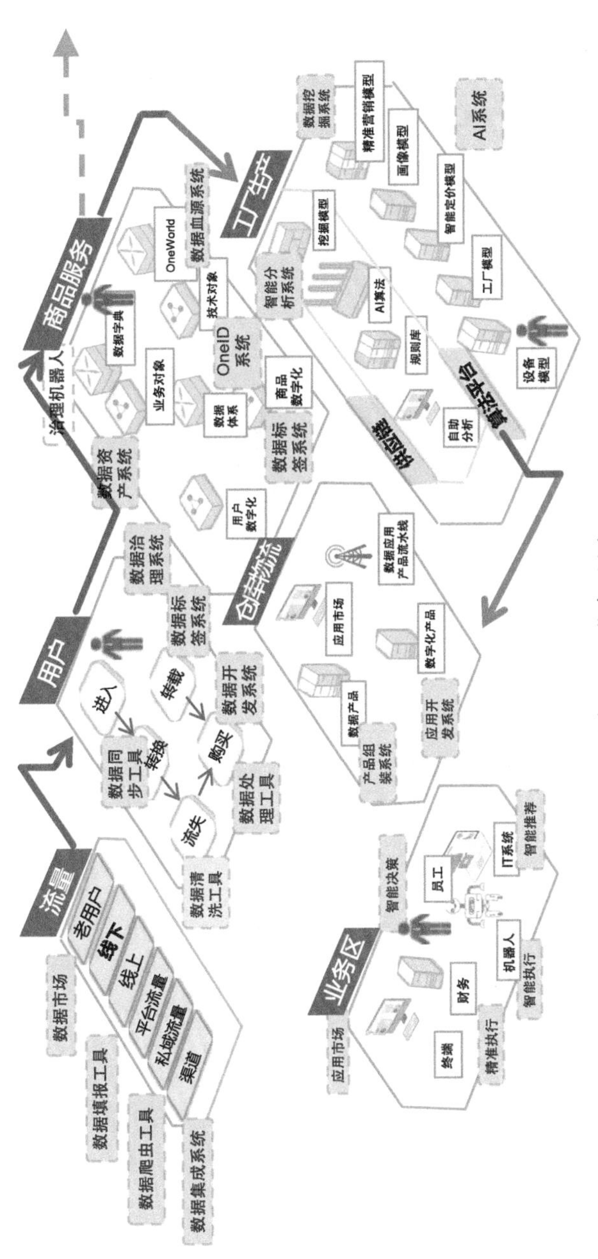

流量
老用户
线下
线上
平台流量
私域流量
渠道
数据市场
数据填报工具
数据爬虫工具
数据集成系统
数据清洗工具
用户
进入
转载
转换
购买
流失
数据同步工具
数据处理工具
数据开发系统
数据标签系统
数据治理系统
数据资产系统
治理机器人
商品服务
数据字典
业务对象
数据体系
OneWorld
技术对象
OneID系统
商品数字化
数据标签系统
用户数字化
数据血源系统
仓库物流
数据应用产品流水线
应用市场
数字化产品
数据产品
产品组装系统
应用开发系统
工厂生产
数据挖掘系统
精准营销模型
画像模型
智能定价模型
AI系统
挖掘模型
智能分析系统
AI算法
规则库
工厂模型
设备模型
自助分析
算法平台
业务区
应用市场
终端
财务
员工
机器人
IT系统
智能决策
智能推荐
智能执行
精准执行

图 11-3　业务地图

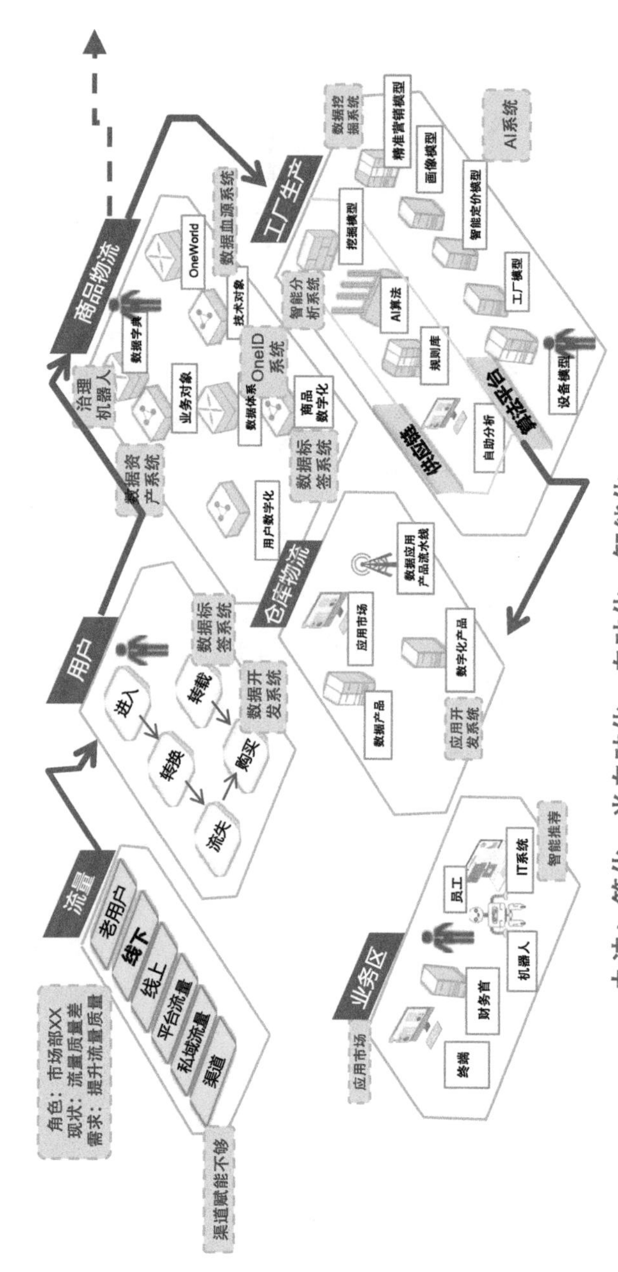
角色：市场部XX
现状：流量质量差
需求：提升流量质量
渠道赋能不够
流量
老用户
线下
线上
平台流量
私域流量
渠道
用户
进入
转换
流失
转载
购买
数据标签系统
数据开发系统
数据资产系统
治理机器人
数据字典
业务对象
数据体系
商品数字化
用户数字化
数据标签系统
OneID系统
技术对象
OneWorld
数据血源系统
商品物流
工厂生产
仓库物流
应用市场
数据应用产品流水线
数字化产品
数据产品
应用开发系统
智能分析系统
挖掘模型
AI算法
规则库
自助分析
供应链
算法平台
设备模型
工厂模型
智能定价模型
画像模型
精准营销模型
数据挖掘系统
AI系统
业务区
应用市场
终端
财务官
机器人
员工
IT系统
智能推荐
办法：简化、半自动化、自动化、智能化

图 11-4　需求地图

企业可以根据业务地图制定需求地图的阶段性目标，从而确定数字化转型中各个需求的优先级，确保各级资源完美匹配。

1. 规划需求地图，明确需求排序原则

CEO 构建需求地图时，需要了解清楚业务团队的需求，明确客户具体需要什么样的业务价值。比如业务管理系统需要具备哪些基础功能、输入输出的形式是什么样的、可以与用户实现什么样的交互、业务处理的原则是什么，这些都需要梳理在业务地图上，并依此制定需求地图。

需求地图并不是相关人员主观决定的，而是由业务逻辑确定需要紧急处理的需求，这不仅需要业务部门参与，还需要技术和其他部门的配合。许多企业存在一个误区，认为需求仅仅是由业务部门提出的，因此，这些企业都在等业务部门提出问题，再依托技术部门加以实现。

实际上，消费场景不断变化，业务部门提出的需求很多时候都是一个创意，这个创意很难变成一个明确的需求。业务部门提出需求时会有一定压力，因为这个需求要经过很多流程才能落实，最终变成可执行的项目。这种周期长的落实过程会逐渐打消业务部门的创新动力。

因此，最好的解决方式是由数字化团队发现业务需求并将其整理成为可以用数字化方式实现的产品。数字化团队以数字化的视角来完成业务创新，承接业务创新的价值和任务。这时企业可以给予一定的激励政策，鼓励数字化团队积极落实业务部门的需求。

2. 一号位人物参与需求地图排序，确保资源跟进

创建需求地图需要数字化转型团队与企业 CEO 等实际决策者（即一号位人物）共同参与。决策者需要从全局出发，在数字

化转型初期的 6 个月内，确保公司有限的资源能够优先被需求地图中的紧急需求使用。一号位人物要对需求进行分类排序，将有限的资源充分覆盖到关键的需求中，达到资源有效运用，为数字化转型团队保驾护航。

11.4 （数智）应用地图

社会正经历由互联网信息时代走向数据时代的技术革命，数据作为新时代的核心资源，是企业数字化转型的燃料。如何利用数据资源及数字技术实现企业运营管理数据化、自动化和智能化的目标，是数字化转型团体必须解决的问题。企业可从以下两点构建完整、详细的（数智）应用地图，以满足业务部门的需求，实现对数据的高效利用，如图 11-5 所示。

1. 制定数据应用规划，建立应用环境，完善应用体系

在数字化转型过程中，为了能更好地实现对数据的智能应用，企业需要制定并加强数据应用规划，即创建应用地图。数字化转型团队需要从赋能业务的角度出发，选择要解决和产生业务问题的场景，针对这些场景进行需求采集和数据资源整合，梳理这一系列流程，形成不同维度的数据应用类别。

在梳理（数智）应用地图的同时，企业还可凭借数据技术建立可扩展的数据应用环境，建设以数据应用为核心的数据中台架构及数据资源多维度切分、共享、调配机制，便于业务人员随时调用数据资源，提升运营能力，提高数据应用效率。

数字化转型团队还须完善公司的数据应用体系，围绕已掌握的数据资源，通过数据采集、处理、存储、分析、挖掘、可视化和安全验证，挖掘和展现数据蕴含的价值，加强业务创收能力。

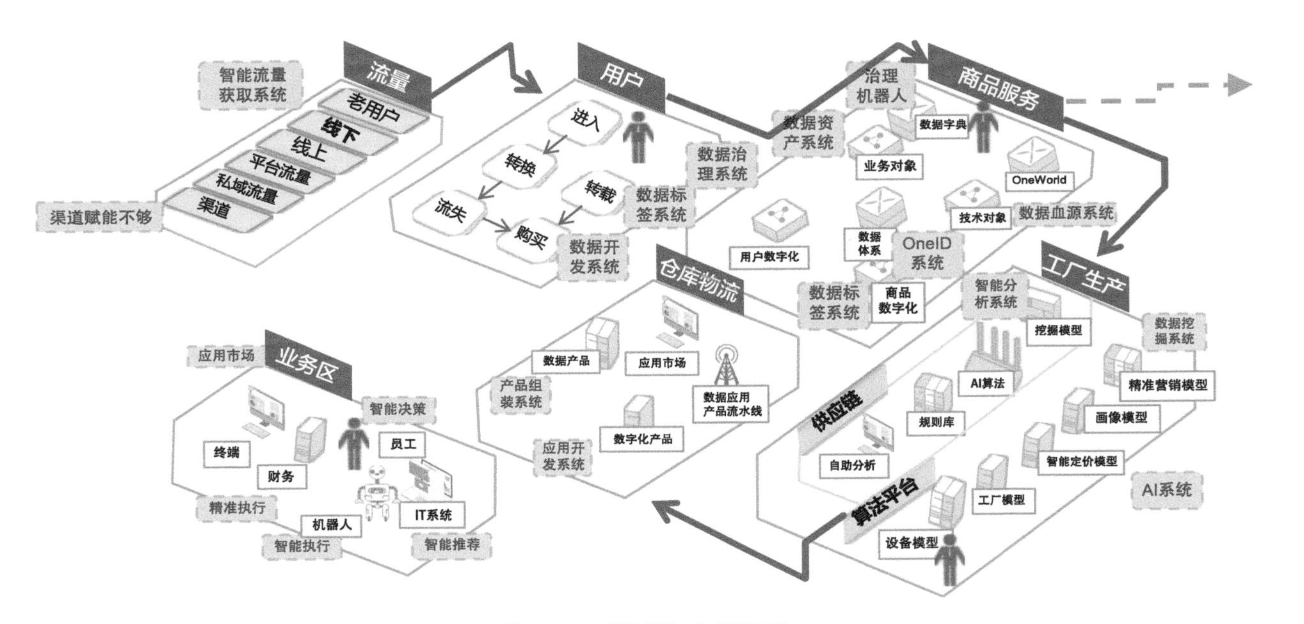

智能流量获取系统
流量
老用户
线下
线上
平台流量
私域流量
渠道
渠道赋能不够
用户
进入
转换
流失
转载
购买
数据治理系统
数据标签系统
数据开发系统
治理机器人
数据资产系统
商品服务
数据字典
业务对象
OneWorld
技术对象
数据血源系统
用户数字化
数据体系
OneID系统
数据标签系统
商品数字化
工厂生产
智能分析系统
挖掘模型
数据挖掘系统
AI算法
规则库
精准营销模型
画像模型
智能定价模型
供应链
自助分析
算法平台
工厂模型
设备模型
AI系统
仓库物流
数据产品
应用市场
数据应用产品流水线
产品组装系统
数字化产品
应用开发系统
应用市场
业务区
智能决策
终端
财务
员工
精准执行
机器人
IT系统
智能执行
智能推荐

图 11-5 （数智）应用地图

2. 建立（数智）应用地图，满足多维度的业务需求

数字化转型团队需要围绕数据智能应用逻辑，对产品全生命周期中各个环节产生的数据和需求加以整理，形成数智应用系统，帮助企业确定数智应用的区域和模块，为规划数智应用解决方案提供指导意见。

（数智）应用地图必须灵活，可以随着业务需求的变化做出相应调整，时刻满足多变的业务需求，推动销售增长。

针对不同业务的问题，企业可以搭建多个应用地图，帮助运营部门实现数据赋能业务。

应用地图与工作日志等一线执行计划表是不同的。应用地图可以十分简洁地概括数字化转型的目标、投入、项目任务量等指标。CDO 或 CEO 以及董事会通过快速浏览应用地图，掌握数字化转型的进度等重要事项。

11.5 算法地图

通过数据分析提高销售水平和服务质量，越来越受到企业重视。算法在数据分析中占据重要地位。决策树、逻辑回归与线性回归、交叉验证的运用可以帮助企业在精准营销、用户画像、监测预警等方面提高精确性。

随着算法不断发展、完善，算法应用成为企业提升竞争力的手段。算法广泛应用于各行各业，比如新零售企业的客户精准运营系统，就是利用算法研发客户流失预警模型、客户交叉销售模型；政府公安部门通过算法研究犯罪行为，预测相关区域的犯罪率，构建平安社区。

企业可以组织专业的算法团队，利用算法业务和算法应用构建算法数据模型并形成算法地图，如图 11-6 所示。

场景	编号	子用例	子用例数	优先级
数据引流	A1	客户引流细分模型	>2	低
	A2	客户关系网络分析	>2	低
交叉销售	B1	个全-信用卡交叉销售	2	高
	B2	个全-小微交叉销售	2	中
	B3	小微-信用卡交叉销售	2	中
	B4	个全理财/基金/保险交叉销售	3	高
向上销售	C1	个全高潜客户提升	>3	高
	C2	信用卡高潜客户提升	>3	高
客群细分	D1	四大战略客群细分	6	高
	D2	TIBC模型客群细分	1	中
精准营销	E1	个全客群交易模式精准营销	>5	中
	E2	信用卡客群交易模式精准营销	>3	中
	E3	个全客群消费场景精准营销	>6	中
	E4	信用卡客群交易场景精准营销	>6	中

场景	编号	子用例	子用例数	优先级
产品定价	F1	存款/理财产品定价优化	>2	低
	F2	信/贷产品定价优化	>2	低
休眠激活	G1	个全休眠客户激活	1	高
	G2	信用卡休眠客户激活	1	高
流失预警	H1	个全客群流失预警模型	>3	高
	H2	信用卡客群流失预警模型	>3	高
流失解析	I1	个全客户流失原因解析	>3	中
	I2	信用卡客户流失原因解析	>3	中
挽回预测	J1	高潜可挽回个金客群推荐	1	低
	J2	高潜可挽回信用卡客群推荐	1	低

图 11-6　算法地图（以银行为例）

11.5.1　创建算法地图的意义

企业在构建算法模型、创建算法地图之前，首先需要了解这样做的意义。

1. 提升企业市场竞争力

构建算法地图可以帮助企业做出更精准的分析决策，提升市场竞争力。比如在构建用户画像中使用算法进行人群分类，找到不同人群的特征，建立用户流失模型，通过用户行为标记有流失风险的人群，分析客户流失原因，便于运营团队及时调整营销方案，通过有效手段挽留客户。

2. 避免资源浪费

企业创建算法地图可以将以往开发的算法进行整理、归类和存储，避免因人员变动导致算法遗失及重复研发。算法地图帮助数字化转型团队了解公司内外部的算法资源，为接下来的数据治理及应用提供支持。

3. 便于企业部署数字化方案

企业只有确定了数据资源、算法模型等基础内容，才能为下一步的人才部署、资源部署提供方案，为调整组织架构奠定基础。

构建和应用算法地图可以帮助企业推动算法在内部的使用范围和使用效率，使算法应用更加智能化，带动数字化转型的速度。

11.5.2　盘点算法模型，构建算法地图

随着数智业务的持续发展和物联网的普及，企业日常事务的数据量呈指数增长，利用算法实现数据分析的应用案例逐渐增多。提高算法的利用率也是数字化转型团体要做的事。企业可从

以下 3 个方面来盘点算法模型，构建算法地图。

1. 根据业务关系盘点已有算法

算法地图是根据业务关系进行梳理的算法规划图。算法地图可分为统计模型、挖掘模型、AI 模型、行业模型、函数库和算法库等几部分。其中以决策树、K-means 聚类、因子分析为代表的统计模型采用数学统计方法建立，可应用于人群分类、用户分群、满意度调查。企业在创建算法地图时可根据业务关系梳理出不同业务线上的模型地图。

2. 重视算法模型的补充及智能化研发

企业在打造算法地图时可通过算法模型管理框架编排算法，研发并补齐企业缺少的算法模型，为下一步的算法应用提供便利。同时，企业可记录算法地图编排过程中的关键流程，以确定哪些算法可实现自动化，进而嵌入业务流程中的自动化决策模块。另外，企业可根据数字化转型需求，补齐企业或各类机构缺少的算法模型。

3. 建立开放、共享、便于迭代的算法地图共享机制

企业在数字化转型过程中，需要根据完整的工作流程将内部已有的算法进行统一整理，按类划分，形成算法地图。在此基础上形成一个开放、共享、便于迭代更新的算法地图应用机制，以备数字化转型团队成员随时调用。

11.6　数据地图

当企业完成战略、业务、需求、（数智）应用、算法地图的

梳理后，需要进一步构建数据地图，如图 11-7 所示。数据地图作为一种以图形为表达形式的数据资产管理工具，可以对数据中台汇聚的所有数据进行统一查询、管理。

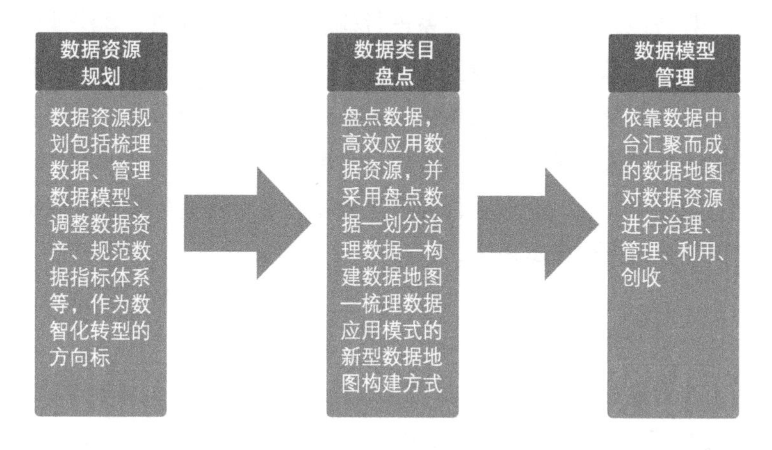

图 11-7　数据地图的构建路径

如今，各行业业务数据激增，企业越来越重视数据赋能业务的价值，数据中台的重要性尤为突出。企业需要搭建数据中台，基于数据地图对数据做管理、规划，达到技术降本、应用提效、业务赋能的目的。

数据是各行业不可或缺的重要资产，在应用过程中需要企业从数据资源规划、数据类目盘点、数据模型管理三方面入手，制定一套详备的数据地图，为后期利用数据中台架构实现数据赋能业务的目标奠定基础。

1. 规划数据资源，保障数据应用效果

企业构建数据地图首先需要规划内外部数据资源，包括梳理数据类型、管理数据模型、调整数据资产、规范数据指标体系

等。数据资源规划对构建数据地图、搭建数据中台起着至关重要的作用。在规划数据资源的过程中，管理人员和技术人员要紧密协作，调研、分析业务需求，明确需要获取的数据资源，以便保障数据应用的预期效果。

2. 盘点数据，提高数据应用效率

企业完成内外部数据资源的规划后，需要对这些数据进行盘点，提高数据应用的效率。

（1）盘点数据，高效应用数据

企业完成战略地图、业务地图、需求地图、(数智）应用地图、算法地图的梳理后，便会对未来 6 个月内的转型工作安排有一个清晰的了解。通过盘点内部数据，数字化团队可以掌握公司的数据情况，合理规划需要治理的数据。

这些不同类别的数据可用于打造数据地图，并据此梳理出数据高效应用模式。数据高效应用模式可以帮助团队快速匹配数据与业务人员之前的需求，解决数据适用的领域，挖掘相关数据的问题，从而提高数据的有效性，体现数据资产的价值。

（2）数据应用模式的误区

传统的数据应用模式首先是梳理数据地图，利用数据地图构建应用系统。然而，领导者单纯地凭借个人经验梳理数据地图，通常会忽视将数据应用模式与实际的数据情况相结合。在传统数据应用模式下，数据团队花费大量的时间治理数据、清洗数据、管理数据，导致所开发的数据应用系统无法及时满足业务部门的需求，企业投入的成本不能实现战略价值和业务价值。

采用盘点数据→划分治理数据→构建数据地图→梳理数据应用模式的新型数据地图构建方式，可以帮助企业有效提高挖掘数据价值的效率。

3. 管理数据模型，提高数据质量

企业可以通过构建数据地图管理数据模型，解决数据地图和数据模型开发不一致的问题，使数据模型的应用与数据资源相匹配，提升数据资源的利用率，如图 11-8 所示。

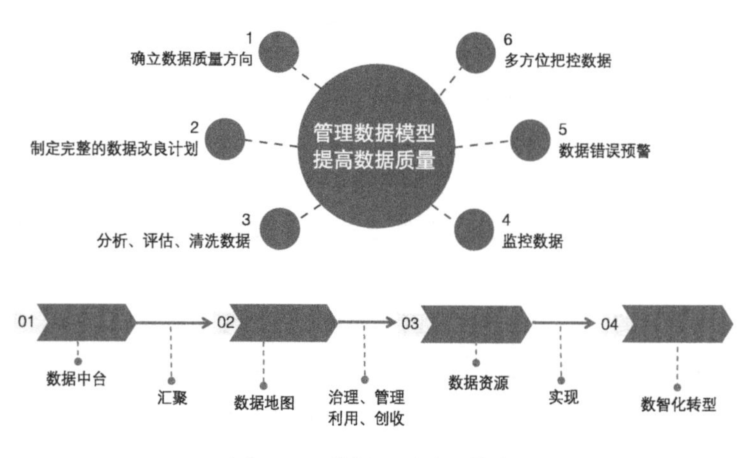

图 11-8 数据地图建立模式

数据在实际应用过程中难免出错，比如因数据异常、代码逻辑错误导致数据结果错误，所以提高数据质量、确保数据的正确性是十分必要的。企业首先需要确定数据质量方向，制定完整的数据改善计划；其次要对数据进行分析、评估、清洗、监控，做数据错误预警，多方位把控数据，保障数据质量。

在传统数据应用模式下建立的大数据平台系统较为落后，无法满足用户的需求。因此，企业需要构建数据中台，依靠数据中台汇聚而成的数据地图对数据资源进行管理。

企业在打造战略地图、业务地图、需求地图、（数智）应用地图、算法地图和数据地图后，便形成了数字化转型的数据运用系统。当企业需要不同方向的模型算法、不同种类的数据资源

时，便可利用六大地图实现快速匹配，提升数据利用价值。

按照战略、业务、需求、应用、算法、数据由上到下的顺序进行梳理是企业进行数字化转型时构建六大地图的正确方式。但一些企业选择从下到上梳理这些资源，即从有何种数据、有何种算法到实现何种需求等流程进行梳理，这种梳理方式以技术思维为导向，存在一定误区。

从下到上的数据资源梳理方式周期长、技术投入大，企业在梳理底部数据时容易走偏，尤其是当 CEO 对数字化转型流程不太清楚时，很容易变成数据“建治用”的模式，先进行数据建设、数据治理，再进行数据应用。

在数据中台架构之下创建六大地图，可以帮助企业在接下来的数字化转型过程中准确匹配相应的人才和组织架构，快速达成转型目标，使数据真正赋能业务。

11.7　数字化转型误区：数字化转型方案缺失，导致各部门相互指责

数字化转型需要不同部门的人员协同配合，在配合的过程中难免会踏入一些误区，其中较为常见的一种便是转型负责人对各个部门的工作把控不及时，导致各个部门相互指责、推脱责任。

在分析数字化转型失败原因时，有的部门认为是公司的组织结构不行，有的认为是数据质量不行，还有的认为是应用开发有漏洞，各种条件都还不够成熟。总之，他们都将数字化转型失败的原因归结为在转型过程中出现的各种问题。在项目发起时并不存在这些问题，后期在具体落地的时候才会出现各种各样的问题。这时候企业需要一个有丰富经验的合作伙伴做指引，告诉企业在什么时候可能会遇到什么问题，以及如何解决，确保企业最

终达成一个理想的转型效果。

当然，企业在数字化转型过程中，有很多问题是不可预设的。比如在推动数字化转型的时候缺少数据，或者在数据接入的时候遇到阻力；业务部门忙于其他业务无暇顾及转型项目，或者他们在不理解转型项目的时候便着手实施；在算法方面缺少优秀的 AI 工程师等。

企业在数字化转型的过程中，任何一个点或环节出了问题都可能导致整个项目失败，最终造成各部门推诿的局面。业务部门认为项目的失败是技术部门的问题，技术部门认为转型出现困难是业务部门的问题，导致企业发现不了数字化转型失败的症结所在，延误战机。

这种情况下，企业一般可以采取两种方式解决。第一种是内部自筛，从技术部门到业务部门进行细致筛查，但这种自筛方式耗时耗力，且很多企业并不具备这种自筛能力。第二种是请外部有经验的人员来把脉，让专业人士帮助企业筛查到底是哪里出了问题，制定一套合理的数字化转型方案，让不同部门的人员能够知道数字化转型的每个环节要达到什么样的工作成果，达到什么样的状态。

12 |第12章| 数字化该赋能给谁

企业数字化转型能否成功，关键在于是否赋能一线员工。数字化转型还可以赋能销售，提升销售人员的工作效率，提高其服务的精准度；可以赋能运营，缩短决策时间，让执行方案更精准；可以赋能产品经理，帮助产品经理在个人经验和数据的加持下打造出更满足用户需求的产品；可以赋能财务，帮助财务团队制定合理的绩效指标，从而提升企业整体的运作效率；可以赋能经营，提升高层、中层、基层三方组成的经营团队的效益；数字化转型还可以增强生态链上各家企业对核心企业的黏性，从而助力各企业特别是核心企业获取更多的收益。

12.1 数字化转型赋能一线员工

过去企业经营存在两种倾向。

第一种是更注重赋能管理者，但不注重赋能一线员工。这种情况导致一线员工的工作需求不能被满足，无法提高效能。企业管理没有做到“让听见炮火的人做决策”，没有给“冲锋陷阵的人”装备。

第二种是企业管理对员工来说，更多的是管控与命令。比如企业配备 CRM、ERP 等管理系统，大多只会给一线员工增加工作量，无法实现赋能。

如今，DT 应用的方向和领域逐渐增多，企业完全可以通过 DT 应用赋能一线员工。比如赋能销售，为公司获得更多利润，这是在 IT 时代无法实现的。

企业数字化转型最应该赋能给一线员工，他们产生的业务价值最大，决定着公司能否不断产生大规模裂变和提升效益。一线员工可以利用数据中台实现细分的数据应用，实现业务提升。

如图 12-1 所示，企业的高层、中层、基层都分布着不同数量的数字化人才、碎片化理解数字化的人和意愿上不接受数字化的人。一个企业中的数字化人才所占的比例被称为“数字化密度”。数字化密度越高，企业的数字化转型效果越明显。

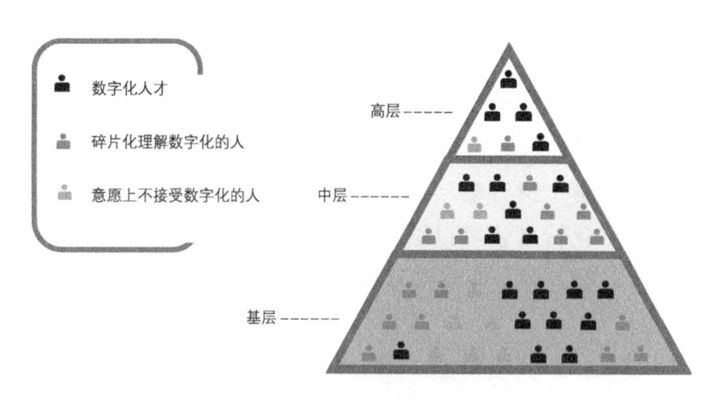

图 12-1　企业数字化密度示意图

然而，目前的大多数企业面临的现状是，高层仅有 CEO 是数字化人才，中层大部分都是碎片化理解数字化的人，而基层大多是不愿意接受数字化的人，如图 12-2 所示，这是畸形的数字化密度分布情况。

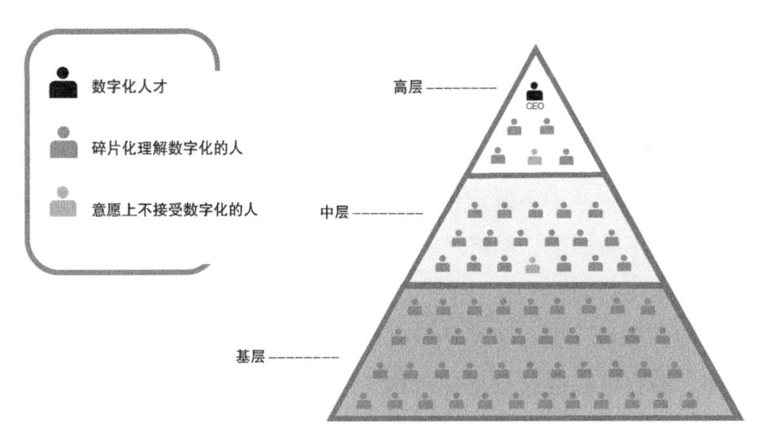

图 12-2 畸形的数字化密度示意图

12.2 数字化转型赋能销售

数字化转型的实质是从以产品为中心转变到以客户为中心。赋能销售便是利用先进的数字技术快速给客户提供他们想要的产品和服务，以客户需求驱动企业业务运作，从而提升销售效能。

因为业务场景细化以及客户体验多变，所以 2C 销售对客户分类和管理的需求较多；因为企业级服务市场合作关系复杂，所以 2B 销售需要准确评估合作伙伴效能。而数字化转型就可以帮助销售解决以上需求。

以前，销售可能一天拜访了 10 个客户，其中 8 个客户都表示没有购买需求，剩下 2 个客户只成交了 1 个，合作成功率很低。

现在，企业可以通过数据中台研发客户画像，分析客户画像并总结推荐建议。销售不再是采用千篇一律的标准话术和提供一模一样的产品和服务，而是转型为基于画像的千人千面型销售，从而提高成交率，提升销售效能。

12.2.1 数字化转型如何赋能 2C 销售

销售是一个企业的火车头，为企业健康发展提供燃料。但是销售也是企业中不确定性最多的部门，因为市场是在不断变化的，竞争不断加剧，经济环境永远都存在不确定性。

数据中台可以为销售提供实时、全面的全域数据，助力销售完成数据分析，便于销售更好地掌握用户需求，开展精准营销。譬如，销售可以通过数据中台构建用户画像，进行群体分层，分析客户的喜好，对客户可能存在的需求进行类推、判断，从而在和客户交谈时，快速拿出打动客户的解决方案，让企业产品和服务满足客户个性化需求，真正做到知己知彼、有的放矢。这就是数据中台对 2C 销售的作用，它就像销售的“一双眼睛”，可以看穿客户的内心。

另外，基于数据中台对客户进行深度理解、预判，是企业后续工作的前提，无论是智能企划、智能排产、智能供应链、智能仓储，还是智能采购，都是以客户需求为前提的。

在移动应用的普及下，2C 企业的业务部门经常需要面对细分的业务场景、多变的客户体验、多维的运营模块。特别是 2C 企业的销售，他们的工作场景更加复杂，依靠传统的经验决策难以精准触达客户痛点，而数字化能力恰好可以满足这些需求。

2C 企业的决策者更多是参考数据进行管理和做战略决策，

数据应用层面较宏观。而一线员工的数据应用较为细化，更多的是将数据资产直接投入解决具体业务需求之中。

销售可以依靠数字技术实现数据应用的客户智能分类，具体来说便是分析外部销售数据之后，为销售人员推送经过智能分类的潜在客户名单。这个名单包含了客户的潜在需求以及相应的销售策略和话术。客户智能分类应用使销售摆脱了无效和低效的电话销售和现场拜访，在很大程度上提升了人效，减少了试错成本。销售所使用的智能分类应用可以有效甄别出意向客户，提高成单率，在一定程度上促进了企业数字化转型进程。

12.2.2　数字化转型如何赋能 2B 销售

在企业级服务市场中，2B 企业可以通过数据产品分析合作伙伴效能。2B 企业在生产经营过程中，往往会与不同渠道、提供不同产品服务的企业开展合作，双方或多方共同为统一的目标客户提供服务。他们之间并非一成不变的上下线关系，而是更为复杂的合作关系。在合作期间，2B 企业往往无法评估合作伙伴的结款时间、合作效果、续约情况，而数字化转型企业可通过数据中台尽可能确定以上关键事项。

2B 企业的销售可以根据中台研发智能应用，输入合作伙伴的相关数据，了解合作伙伴的基本信息和经营情况，打通内部数据，甚至和全网的外部数据融合，从而定制销售预警模型，提前采取措施，避免重大损失。由于企业的商业风险偏好各有不同，业务部门可以利用将内外部数据打通后建立的预警模型来应对风险。

数字技术的智能应用可以赋能 2B 企业的销售人员，助其提升效率，规避风险。

12.2.3　数字化转型对于销售的价值

当企业众多业务线产生了大量有价值的数据时，要实现不同业务部门之间数据的有效联通和价值探索，便需要整合全域数据并建立统一的管理和应用平台。这样的数据管理应用平台正是企业数字化转型的核心成果。数字化转型能够赋予销售数字化运营能力，改变销售传统的营销模式及思维，避免销售依靠主观判断造成营销决策失误。数字化转型主要依靠数字技术和数据分析帮助销售达到产品售卖的目的。

在企业销售人员看来，数字化转型有以下 4 点价值。

1. 助力营销创新

在数字化转型过程中，要真正实现数据赋能，整个营销解决方案要以产品为核心，从产品与消费者互动的角度出发，利用数字化转型的基础技术架构——数据中台的数据服务和运营能力，生成创意内容。

2. 让销售方案更精细

数字化转型势必要完成研发、生产、销售、服务等流程的数据联通，为市场及销售部门归纳总结全域数据，为销售人员制定年度销售方案提供数据参考，帮助销售部门精细化执行营销方案。

3. 提升销售 KPI

营销政策落地的关键之一在于销售执行的力度，大部分市场预算也靠销售执行并发挥价值。数字化转型可以帮助企业提升营销投入的精准度，在为企业节省营销成本的同时带来利润增长。

这是企业最想看到的结果，是数字化在营销领域发挥的价值，也是销售部门这样的一线团队披荆斩棘的奋斗目标。

4. 提升业务响应速度，提高客户满意度

包括销售在内的业务部门利用强大的多维数据资源、夯实的技术架构、多样化的数据服务 / 数据产品，以及多功能的数据分析工具，可以创建基于数据化运营的营销场景和业务场景，从而有效预测用户消费习惯，方便业务人员做出预判，提高客户需求响应力度。

12.3　数字化转型赋能运营

从流量运营到消费者运营，从电商到新零售，运营解决方案也在不断变化。作为商品销售的重要一环，运营扮演着重要的角色。准确执行运营策略，可以帮助企业缩短决策时间。

传统的运营模式单一、低效，无论是通过自建运营部或外包运营团队，都仅能满足单方面的需求。从产品、服务、品牌方面出发，运营的维度十分丰富，而现在大多数公司的运营都有多条渠道和多种方式，包括公域运营、私域运营、会员运营、流量运营等。因此，动态跟踪用户画像、有效挖掘数据价值、研发运营模型，都需要运营部加以关注，避免贻误商机。智能运营的核心有三点：快速反馈，快速反应，并让反馈和反应形成动态闭环。在传统的营销赋能中，大多是运营人员提需求，技术人员来实现，这种营销赋能模式对市场反应慢、实现成本高、无法形成闭环。因此，企业想要将品牌知名度提升与销售量增长合二为一，并兼顾运营多方需求，就需要不断融入新的技术和创新思维。数字化可从以下两点赋能运营，如图 12-3 所示。

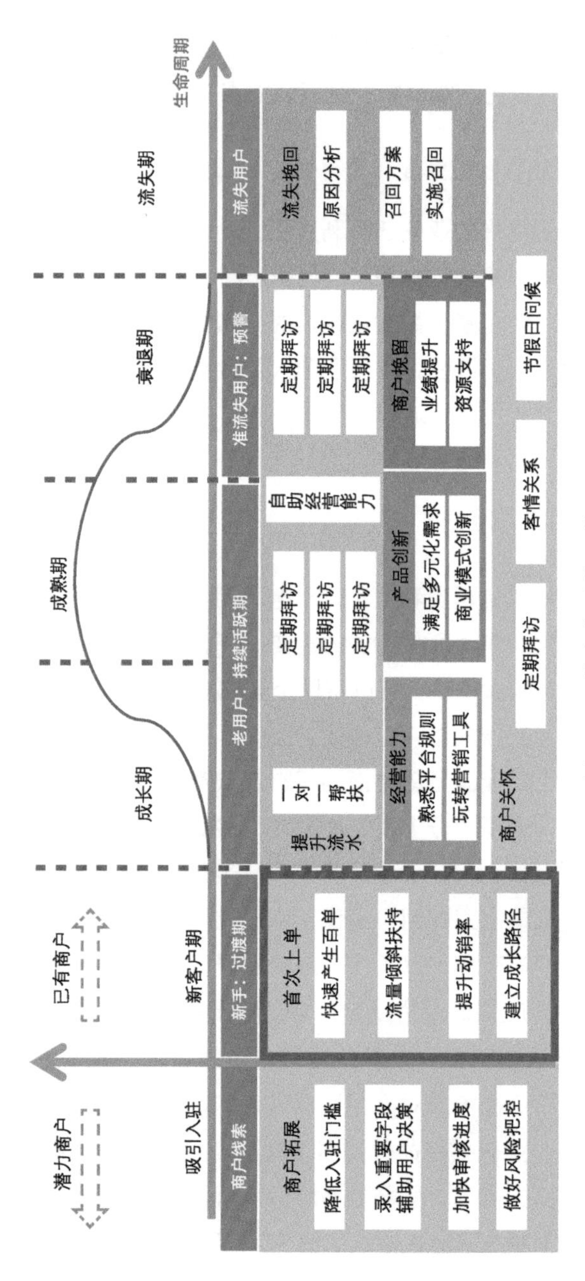

图 12-3　数字化赋能运营

1. 数字化优化活动前期的运营能力

在企业数字化转型过程中，运营部门可通过数据中台提升多个业务场景的能力，持续不断优化运营能力，解决传统运营模式单一的问题。

企业可利用数据中台打通全链路数据，指导产品的营销策略。运营部门在策划营销活动时，可依据数据中台研发区域性群体画像，了解区域内客户来源、适合的营销平台等，从而针对不同区域的门店策划不同的活动方案，这是数字化为运营部门在活动策划前期所赋予的价值。

2. 数字化为整个运营周期提供智能服务

事实上，数字化可以围绕运营的整个工作周期提供数据智能服务。比如满足高频决策需求，营销活动在持续执行过程中，需要根据用户情况，动态实时调整营销策略，其中最具代表性的需求便是智能定价。智能定价应用结合了运营部门内部定价规则与外部客户定价规则，可以帮助企业在大型营销活动时，及时根据竞品公司的产品定价快速调整竞价策略。智能定价如此高频的响应能力可以帮助零售企业快速铺货，提升销量，保证利润营收。

数字化满足了运营部门对全域营销的运营需求，能帮助企业深化品牌建设，挖掘品牌价值。

12.4　数字化转型赋能产品经理

对企业来说，产品经理的角色不可或缺。根据企业性质不同，产品经理也有很多种，譬如重视业务增长的 B 端产品经理、重视用户增长的 C 端产品经理，以及打造互联网应用的产品经理。数字化可以从产品研发方面赋能产品经理。

如今，数字化浪潮袭来，产品经理单纯依靠工作经验难以打造出深得用户青睐的产品，在很大程度上需要大量数据的支持，如市场规模数据调研、可行性研究报告以及核心用户需求分析等，这些都能为产品经理在产品设计方面提供思路。

在数字经济时代，产品经理更应该参考数据来做产品设计。

传统公司在设计产品时会先提出一个想法，然后做调研，之后再设计，完成产品设计后，利用几个不同的方案对设计出的产品进行测试，安排不同的参与者对产品提出优化意见，最后由公司领导或产品负责人拍板决策。经过开发阶段，待产品上线后，数据部门向产品经理提供产品上线后的用户数据，以便产品经理继续优化产品。但有些时候，产品经理甚至不看数据，照常运营。在这种情况下，一旦产品出现问题，企业根本搞不清是运营、销售环节出了问题，还是产品本身出了问题。整个链条中，产品团队缺乏成体系的数据作为参考，可能有些产品在决策时就已经出错了。

如果产品经理以数据化的思维来设计产品，在整个流程中灵活运用数据，会是什么样呢？产品经理根据市场需求，做出了一套设计方案，在结合市场调研进行讨论时，不确定选哪个方案，这时可以采用智能 A/B 方法测试产品，即把设计方案发给部分目标用户，观察哪个方案更适配用户。产品经理可以直接通过数据中台看到用户使用产品的数据，随时对产品进行优化调整。产品经理使用数据化的思维来设计产品，保证了较高的产品准确率，也避免了以前依靠经验决策造成的偏差。

1）设计方案经过市场检验，降低了产品研发试错成本。

2）产品上线就可以获得反馈数据，帮助产品研发团队快速开发出真正适合用户的产品。

3）运用数据开发产品一旦形成体系，将使产品的发布周期变得越来越短，成功率也会越来越高。

传统的产品开发模式已无法和如今的数字化产品开发模式相比。利用数据智能，产品经理“开着天眼”做产品，对产品的发展历程了如指掌。今天的产品经理如果还只是靠天分来设计产品，已是很不明智的了，只有充分利用数据智能，才能使产品脱颖而出。

产品经理在数字化转型过程中要通过数据中台分析用户需求和市场技术趋势，并结合企业发展方针，规划、交付和运营数智产品，将产品从概念变为现实。

12.5　数字化转型赋能财务团队

财务团队作为企业价值管理的守门人，其数据应用能力决定着企业是否能够以最合理的支出获得最高的效益。因此，财务团队可运用数据提升工作效率，为各团队成员制定合理的绩效指标。

企业的财务系统的作用在于对经营过程中各环节产生的财务有关数据进行汇总和分析，以反映企业经营状态和预测业务发展。从本质上看，财务系统是一个数据系统，在数字化转型背景下，财务团队利用数字技术汇集经营过程中所有的数据，融合到财务工作中，高效、实时地产出财务报表，反映企业经营状况。

企业建设数据中台之后，可以依靠相关功能自动添加数据统计，实现财务系统的智能化。财务团队依靠数据中台可以轻松获得自动生成的数据，将其应用于更重要的任务当中。利用配套的关键绩效指标，财务团队可以确定财务资金的分配及去向，对财务指标发出预警信号。如此，既避免了人工汇报警示信号的误差，也节省了手工汇总数据的时间。

12.6　数字化转型赋能经营团队

企业提高全员执行力的关键在于高层决策者的方向把控、中层管理者的政策推动，以及一线员工的执行效果。高层决策者、中层管理者、全体员工三方构成了经营团队的组织架构。企业想要实现数字化转型，离不开经营团队的协力配合。在数字化转型过程中，经营团队要从战略规划、预警模型以及精准画像等多维度来考虑企业的未来发展。数字化可以从以下 3 点赋能经营团队。

1. 数字化优化战略执行流程

企业高层决策者制定企业中长期数字化发展战略，由中层管理者以部门试点的形式，安排一线员工逐步开展数字化转型。利用数据中台这样的技术，将所有流程数字化，提供全面、实时的数据运营报告，可以让企业经营决策者从实时、动态、全局的视角，及时调整、优化战略布局，使企业始终处于一个不断演化、不断学习、不断适应的状态中，只有这样才可能永远立于潮头。

2. 数字化优化经营路径

企业数字化转型需要为整个经营团队打造从目标确定到过程执行再到目标达成的实施路径，从一号位到一线员工都可以看到企业经营情况。

3. 经营数据智能化

经营团队最常用的便是月度经营报表，在进行数字化转型之前，零售企业需要人工提取数据并分析，耗时且存在误差，工作效率较低。而在数字技术的加持下，经营团队可以依靠数据中台动态实时获得经营数据。报表操作智能化大大节省了人工分析数据的时间成本和试错成本，及时提醒一线团队和区域负责人做出反应，精准把握商机。

12.7　数字化转型赋能生态

当企业发展壮大以后，会拥有很多供应链，这些供应链上的公司依托核心企业发展。这些企业发展得越好，对核心企业的依赖度越高，双方之间的黏性就越强，获取的收益也就越多，这是一个良性的发展生态。

正如马云所说："IT 时代是利己思维，DT 时代是利他思维。"DT 时代让他人获益，从而实现共赢。

如今，核心企业在合作中扮演的角色不仅仅是合作伙伴，更多的是生态打造者，它们让数字化赋能其他企业，帮助合作企业获得更多的利益，增加生态内各个企业的黏性。比如基于数据直接赋能供应链上企业的生产流程、经营环节、用户运营、产品销售等，也可以向供应链上的企业提供金融服务，帮助它们更好地寻找到消费者。

现在，很多企业都想做供应链金融，但是成功的并不多。原因在于对上下游供应链缺乏成体系的掌握，缺乏数字基础设施支撑，导致做的供应链金融项目成本高，效果却不理想，不能成功赋能生态。

13

第 13 章

CDO 如何执行数字化转型

CDO 在数字化转型中负责执行 CEO 的数字化转型决策，为数字化转型做详细的规划。

CDO 的出现源于企业数字化转型的需要。这是一个关乎企业未来的战略性职务，其职责是通过加强企业内部、供应商、客户之间的互动和数据流动，推动企业传统组织方式、运营模式与数字化技术的融合。数字经济时代，尽管大多数企业的高管及董事会都对数据的价值有一定认知，但对于挖掘其价值并赋能业务仍不得要领。

13.1 数字化转型前 200 天

CDO 作为企业数字化转型的主要推动者，在进行数字化转型之前，首先要确定资金和目标。

是否拥有充足的资金决定了企业能否顺利推进数字化转型。因此，CDO 需要规划企业数字化转型所需的资金，确保转型中可用的资金充足，并拟好自己的 KPI。

是否有准确的目标决定了企业的数字化转型之路是否正确，会不会偏行。CDO 可以通过制定六大地图找准转型方向。

CDO 在推动企业数字化转型的实际工作中，首先需要和技术、数据、业务、管理等利益相关方进行沟通，逐步明确如何通过管理和部署数据实现业务目标。

此外，CDO 还需要在任职期间，了解衡量数据资产价值的方法，并制订详细的执行计划，确保完成数字化转型的关键准备工作。

13.1.1　制定前 200 天的详细执行计划

CDO 需要根据预算来规划数字化转型的实施路径，避免费用超支。同时，CDO 需要关注数据应用情况，将数据治理团队与业务分析团队组织起来，紧密配合，以检查数据是否为业务提供了价值。

另外，CDO 还需要投入一定的时间，与管理、技术、业务、数据等不同团队的主要业务利益相关者沟通，和他们一起制定实现业务变现的 KPI。

1. 提前准备工作，为后续推进奠定基调

CDO 上任的第一周，需要做大量的准备工作，为后期的工作推进奠定基础。

1）加强与团队成员的关系。CDO 应与数字化团队成员建立合作关系，调动员工积极性。

2）了解组织结构。CDO 可以通过组织结构图厘清组织关系，了解组织内部关键领导角色，特别是与 CIO、CTO 之间的关系。

3）列出关键利益相关者。CDO 需要梳理关键利益相关者，为后期的工作沟通及实现 KPI 打好基础。

2. 详细阐述 200 天执行计划

CDO 制定的 200 天数字化转型执行方案是与其他部门建立合作关系、传达数据驱动业务目标的开始。CDO 需要与其他部门沟通，确定计划执行的评估标准、计划执行的步骤。在沟通过程中，CDO 应注意尽量使用通俗化、商业化的语言，避免用晦涩难懂的技术术语。此外，CDO 也要注意使用能够说明“数据是企业关键资产”的具体实例，向各部门说明数据如何帮助企业运行、增长业务量、创造收入，从而展示数字化转型执行计划与企业战略目标的一致性，如图 13-1 所示。

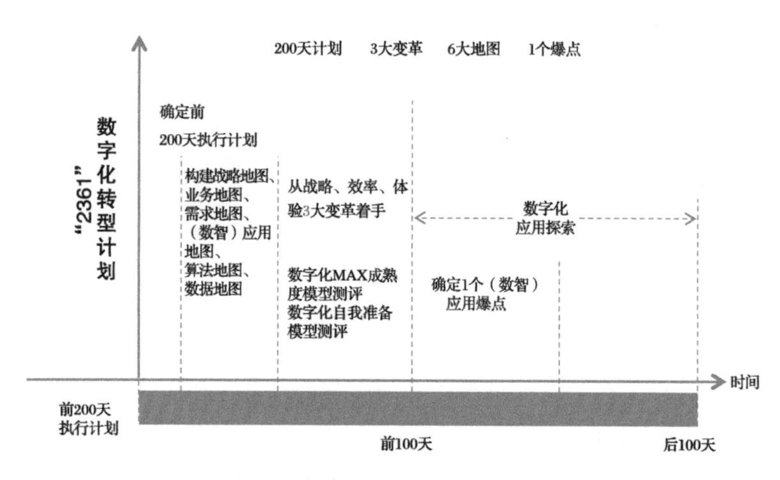

图 13-1　数字化转型前 200 天计划

1）评估自身的数字化水平。CDO 在制定 200 天的数字化执行方案时，首先要根据数字化 MAX 成熟度模型测评企业处于哪个数字化阶段、具有何种数字化水平、需要从哪一级升到哪一级。

2）评估自我准备程度。CDO 需要利用数字化自我准备模型评估企业数字化转型准备工作做得如何，明确企业当下是否可以启动数字化转型、是否还欠缺资源、如何快速补足等。

3）构建数字化领导班子。建设数字化领导班子是为了明确企业高层对数字化转型工作的认可与配合。董事会对数字化转型的看法决定了数字化转型的顺利程度，董事会要明确数字化转型的着手点，是从战略变革入手，还是从效率变革入手，亦或是从用户体验入手，这决定了 CDO 如何执行数字化转型。而数字化领导班子的成员要对数字化转型的执行过程有深入了解，需要具有一定认知并且积极配合。

4）确定变革方式。CDO 在开始执行数字化转型方案时要有侧重点，可从战略、效率、体验三种变革方式中选择一种作为数字化转型的着手点。

5）构建六大地图。CDO 明确了转型工作侧重点后，需要构建数字化转型的六大地图，重点梳理战略地图、需求地图、业务地图和应用地图。这四大地图是算法地图和数据地图构建的基础。

6）数字化执行组织建设。在完成以上工作后，CDO 需要根据执行方案构建数字化执行组织，包括在高层领导带领下进行中层领导架构建设和一线员工编排。

7）搭建数字化中台，构建中台五要素。CDO 下一步要进行具体的执行工作，核心是搭建技术架构。

此外，CDO 在制定 200 天执行计划时还需要与主要部门的领导人进行沟通，了解他们对企业数据的运用状态和满意度，了解他们需要尽快解决的业务问题和数据应用问题并加以梳理，进行优先级排期。

CDO 除了需要与各个部门的领导进行沟通外，还需要与自己带领的数字化转型团队成员进行沟通，了解他们工作中面临的挑战，了解团队数据治理的水平，了解团队成员在让数据发挥作用方面所做的尝试和遇到的阻碍。

3. 200 天执行计划的注意事项

数据是企业重要的资源，有效利用数据有助于增加企业营收、加强风险管理。因此，CDO 在制定 200 天计划时要注意以下几点。

1）将数据赋能业务的价值传达到 IT、法务、人力资源、财务、业务、数据等不同的部门，向相关参与者阐明数据变现的意义。

2）CDO 需要从 CTO/CIO 处了解企业数据质量。

3）CDO 需要梳理数据治理团队的组织架构，确保每个角色责任到位。

4）作为企业数字化转型的主要推动者，CDO 需要学习积累相关知识，不断提升自我能力。

13.1.2 确定各阶段的达标结果

CDO 制定 200 天工作计划后，需要对该计划的执行情况加以监督并及时调整。计划执行的效果也需要通过一系列评估指标进行确定，因此，评估结果是企业数字化转型执行计划的试金石。

1. 确定变革点，构建六大地图

CDO 要结合数字化水平测试、准备程度自查、变革方式确定、六大地图构建（见图 13-2）、中台架构搭建等各个关键项目评估计划执行效果。CDO 在执行计划的前 3～6 个月应优先考虑以下 6 个方面：数据质量、项目合理性、信息管理系统性能、数据迁移、预算申请及数据资产利用情况。

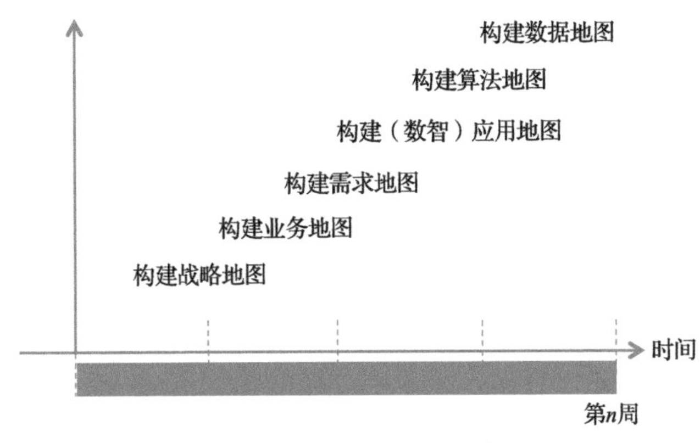

图 13-2　构建数字化转型六大地图

CDO 在确定评估达标结果时，还要启动数据质量评估工作，其中包括 ERP 信息系统、CRM 信息系统、核心金融系统以及销售和营销系统等的数据质量应用状况。

2. 梳理业务关系及目标

CDO 应就业务紧急程度征求团队成员的意见，从而确定处理方式，并划分责任。此外，CDO 还需要与业务部门领导进行沟通，建立开放、合作的关系，了解业务部门在数字化转型初期和执行过程中的需求。业务部门有责任为 CDO 提供一个清晰的数据赋能业务路线，以便 CDO 带领的数字化转型团队能快速满足业务部门的需求。

3. 利用 DT 基础设施

成熟的数据中台可以帮助 CDO 优化不同类型的数据。CDO 可以利用数据中台检查数据源，包括数据使用规定、数据策略规划、数据应用计划和数据应用操作手册。

13.1.3　执行 200 天计划

完成 200 天计划的制定和准备工作后，落地执行工作便正式开始了，在执行过程中，CDO 要注意以下 6 个重大项目的执行和验收。

1. 创建数据战略文档，建立 3～5 个优先事项

CDO 需要梳理数据战略执行文档，将需要优先完成的目标列为首要任务，部署重点行动计划。此外，CDO 需要获得相关利益者的支持，沟通数据战略达成的执行策略。

2. 创建业务目标与数据相匹配的框架

CDO 需要建立与业务目标统一的数据应用清单，以此查看数据应用的效果，帮助数字化转型团队监督及把控数据治理和分析应用环节。

3. 明确数字化团队各个成员的角色和职责

CDO 在执行 200 天计划时还要明确数字化转型团队各个成员的角色和职责，包括数据管理员、数据科学家、数据架构师和业务分析师等。

4. 创建有利于数据应用业务的环境

CDO 执行数据赋能业务的计划时，要提前创建符合企业数字化战略执行和业务变现的环境，制定数据治理政策、原则、标准和指南，制定可衡量、可操作、有相关性、有时限的执行政策。实际上，良好的数据政策是清晰、简单、着眼于数据自动化应用的。

5. 评估企业在数据治理和业务价值挖掘方面的成熟度

企业数据治理和业务变现的成熟度和经验水平过低，是因为在数字化转型早期阶段不注重数据资产的价值。CDO 需要提前了解企业的数据治理水平和数据应用水平，为后期扩展业务打好基础。

6. 建立高级管理人员定期沟通会议机制

CDO 在执行数字化转型任务时要随时听取高级管理人员的诉求，确保数字化转型的效果与初期计划目标一致，从而保障数据治理和分析团队实现业务目标。

13.1.4　评估 200 天计划执行效果

企业数字化转型可谓任务艰巨，评估数据应用业务的效果是整个数字化转型工作的重点。CDO 可在 CEO、CFO、CMO 等管理人员的指导下，建立一种标准方法，用于衡量关键数据资产的实际价值和潜在价值，并采用一个或多个数据估值模型定期对执行情况加以测量。

1. 选择有意义的成功标准来评估执行进展

CDO 在评估 200 天的执行计划时要收集基准指标并监控执

行结果，尽可能使用可衡量、可操作、有相关性和有时限的目标，同时建立成功标准和改进目标，并准确传达给其他部门的成员。

2. 采用数据估值模型衡量执行效果

CDO 可以带领团队根据业务流程确定具体的数据指标，通过数据估值模型定期考核执行效果。

3. 评估数据的准确性和一致性

CDO 在评定执行效果时，还需要评估原始数据的准确性和应用的一致性，减少客户流失。

4. 监控程序和项目进展情况

CDO 应整理简明扼要的定期进度报告，列出与企业各部门负责人讨论过的项目，让项目经理明白 200 天执行计划的要点，确保在规定的时间内数据治理和分析工作能够走上正轨。

5. 整理 2 个 100 天的季度报告

当 CDO 对执行计划核验完毕、明确执行计划效果后，可将调查结果整理成 2 个 100 天的季度报告。报告内的指标及交付物可以为企业提供有针对性的操作建议。

扫描前言二维码，获取更多资料。

13.2 CDO 的关键能力是沟通

虽然很多企业设置了 CDO 这个岗位，但是 CDO 要想顺利开展工作和推进项目，需要得到企业各部门的支持。CDO 要把自己打造成一个布道者，通过有效的沟通，和高管及部门主管建立共同的愿景，一起推动企业顺利转型。

13.2.1　CDO 加强沟通能力的 2 个关键点

CDO 在推进数字化转型工作时，必须具备良好的沟通能力。加强沟通能力有 2 个关键点。

1. 制定可衡量的目标并做出承诺

CDO 可以制定一些可衡量的目标并做出承诺，承诺在一定时间内实现目标。兑现承诺可以获得对方的信任，减少工作中的阻力。

2. 得到利益相关者的支持

数字化转型可能会动摇一部分人的利益，CDO 需要不断地与利益相关者进行沟通和讨论，让他们知道数字化转型的价值以及将会得到的成果，得到他们的认可和支持。

13.2.2　了解自身技能缺陷，加强团队建设

除了通过以上两个方面加强沟通能力外，CDO 还需要了解自身技能缺陷，加强团队建设。

1. 审视自我，完善自我

CDO 除了要通过数据分析帮助企业挖掘数据资产的潜力和竞争优势，还要对关键信息资产进行治理，通过交换信息资产改善与客户、供应商及合作伙伴的关系，并参与成本效益分析，帮助企业提高生产力。这些职责对 CDO 的能力提出了极高的要求。因此，CDO 要不断进行自我审视，及时发现自身能力的缺陷和不足，在沟通及实现目标的过程中不断提高和完善自己。

2. 加强团队建设

CDO在提高自身能力的同时，也要注意加强团队建设，根据团队成员的特点制定相应的工作计划。

13.3　CDO如何带领团队

CDO需要深入思考团队协作及资源调配问题，带领团队助力数字化转型。

1. 技术中台赋能

前端业务的响应能力取决于两个方面：一方面是业务团队的管理运营能力、执行效率以及需求准确性，另一方面是技术团队的赋能能力。CDO需要为技术团队提供最好的支持，构建适合业务部门和技术团队习惯的技术架构，发挥技术方面的能动性，为业务创新提前布局。

2. 技术团队跟上业务发展

在数据中台技术架构的基础上，CDO要根据业务部门的需求积极连接线下、线上数据，打破数据限制，实现对全域数据的整合及展现，甚至深入挖掘模型，为预测用户行为做出更多有意义的技术指导。

3. 打造数据应用双中台

在数据中台架构建设完成后，CDO既要保持系统的稳定性，又要维持可扩展性，为业务创新提供更多空间。同时，前端业务数据要在线上完成治理、整合、存储、全面展现等环节，在数据中台上能够动态更新及自由流动。整合及治理海量数据可以为打造应用中台提供更多支持，这也意味着 CDO 需要对数据团队、技术团队及应用团队进行任务派发，让三方共同构建数据资产以及打造智能应用。

13.4　CDO 如何购买合适的中台及工具

随着传统行业数字化改革不断深入，过去以经验决策为主的经营模式慢慢变为通过智能数据工具对用户进行深层次统计分析。于是，经过多方迭代更新的数字化技术越来越受企业重视。但面对企业级市场内数据分析工具繁杂的现状，企业无法准确分辨出适合自己的数据分析产品。因此，了解软件购置的误区并选择合适的中台及工具是非常重要的。合适的中台和工具应满足以下几点要求。

1. 契合企业发展

配置中台及工具首先需要考虑是否契合企业发展。不同规模和体量的公司选择的中台及工具是不一样的，比如大型电商巨头本身具备互联网特性，拥有数字化技术的实战经验，因此在选择上有很大空间。另外，企业也可以借助服务商的技术能力，选购适合自己业务需求的中台及工具。

2. 契合使用者需求

中台及工具要根据目标人群选择。有的工具使用者是一般的业务人员，那么呈现的分析方式、算法、模型需要一步到位，只须简单操作即可。有的工具面向的是专业的数据分析师，需要根据数据分析师的需求配置更复杂的模块。

3. 契合使用需求

不同行业选择数据中台及工具的出发点是不一样的。有些行业数据量不大，重在数据的存储管理；有些行业数据量较大，偏重于数据分析产生价值，因而对分析模块比较重视；还有些行业采用数据中台及工具是为了优化报表、改善数据仓库性能。因此，传统行业配置数据中台及工具时要考虑应用目的。

4. 延展性能良好

如果企业规模较小、数据量不大、功能需求较单一，可能对中台的要求不高，但随着企业业务的拓展及企业规模的扩大，当初购置的中台可能无法跟上企业发展的需求，需要重新配置一套满足目前及未来发展的中台，这样会造成资源浪费，成本无法控制。因此，配置一款延展性能良好、可以满足定制化需求、具备良好运维服务的中台，对于企业而言是非常重要的，它既可以无缝衔接企业内部传统的数据管理软件，又能流畅接入外部数据，同时面对企业不断发展壮大的数据分析需求也具备一定的扩展性。

5. 价格合适

传统行业可能会认为昂贵、具备一定品牌效应的知名软件才是优质产品。但实际上购置软件要看是否适合自己，要看软件的功能是否契合业务需求、软件的性价比如何、内存计算能力如何、操作是否简便、技术是否先进、售后及运维服务如何。特别是中小型企业，要根据经济能力配置中台及工具。

13.5　CDO 如何管理数据质量

CDO 作为企业数字化转型的推动者，在将数据作为资产加以利用方面发挥着积极的领导作用，需要深刻认识到数据质量决定着数据智能应用的效果。

因数据质量差导致数据应用出错、业务价值无法深入挖掘、转型成本增加的现象屡见不鲜。尽管如此，一些企业领导对于优先考虑数据质量仍持有不明确的态度。

除了数据质量未得到足够的重视外，数据团队在保障数据质量时仅仅重视数据间的逻辑与事实，并不以业务需求为出发点来优化数据质量，这种工作模式也无法保障数据质量。

所以，在数字化转型过程中，CDO、CTO/CIO 与其他相关部门领导应该针对数据质量的管理制定统一的规范。

1）统一数据质量与业务指标，在数据质量管理过程中建立问责制。

2）建立数据分析模型以检验当前数据质量及未来数据应用效果，为挖掘业务价值提供高质量的数据。

3）规划数据质量管理总体成本与数据应用业务价值变现之间的回报比例，为调整数据质量管理方案及申请预算提供参考。

13.5.1　统一指标，建立质量问责制

很多企业领导人对数据质量的重要性缺乏深刻认识，忽视了数据质量差导致企业转型成本上升的问题。糟糕的数据质量会导致错误的分析决策，且由于缺乏系统的问责体制及数据追踪体系，数据出错后无人负责。因此，企业数据管理负责人或 CDO 应该按照一定的操作流程管理数据质量。下面给出一些相关的机制和方法，供大家参考。

1. 了解数字化转型目标，设立负责人问责机制

在管理数据质量之前，CDO 应该先了解企业数字化转型的目标，然后逐一梳理不同业务场景下相关联的数据治理模块。

在了解企业数字化转型目标后，CDO 需要设立技术、业务、

数据分析团队负责人的问责机制，明确各个团队在数字化转型过程中的职责和内部各成员要承担的任务，施行责任到人、原因梳理、改进办法的工作流程，使相关团队和人员重视数据质量，为业务提升做坚强的后盾。

2. 数据质量与业务绩效指标统一，支持业务成果

企业数据质量不佳的原因之一在于未将数据质量与业务目标联系起来，仅关注数据本身质量，即数据治理结果重在数据逻辑的呈现、数据事实的公布，而忽视了从业务角度出发思考数据质量。梳理清楚数据质量与业务绩效之间的关系也有利于制定数据质量问责制。

在数据治理过程中，如果数据治理团队仅关注客户数据的准确率是否从原来的 80% 提高到 90%，对这一优化是否有助于业务提升毫无兴趣，就会导致业务分析团队从数据结果中只能看到详细的数据指标和治理路径，忽视了数据背后的业务逻辑，最终造成数据治理结果使用率低，无法真正为业务赋能。事实上，提升业务份额会涉及不同维度的关键指标，如财务绩效指标、经营业绩指标、客户服务指标等，数据治理团队应对这些业务指标有足够的了解。

提升数据质量必须以业务成果为导向，不能是纯粹的数据展示。一线业务人员已熟悉数字化市场运作规律，制定某项决策时会看重数据的分析价值，但也会结合自身的行业经验进行综合分析。纯技术性的数据术语并不能帮助业务人员快速理解数据意义，因此，呈现给一线业务人员的数据治理结果也应该具备一定的业务属性。CDO 只有理解了数据质量与业务目标之间的关系，才能更好地推导出各个模块要实现的功能，并匹配给相应的负责人。

梳理数据质量与业务绩效指标之间的联系，可从以下 3 个方面着手。

（1）厘清业务需求

数据团队在开始数据治理工作前，须从业务需求出发，根据业务逻辑和数据质量之间的关系，厘清各个业务线和产品线的脉络，挖掘不同业务线的需求，梳理数据治理工作的各个环节。

（2）统一数据质量与业务指标

以业务绩效指标来确定数据质量，可以帮助数据团队验证数据质量的有效性与准确性。数据团队应建立业务部门使用数据分析结果的反馈机制，探明业务绩效指标、分析决策过程、基础数据质量三者之间的关系。CDO 作为数据管理的主导者，应确保数据治理过程及结果与关键业务指标和业务逻辑具有一定的相关性。

（3）建立异常数据纠查体系及问责制

在数据治理过程中，需要根据数据质量对业务目标的影响，持续测试数据质量。同时，新业务的出现会导致数据量发生变化，因此，数据质量测试的重点和方法也应做出相应调整。

13.5.2　建立数据分析模型，制定数据质量改进计划

在数据管理的过程中，数据团队需要对数据从产生到应用的整个生命周期进行识别、诊断、修复和完善，以确保数据质量。数据团队需要针对数据应用的全生命周期建立数据分析模型，制定以业务目标为核心的数据质量改进计划，方便数据团队及业务分析团队随时检验数据质量，为业务分析团队的数据应用提供智能推荐。

1. 分析当前数据质量并判别数据质量对业务价值的影响

一旦确定数据治理的业务目标，就可以开始数据分析了。数据分析贯穿数据智能应用的整个周期。利用数据分析模型对早期

的数据质量进行检验，可以为最终的数据质量结果奠定基础。检验初始数据质量，为后期提升数据质量提供基准，以此为衡量标准，可以判别提升数据质量对业务价值的影响，帮助 CDO 规划数据管理团队的预算。

2. 运用数据分析工具打造数据分析模型

一款性能优良的数据分析工具可以帮助企业较好地衡量关键业务流程指标并分析数据之间的关系。通过数据分析功能可以打造数据分析模型，帮助数据技术人员及业务分析人员在较短的时间内了解当前的数据质量，模型还可以配置更复杂的数据分析功能，以实现对复杂多变的业务场景下的数据进行质量检查。

3. 制定以业务目标为核心的数据质量改进计划

CEO 有时较难理解为何数据质量改进周期长、覆盖广，这是因为 CEO 还未理解数据生命周期与数据质量之间的关系。因此，CDO 管理数据质量时首先要向 CEO 汇报，制定以关键业务指标为核心的数据质量改进计划。制定数据质量改进计划可从以下几个方面着手。

（1）确定数据质量改进目标

根据业务流程，确定实现数据质量的策略，梳理可实现价值的业务指标和数据质量指标，建立相应机制保证数据治理的效果。

（2）确定执行方案

CDO 根据数据质量改进目标确定数据质量解决方案，确定该方案的最终结果是在数据团队内部托管还是设定为服务共享模式，采取分阶段的方式确定具体的业务领域和特定领域的数据质量治理，确定内部开发团队和供应商参与数据治理工作的比例分配。

（3）执行注意事项

不同业务团队可能对同一数据集的理解并不一致，两个不同的数据集可能被解释为相同语义。所以 CDO 带领的数据治理团队需要正确理解不同业务单元对同一数据集的意义，明确业务规则，保障元数据管理。在对内部数据统一汇总、联通后，整合合作伙伴数据、集成商数据、全网开放数据等第三方数据时，数据治理团队需要建立一套可行的模式，鉴定并跟踪第三方数据源，从看起来完整、正确、及时的数据中找出数据源不一致的原因。数据治理团队还须验证外部数据的真实性，建立对外部数据的信任。业务人员对数据治理过程中的技术问题可能不甚了解，CDO 可建立一套完整的数据质量培训体系，帮助业务人员了解基础数据、识别数据格式、明晰数据含义。

以业务为导向的数据质量改进计划是为了实现利用数据提升业务价值的长期目标，该计划由 CDO 或 CTO/CIO 制定并推行。数据质量改进计划可以帮助数据治理团队建立“任何数据质量管理均要以业务为出发点，并形成业务优势”的意识。数据质量管理要构建“闭合循环”的模式，需要 CDO 积极整理内部闭合数据，拓展外部数据并不断形成数据循环利用模式。如此，企业才可以更好地洞察市场需求，预判数据决策的效果。

13.5.3　估算数据质量成本及投资回报率

企业能转型到何种程度往往取决于预算，数据质量管理效果也是一样。在制定与执行一个关乎企业存亡的关键战略之前，必须先测算预期效益，对相关人员施行可量化的绩效指标，确定预期收益及贡献。

1. 估算数据质量成本及投资回报率

企业进行数字化转型的初始投资和持续投入成本必须维持在合理的投资回报率内。比如数字技术的应用（硬件基础设施、数据分析工具、云端服务器等）、数据质量管理人才的选拔与配备、数据集成商和系统集成商的人力资源成本、与数据质量计划相关的业务成本，以及应付业务中断、宕机时间和维护的成本等，均须 CDO 提前规划。

2. 充分设定成本与收益的各级指标

在估算数据质量成本及投资回报率时，数据治理团队需要充分记录数据质量改进的成本类别及收益指标。在可能的情况下，设定影响成本的高、中、低各个类别，并配以成本估算的上、中、下阈值。在数据治理团队与业务负责人设定数据质量阈值时，要注意数据质量改进的技术水平、完成时间表等应与业务指标的要求一致。

数据质量管理工作结束后，在向 CEO 或 CMO、COO 等不同领域的业务负责人汇报前，CDO 可以先在数据管理团队内部进行自检，审查业务数据的逻辑，设法找出可能存在问题的地方，并调整路线及方法，完成数据质量管理。

对于急于数字化转型的企业来说，数据质量管理是以业务为导向、用数据驱动业务价值生成资产的长期计划。首先，作为企业内部数字化转型的推动者，CDO 在进行数据质量管理时，不能仅从数据本身出发思考治理方法，还应深入挖掘数据语义与业务指标之间的联系，建立数据质量问责制，保证数据质量有人负责。其次，应随时利用数据分析模型验证数据治理结果，建立数据质量改进计划，确保稳步推进数据质量管理。最后，还应该针对数据质量管理进行成本与收益间的规划，确保数据资产与数字化预算一致。

13.6　CDO 如何盘点算法

在数字经济时代，算法对企业业务增长至关重要，是企业进行数字化转型、构建竞争优势的关键。IT 工程师或数据分析师可能会将算法描述为一组由数据操作形成的规则。而从业务价值方面考虑，算法是一种捕获商业机会、提高商业洞察力的方法，对其进行产品化并应用于业务分析，可以为前端业务部门提供更多便利。

在数据智能时代，随着数字技术的发展，算法业务将会引发更高水平的智能决策。大型企业会采用先进的数据分析和算法模型，提高企业竞争力，提升行业领先地位。甚至一些企业内部会设立一个高利润部门，对数据资产进行产品化和商业化运作。因此，采用严格的方法来确保算法和数据分析方法的正确性及可信度是十分必要的。

尽管算法对业务的价值如此重要，但是对于技术部门、数据分析部门以及业务应用部门的负责人来说，盘点算法以及将算法应用于业务仍然存在一定困难。CDO 作为企业数字化转型重要的推动者，应积极探索算法在驱动业务、提升用户体验方面的价值，不仅要深谙算法盘点方式以及通过算法推动业务增长的方法，还要明晰算法驱动业务的要点。

13.6.1　盘点算法的步骤

在企业数字化转型过程中，数据技术能力直接影响业务分析的效果和作用，依赖于一系列高级算法构建而成的分析模型可以提升业务分析的准确性及可预测性，这也是数字化转型企业关注算法和模型的原因。

CDO 对算法的盘点和管理至关重要，可以从明晰算法类型、建立算法服务业务的思维、构建协同合作的工作流程、形成有效的算法模型管理框架、多维盘点算法、全面管理算法市场、形成算法激励模式这 7 个方面进行盘点，如图 13-3 所示。

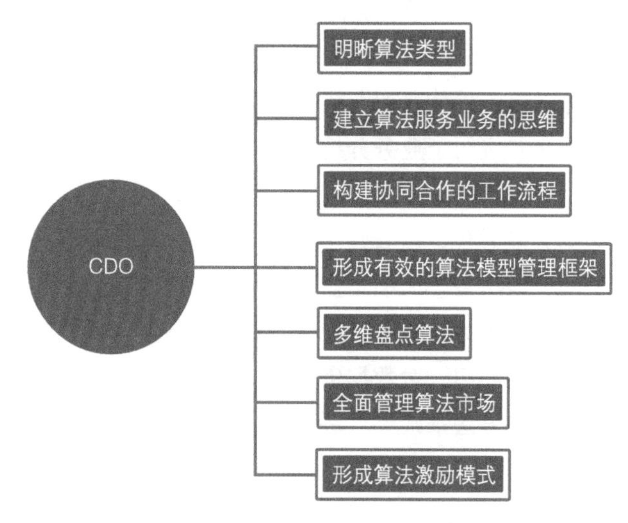

图 13-3　CDO 如何盘点算法

1. 明晰算法类型

CDO 在管理算法的过程中，首先要明晰算法的类型。算法主要分为三类：统计型算法、挖掘型算法和 AI 深度学习型算法。其次要了解与算法有紧密联系的行业模型，也就是将算法与行业应用场景结合，对结果进行业务处理而得出的大数据分析模型。

2. 建立算法服务业务的思维

数字化转型程度不同的企业，算法团队隶属于不同的部门。

有的算法团队向 IT 部门汇报，有的算法团队向运营部门或营销部门汇报，有的算法团队由 CDO 领导，最终向 CEO 汇报。但在以“业务变现”为最高目标的数字化转型过程中，算法团队无论是向谁汇报，最后的服务对象都应该是业务部门，而不是 IT 部门。

3. 构建协同合作的工作流程

明确了算法团队的组织关系后，CDO 便可带领团队进行算法和模型的开发。在进行算法开发工作前，CDO 应构建算法团队的工作流程，合理规划数据使用、流程管理、技术配给、人员安排，形成协同有效、合作无间的工作单元。

4. 形成有效的算法模型管理框架

如今越来越多的业务会用到算法和模型技术，这些专业技术构成了数字化转型企业的无形资产。为了管理这些无形资产，CDO 需要构建有效的管理框架，比如模型验证测试方法、模型加载环境配置、模型升级方案等。

5. 多维盘点算法

在形成算法和模型管理框架后，CDO 需要与算法团队编制算法目录，对现有的算法进行盘点。在盘点的过程中，CDO 要对算法和模型的各类情况做到心知肚明，比如了解组织内算法的数量及种类，对可共享的二次使用的算法、组织内自行产生的行业模型、组织内自行开发的算法、外部开源算法及第三方供应算法等进行盘点。

在完成对现有算法的盘点后，CDO 还需要与各个业务线的负责人沟通，了解可以开发哪些算法来提升业务价值，然后安排算法团队进行开发。

6. 全面管理算法市场

算法和模型作为企业的无形资产在业务发展的过程中会越积越多，CDO 需要对这些算法进行管理，搭建一个管理展示平台，将不同类别、不同属性的算法和模型放到一个平台上，形成算法市场。

CDO 还需要配置算法的开发、上传、下载、应用一条龙服务路径，明确第三方团队如何参与平台算法的开发与合作。CDO 在管理算法市场的过程中，需要针对企业未来开发的算法进行优先级排序，从而为接下来的人员安排、资源配置和预算分配提供参考意见。

7. 形成算法激励模式

伴随人工智能的发展，算力和数据不断被深度利用，算法会深化到各种垂直需求中，为业务贡献的利润将是客观且可统计的。构建针对算法贡献者的激励模式，可以让更多的人参与到算法开发和建设中来。

13.6.2　CDO 如何推动算法业务增长

如今，算法已经深入人们的日常生活中。在未来，算法可能会覆盖所有行业，产生价值、变现利润，这种趋势便是“算法业务”。利用算法推动业务增长也成为企业数字化转型的关键。

1. 制定算法业务战略，配置基础资源

算法业务是工业互联网时代的有效推动力，大力应用算法可以推动决策的改进及项目过程自动化运转。在企业数字化转型过程中，算法的价值不可忽视。因此，CDO 需要联合企业高层

制定算法推动业务的战略，并在全公司推行，为算法团队的开发及运维工作配置资源，从而挖掘算法推动业务的价值。

2. 开发可扩展平台及标准化架构，支持未来算法爆发

伴随着算法颠覆行业的发展趋势，企业想要在未来赢得竞争优势，须加快开发可扩展的平台和标准化架构，以支持未来推行算法及赋能业务的大规模扩展需求，同时提高自动化交互水平。

13.6.3　推动算法业务增长的注意事项

CDO 在推动算法业务增长的过程中需要理解相关概念及举措，并适时地调整算法团队的工作。

1. 算法伴随项目完整周期

企业数字化转型的热度不断飙升，算法推动业务增长的贡献价值也被市场认可。但是，算法并不是近期才出现在人们视野中的，而是早已存在于企业的市场运转过程中。项目初期的算法函数主要是为了满足业务需求，而到了中长期阶段则是通过机器学习算法，自主完成业务目标，实现智能化管理（见图 13-4）。算法一直是制造控制系统、营销自动化和竞选管理的秘密武器，近几年在金融服务中发挥了重要作用。

复杂事件处理引擎、流处理、高级分析和商业智能（BI）都依赖算法得出答案。算法遍布于业务分析中，决定着商品定价、保险索赔额度等重要信息。随着物联网设备和低成本传感器的广泛应用，数据的获取速度得到了快速提高，算法对于业务的价值得以提升。通过数据处理、分析与应用，算法对于提升业务价值和发现商业机会的作用也被挖掘出来。随着开发人员的不断努力，算法在挖掘新的业务价值时变得更加智能和有效，并且随着

数字化进程的深入，智能算法将获得更大的能力，并开始通过自动匹配业务目标来自动优化业务结果。

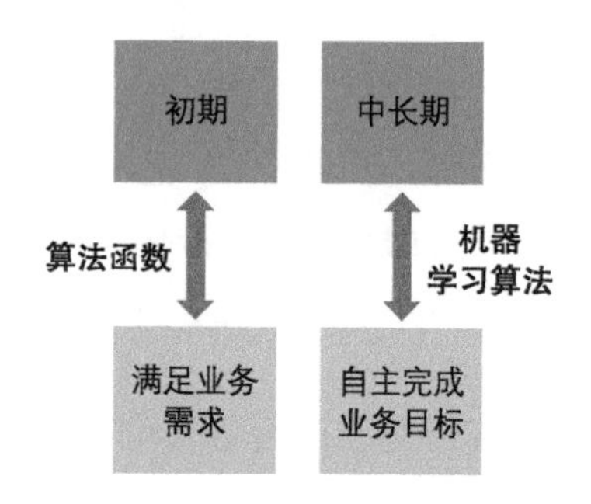

图 13-4 推动算法业务增长的注意事项一

因此，在算法应用业务的初期，CDO 可领导算法团队使用算法函数来探索及满足业务需求；在数字化转型的中长期，CDO 可带领算法团队开发机器学习算法，实现自主完成业务目标。

2. 算法可优化业务结果

算法可实现互联网、社交媒体、移动商务等多领域的业务自动化。智能硬件及软件算法越来越多地通过自动寻找目标和自我学习来优化业务成果。CDO 带领的算法团队需要记录决策规则和关键流程，以确定哪些地方可以实现自动化，并开发特定的算法实现自动化决策，将其应用到业务中，如图 13-5 所示。

3. 算法可监控数据发展趋势，提高企业应对技术变革的能力

如今数字技术迅猛发展，个人、企业和智能设备之间的连接水平不断提高，数据以几何倍数增长。技术变化如此之快，算法凭借灵活性及适应性，提高了企业捕捉商机的能力，帮助企业监控数据，提高企业应对技术变革的能力，如图 13-6 所示。

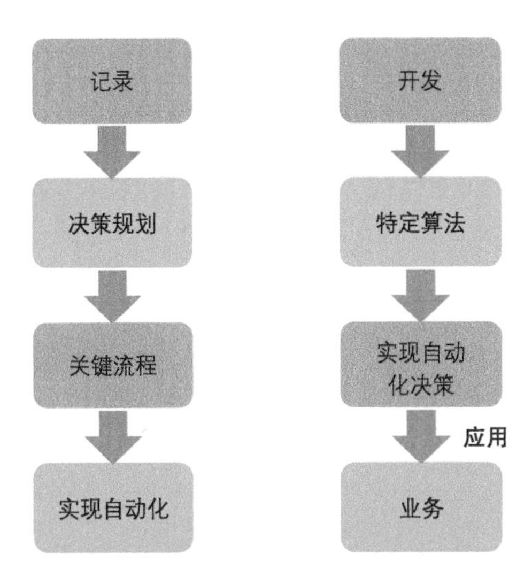

图 13-5 推动算法业务增长的注意事项二

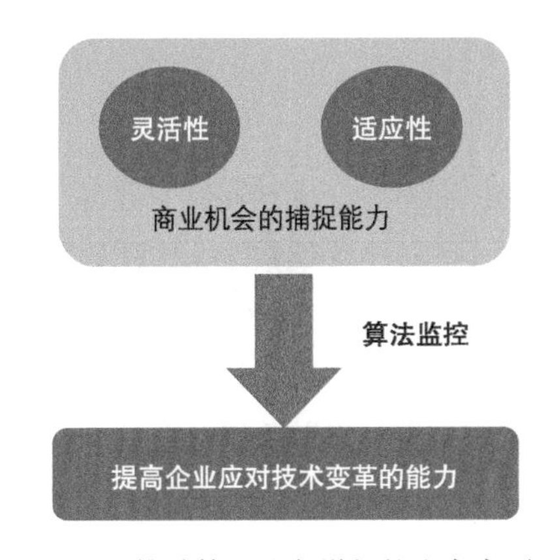

图 13-6 推动算法业务增长的注意事项三

企业对商业机会的捕捉能力必须具备灵活性和适应性，企业需要使用和增加非人力系统的技术来识别商业机会。算法可以更准确、更有效地识别多个数据流的相关趋势，企业利用算法可以监控新技术的发展趋势，提高业务灵活性和响应速度。

第14章 CTO/CIO如何把控数字化转型

在数字化转型的过程中，无论是统一数据口径，还是引进数据技术，都会在一定程度上影响数字化转型的实施效果，这些都需要CTO/CIO来总体把控。CTO/CIO除了需要具备很多技术相关的能力并紧跟技术发展趋势外，还需要重点关注如何为数字化转型选型、如何盘点数据资产以及如何组织技术团队。

14.1 数字化转型对CTO/CIO提出的要求

CTO/CIO是企业技术方面的最高负责人，大部分CTO/CIO有技术背景，更擅长运用技术手段满足客户需求。许多企业认为，一个优秀的CTO/CIO要么是出色的产品大师，要么是醉心于研发的技术大咖。但是，数字化转型会逐步颠覆传统CTO/

CIO 的定义，因为他们不仅要关注技术、基础设施建设和 IT 运维，更要懂得让技术高度配合业务，推动企业数字化转型。

14.1.1 自我提升

在数字化转型过程中担任技术要职的 CTO/CIO 可以参考以下 5 个建议来提升自己。

1. 系统化地学习数字化转型

以前，IT 出身的 CTO/CIO 更多是负责研发管控型软件，实现业务流程线上化，确保软件实现的良好交互效果，还负责筛选供应商，确保软件开发更高效。但数字化转型决定了数字化需求是赋能型的，比如 CTO/CIO 需要以数字化的方式赋能业务人员，令其更高效地完成工作，或者让公司的业绩快速达到目标。

2. 理解数字化转型方法论

以前，IT 人员选择的开发模式大多为敏捷开发法、项目管理法，但数字化转型要求基于数据创新。IT 人员工作时间久了，会形成一定的路径依赖，下意识地选用自己最擅长的方式来开发产品，CTO/CIO 需要改变思维方式，理解数字化转型的方法论。

3. 主动创新

以前，IT 人员更注重对技术的提升，而数字化是基于数字化手段实现整体的业务目标，它要求 IT 人员改变被动接受指令的习惯，主动创新。

4. 调整心态，积极应对挑战

做到 CTO/CIO 这个职位的技术人员，可能在擅长的领域已耕耘多年，技术实力很强。但数字化转型需要的能力模型是不同的，CTO/CIO 不应以过去的思维和方法去解决现在转型中遇到的问题。尽管数字时代所用到的技术都有相似性，但具体的执行细节却并不相同。

5. 具备体系意识

一些 CTO/CIO 以碎片化的方式了解数字化转型，缺少成体系的执行方法论，致使在项目实施过程中不明白到底该在哪个点发力、在哪个点浅尝辄止。这些不确定性可能会让企业错过创新和成功的机会。

14.1.2 应对之道

CTO/CIO 在数字化转型过程中要做到以下几点，如图 14-1 所示。

图 14-1 CTO/CIO 在数字化转型中应具备的 6 个能力

1. 开阔技术视野

CTO/CIO 要对已经被证明有效的发展方法、测试程序以及平台架构有所了解，并找到对企业完成数字化转型有所帮助的相关信息，更快地推动企业的数字化转型。

CTO/CIO 要不断开阔自身技术视野，对各种技术的发展趋势和应用场景都有所了解，这样才能应对不同层面的问题，才能知道在不同场景下应用哪些技术。此外，很多问题要想得到解决，也离不开 CTO/CIO 开阔的技术视野以及解决问题的经验。

2. 提高技术背景

CTO/CIO 需要具备资深的技术背景以及丰富的工作经验，因为只有深入了解团队成员使用的工具、工作流程以及程序设计方式，才能更好地指导工作。

3. 加强团队管理

团队管理的核心就是对人的管理。如何加强团队凝聚力，充分调动团队成员的积极性和创造力，是 CTO/CIO 需要深入思考的问题。

（1）严格把控项目及产品开发进度

虽然 CTO/CIO 是企业技术方面的最高负责人，但除了处理好与技术相关的事务以外，还要做好项目管理工作。比如，企业的产品开发工作要求 CTO/CIO 要善于管理研发团队，掌控好研发工作进度，让团队能够按计划完成产品交付。经常性地延迟项目进度或者靠加班才能完成项目交付，只能说明 CTO/CIO 的项目管理能力不足。

（2）注重培养梯队力量以及人才储备

要想成为一名优秀的 CTO/CIO，只注重产品和项目的开发进度是远远不够的。要想项目能按时交付、产品能按时上线，最重要的还是团队成员的支持与配合，这就要求 CTO/CIO 要注重梯队力量的培养，组建一支不仅具有极强战斗力，还具有强烈归属感的团队。同时，CTO/CIO 应做好相关岗位的人才储备，以备在关键岗位的人员退出时，可以从梯队中找到合适的人才补位。

4. 建立企业文化

CTO/CIO 需要关注技术部门和企业整体的文化。作为企业高层之一，CTO/CIO 有责任打造企业文化。如果企业文化以技术为导向，便与企业战略计划相一致。企业文化带动员工的归属感，也能够帮助企业留住人才，并进一步吸引合适的人才加入队伍。

CTO/CIO 既是技术人员未来发展的标杆，也是公司向下沉淀文化的渠道。营造良好的企业文化，离不开 CTO/CIO 对团队建设的热情和对新人的带领。作为 CTO/CIO，也应该多多把握与同事分享经验以及增加对企业和行业了解的机会。

5. 培养产品意识

CTO/CIO 要从技术角度把控数字化转型的进程及技术落地的实施效果。CTO/CIO 应具备一定的产品意识，这样才能在技术层面保障转型效果。

（1）把客户需求放在第一位

产品研发的目的是满足客户需求，产品研发的宗旨是把客户需求放在第一位。这就要求 CTO/CIO 不仅要懂技术，还要对互联网产品有良好的感觉，能够从产品的逻辑性、实用性、可实现性角度出发，结合客户体验和实际需求，给出产品改进和完善的总体性设想以及指导性意见。CTO/CIO 与客户的接触和交流更多来源于产品经理和业务人员传达，其实在产品研发过程中，CTO/CIO 需要比产品经理和业务人员更关注客户体验以及产品的应用。所以在产品研发过程中，CTO/CIO 的介入可以帮助产品经理及业务人员快速研发出更符合客户需求的产品。

（2）选择适用于产品研发的技术

产品研发对于技术选取也有一定的要求，这并不代表要选用最先进的技术。CTO/CIO 在选择技术时要考虑两方面因素：一是满足客户需求；二是公司能够投入与技术相匹配的资源。CTO/CIO 需要整体把控合适技术的选型、产品与市场定位，从而有效提高开发效率，降低相应的风险。

6. 增强沟通能力

CTO/CIO 作为企业技术方面的最高负责人，掌握着技术方面最全面的信息，并需要与各个层面的人进行技术方面的沟通与交流。因此，较强的沟通能力是 CTO/CIO 在工作中必不可少的。

（1）协调内部工作

CTO/CIO 在协调内部工作时，首先要与 CEO 进行良好的沟通与配合，对 CEO 的工作给予支持，尤其是在技术层面上对于 CEO 提出的想法给予技术性的支持，并帮助 CEO 调整、推演、完善想法直至落地。

其次，CTO/CIO 与高层管理团队的沟通和交流也十分重要。CTO/CIO 要与 COO、CMO、销售副总裁、市场副总裁、HRD 等进行适时的交流，从而促使团队达成一致的战略意见，确保产品研发、销售以及运营具有统一的战略目标。

最后，CTO/CIO 要经常与项目团队成员沟通并给予指导。CTO/CIO 要围绕公司愿景激励内部成员，确保他们在得到正确的信息和决策的前提下，有序开展工作。CTO/CIO 也要与成员一起，在不降低效率和不浪费资源的前提下完成产品的研发以及项目的实施。

（2）维护外部关系

CTO/CIO 不仅要在企业内部担任技术与管理方面的关键

角色，很多时候还需要成为企业与外部人员沟通和交流的桥梁，尤其是在与客户对接需求和介绍技术方案时。因此，CTO/CIO应该具备一些社交方面的能力，以应对现有的以及潜在的客户。除了与客户沟通需求，CTO/CIO还可以帮助客户梳理新的思路和方法，让客户成为参与者和创造者，并通过不同形式的沟通让客户深入了解业务痛点、构建用户体验原型、创造递增价值。

技术出身的CTO/CIO是企业的技术门面，是企业技术水平的代言人，擅长与机器打交道的他们，可能并不擅长与人进行沟通和交流。也正是这个原因，对于CTO/CIO来说，增强自身的沟通能力才会显得更加重要。

14.2　CTO/CIO如何选型

企业数字化转型离不开企业数字化技术的配备。但企业在选择数字化技术时也面临着一个问题，就是如何在大胆采用先进的数字化技术和对技术进行投资之间找到平衡，将投资风险降到最低，毕竟错误的技术选型会给企业带来不可估量的损失。

熟悉先进数字化技术的发展趋势，并将其与业务实践相结合，是企业数字化转型团队必须要具备的能力。CTO/CIO作为企业数字化转型过程中把握总体技术方向的工程师，需要正确选择数字化技术，搭建符合企业发展的数据中台架构，帮助企业顺利完成转型。为实现这一目标，CTO/CIO可以重点关注以下几个方面。

14.2.1　IT为构建数据中台提供基础设施支持

数据中台是在底层管控之上，于前台和后台之间架设的中间层，其目的是集中管理和控制技术平台及前端业务数据，从而满足企业用户的不同需求。构建数据中台依赖稳定的底层 IT 技术与多维数据。企业可以利用数据基础技术架构对系统数据、社交数据、机器日志等进行存储和优化，推动数据高效应用。为助力企业数字化转型而搭建的数据中台离不开 IT 技术的支持。

1. IT 为数据中台确定实施方法

CTO/CIO 可通过 ETL（数据仓库技术）对企业内外部数据进行提取、转换并加载、整合，构建一个庞大的数据网，在此基础上搭建数据中台。数据中台可帮助业务团队分析数据并合理分配工作，满足业务部门的需求。数字化转型团队还要利用 IT 技术持续优化数据中台，并对其性能进行评估，判断是否达到预期目标。

2. IT 助力开发数据自助分析服务系统

IT 技术作为构建数据中台的手段，能够帮助数字化转型企业开发具有强大数据处理分析能力的自助服务系统，为数据分析师或数据科学家等业务角色提供可直接使用的数据集成技术，促使公司各层人员有意识地关注数据，监控数据质量。

14.2.2　DT 为构建数据中台提供技术架构支撑

数据中台作为数据赋能业务的基本工具，可以提高数据资产的灵活性，确保其符合企业发展方向，满足业务需求。数据中台上的数据集成工具能够实现数据访问和数据操作，可为数据分析、数据仓库处理、数据操作一致性、数据迁移、主数据管理和互联网数据共享等提供数据传输基础架构，DT 能够为数据中台提供技术架构支撑。

1. CTO/CIO 与 CEO 及各部门合作，共创数字化愿景

CTO/CIO 可借鉴其他行业建设数据中台的经验，与各部门合作，确定数据中台搭建方案，向 CEO 提供技术愿景，并在此基础上制定新的行业愿景。

2. CTO/CIO 要以业务为核心建设数据中台

CTO/CIO 建设数据中台时，要以挖掘业务价值为核心配置技术资源，从而建立业务部门与技术部门可共享、合作、协同的数据中台。CTO/CIO 可听取业务部门需求，建立契合中台架构的 API 接口，扩展数据中台数据采集范围，开发适合业务人员分析数据的模型，赋予业务人员决策的灵活性，并开发数据溯源体系，帮助业务人员和开发人员在数据分析应用的过程中追溯数据，同时采取一定的措施监控和审计数据。

3. CTO/CIO 要优化数据中台技术

在数字化转型过程中，CTO/CIO 肩负搭建数据中台的重任，并负责组建及运营团队。同时，CTO/CIO 还需要保障数据中台能够持续运转，为前端业务部门提供源源不断的数据分析应用服务。因此，CTO/CIO 需要定期评估中台的优化能力，包括操作编排、机器学习、内部审查、模型构建、单元数据分析和与关联系统的智能互动等功能，从而保障数据中台随时满足数据共享需求。

14.2.3　选择数据中台时应关注的问题

下面从 CTO/CIO 的角度，介绍选择数据中台时应重点关注的几个问题，如图 14-2 所示。

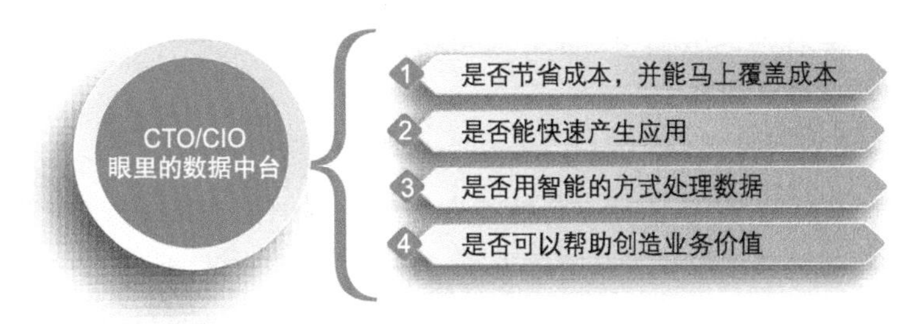

图 14-2　选择数据中台时应关注的重点问题

1. 是否能节省成本

CTO/CIO 需要关注企业运用数据中台之后是否能够降低经营成本，因利用中台而产生的业务收入是否能覆盖当下的成本。如果中台只能作为一个技术设施，并不能马上帮助企业降本增效，那这个中台本身是有问题的，或者说它是不完善的。

2. 是否能快速产生应用

中台本身就是一个大型的数据驱动业务的系统，真正的数据中台可以帮助企业快速开发应用，解决公司面临的问题。

3. 是否用智能的方式处理数据

市面上有很多中台只是传统的集成式平台，也就是很多工具的集合体，并没有用智能的方式处理数据。

4. 是否可以帮助创造业务价值

中台不仅是一个技术产品，它还可以帮助企业创造业务价值。

14.2.4　CTO/CIO 选择数据中台的建议

企业在进行数字化转型时，需要选购符合自身需求的数据中台。那么作为企业数字化转型的技术领导者，CTO/CIO 如何选择一款优质的数据中台呢？本节将介绍 CTO/CIO 选择数据中台时应关注的内容。

（1）数据中台应具备前瞻性和开放性

CTO/CIO 在选择一款性能良好的数据中台时，要考虑其架构是否具备前瞻性，是否能够兼容技术更迭带来的架构及功能变化。数据中台还要具有开放性，能够满足企业多样的需求，具备通用性，能够适应各种技术和应用开发的需求，保证数字化转型真正落地。

（2）数据中台应具备兼容性

CTO/CIO 在选择数据中台时要注意其是否具备兼容性，是否可以和其他业务系统无缝衔接，帮助企业降低数据打通成本。

（3）中台架构应标准化

CTO/CIO 在做技术选型时，还要关注中台架构是否标准化，是否配置了行业通用的功能，是否可以定制开发特殊功能。

（4）数据中台应做到运维成本可控

以前，CTO/CIO 需要整理大宽表建立数据仓库，这种作业方式容易出错，维护成本较高。交互系统的一个字段变了，基于该系统的分析和模型都要重新开发。而好的数据中台可以降低这种运维成本。

（5）数据中台应保障数据安全

某些企业对数据隐私更为关注，可以基于中台构建数据安全体系，解决数据安全问题。还可以成立数据委员会，对数据类型、数据使用者、数据使用审批者进行监管，建立数据使用的规章制度。CTO/CIO 在选择数据中台时，要注意保障数据安全，与数据委员会共同维护数据安全。

（6）数据中台的建设周期要短

一款成熟的数据中台可以实现快速部署，能缩短技术架构的建设周期。

（7）数据中台应具备行业落地案例

CTO/CIO 在做技术选型时，还要注意所选的数据中台是否已在较多的行业中扎实落地。一款优质的数据中台会在较多行业中得到实践，为更多企业提供可借鉴的指标。

（8）完善的数据中台供应团队

CTO/CIO 在做中台选型时，还可以考量数据中台供应商是否具备完善的供应团队。完善的供应团队能帮助企业快速找到数字化转型重点、有条不紊地落实数字化转型方案。

14.2.5　数据中台选型示例

在了解清楚了选择数据中台时应关注的内容后，CTO/CIO 可以借鉴以下数据中台选型示例，帮助企业选购合适的数据中台。

1. 项目背景

数字化时代，数据已经成为企业的战略级资产。某集团把建设数字化转型作为重要发展战略，致力于将数字化转型的重要组成部分——数据中台，打造成数据资产与数据能力中心，推动业务创新与变革。

该集团有 70 多套应用系统，各事业部根据自身的业务需要独立搭建系统。这些系统中的数据未实现全面融合，为该集团带来了一些重复开发、成本浪费的问题。从烟囱式的多个平台向数据中台转变，建立统一的数据采集、处理、计算及服务平台，降低数据使用成本，是该集团要突破的重点问题。另一方面，开展有效的数据治理，搭建功能强大的数据中台来管理庞大的数据资产，深度挖掘数据潜在价值，是该集团未来工作的重中之重。

该集团的数据现状如下。

- 数据资产大、复杂度高、融合度低。
- 未建立统一的数据标准及管理平台。
- 未深度挖掘数据价值。

2. 项目目标

- 数据采集组件与存储库搭建
- 数据管理和分析组件搭建
- 数据全面有序入湖
- 完成数据治理和质量监控体系的建设
- 提供数据服务

3. 项目范围

项目范围包括 ERP、CRM 等业务数据，内外部设备数据等。最终数据范围和系统对象以蓝图设计阶段的成果为准。

4. 时间要求

项目预计总工期 X 个月，预计自某年某月某日起，至某年某月某日结束。

5. 主要任务、交付件

项目共分为 8 个阶段，下面将对各个阶段的任务进行详细说明。

1）策划、招标、启动阶段。主要任务为对现状进行调研、资源评估、项目立项、商务招标，供应商需要交付项目方案、立项报告。

2）需求调研、分析。主要任务为对业务需求进行分析，供应商需要交付项目需求说明书、源系统需求清单、数据规格说明书、硬件资源需求说明书。

3）蓝图设计。主要任务为架构设计，供应商需要交付架构设计说明书（含集成架构、技术架构、功能架构、硬件部署架构）、功能说明书、数据库设计说明书。

4）搭建技术平台。主要任务为系统安装部署，供应商需要交付系统安装部署说明、系统运维巡检说明书、功能说明书、开发手册。

5）数据入湖。主要任务为全部数据入湖，供应商需要交付数据入湖规范（含入湖标准、入湖步骤、入湖频率），保障全部数据入湖并满足质量要求。

6）数据治理。主要任务为数据管理组织与流程建设、数据模型设计、数据标准、质量标准等，供应商需要交付数据管理机制（含组织、流程负责人、制度、支持工具等）、流程与制度文档、数据标准说明书、数据质量管理评价说明书；制定各领域数据标准与规范、数据质量管理规范和评价体系，并要求数据质量100% 满足要求。

7）模型开发、服务提供。主要任务为业务域建模，供应商需要交付模型开发设计文档。

8）系统验收、技术支持。主要任务为系统功能清单整理、系统运维报告制作、培训，供应商需要交付培训教材、操作手册、运维手册、验收报告，并提供开发的源代码。

6. 需求及功能要求

本项目包含但不限于以下业务需求或功能要求。

（1）数据管理机制建设要求

数据管理机制建设分为建设思路、数据资产管理、数据标准管理、数据质量管理、元数据管理五项内容。下面将对各个建设要求进行详细说明。

1）数据管理机制建设思路。

- 结合该集团业务现状设计数据管理组织，编制数据管理流程，明确数据责任人。
- 构建统一的数据模型、数据分布和数据流转方案，作为识别数据治理对象的依据。
- 基于业务现状调研，规划设计核心业务域，并覆盖该集团的研发、营销、计划、制造、物流、质量、财务、人力等不同业务模块。
- 制定数据对象的标准与规范，如数据对象的定义、采集规范、入湖标准、质量标准等。
- 设计数据标准管理、数据质量管理、质量评价等相关流程，确保数据质量得到持续改善。
- 平台需要提供便利的数据质量问题预警、追溯功能，对开发规范、ETL 代码规范进行自动检测并提醒。

2）数据资产管理。

- 资产归属：支持按照企业组织架构灵活设置多级数据资产的归属部门，提供部门与数据集的归属关系，并以此进行管理。
- 资产分类：支持数据资产按照一定的分类进行管理，可通过树型结构、网状结构进行管理，快速检索定位数据资产。
- 数据产出：支持展示数据的产出信息，包括元数据变更信息、任务的运行频率、时长等。
- 血缘分析：支持展示数据的血缘信息，包括上下游的表级血缘、上下游的字段血缘等。
- 权限管理：支持对数据资产权限的流程化申请、审批以及收回等操作。

- 资产概览：从数据归属、使用情况、数据流转等方面，多维度、全面展示企业数据资产。
- 统计概览：展示总项目数、总表数、占用存储量、消耗存储量、占用存储 TOP 排行等图表。
- 资产搜索：支持数据资产搜索，支持模糊查询。
- 支持 PDF、Word、Excel 等格式文件的导入和导出（权限相关）。

3）数据标准管理。

- 信息架构管理：支持按业务域、业务主题、业务对象、对象关系、业务流程、业务属性的原则建设数据标准。
- 模板管理：支持按照业务域模板化管理数据标准。
- 逻辑建模：支持 ER 模型管理、逆向数据库、主外键管理、分区设计、临时表管理。
- 维度建模：支持基于星型模型与雪花模型建设事实表，支持层级维表的管理。
- 模型物化：支持发布后直接在数仓中创建并同步关系建模的业务表以及维度建模的事实表、维度表、汇总表。
- 标准校验：能按数据标准校验数据源入湖数据，生成不符合标准的事项清单。
- 发布与同步：支持数据标准审批、发布、变更、下线等流程操作，支持业务与数据标准的关联与同步。
- 支持 PDF、Word、Excel 等格式文件的导入和导出。

4）数据质量管理。

- 质量规则：支持预定义常见数据质量规则及自定义特定数据质量规则。
- 规则校验：支持数据资产全目录及条件扫描、支持质量告警及标识功能。

- 质量监控：支持创建数据质量监控指标，设定相关监控阈值，支持数据质量告警。
- 发布与评价：支持数据质量发布，包含常用或自定义质量评价维度及指标，以此衡量数据质量。
- 规则关联：模型开发时能关联到数据标准、数据质量规则。

5）元数据管理。

- 元数据采集：提供外部元数据的批量采集获取功能。
- 元数据解析：具备一定元数据解析能力，能辅助生成数据字典、数据血缘关系。
- 元数据管理：具备元数据管理能力，能够查看和维护数据字典详细信息、具备数据血缘分析、影响力分析等功能。
- 元模型管理：将企业中技术元模型、业务元模型、数据元模型、管理元模型等内容进行提炼与管理，让企业各个部门都能够轻松、准确地找到自己所需的数据。
- 元数据展示：按照 IT 技术与业务角度展示元数据，如适合一定场景的业务图谱。
- 元数据搜索：基于元数据提供数据表的搜索以及权限的申请。

（2）技术平台功能要求

技术平台功能有 16 项要求，下面将对各个功能要求进行详细说明。

1）数据采集与存储。

- 支持多种数据源类型。
- 支持关系型数据库、分布式数据库的迁移，支持文件和数据库增量迁移。

- 支持本地部署，支持在私有云、公有云系统的数据库中进行数据抽取。
- 支持数据源因安全或者组网限制不在公网场景暴露。
- 基于业务需要支持离线数据采集和实时数据采集。
- 支持批量采集关系型数据库，支持实时采集服务器日志、流式数据。
- 确定数据采集规范和系统可支持配置数据采集策略。
- 文件系统的底层为 Hadoop 体系中的 HDFS 分布式文件系统，全面支持 Hadoop 系统上层应用。
- 提供 Web 界面自动或者手动存储扩容能力，普通运维人员可自行处理。
- 支持与市场上主流的大数据平台相互迁移，并配有 Web 页面，无须大量的手动处理或者开发代码处理。
- 存储数据共享接口必须通用。

2）数据开发、程序开发与调度。

- 支持 SQL 脚本编辑器，包含但不限于代码格式化、代码补齐、关键词高亮等编辑器常用操作；支持以可视化的形式展现 SQL 代码的内部结构，帮助相关人员轻松理解长 SQL 的语义；支持 SQL 组件概念，将相同的 SQL 逻辑写成模板，提升代码复用性。
- 支持通过图形化所见即所得的 ETL 编辑器实现 ETL 能力，支持数据抽取、清洗、转换、加载。
- 支持快速生成 ETL 代码，引用预置代码片段、映射规则等，通过调整参数，以智能化数据处理方式取代手工编码过程，大幅降低人工参与度，提高数据清洗策略的准确性，保证数据按数据标准的要求被正确处理。
- 提供功能强大的集成开发环境，支持代码版本管理，支持任意两个版本的代码对比；支持多用户协同开发、代码回收站；支持代码全文检索。

- 支持发布控制，经过审核后可以将代码发布至生产项目，做到开发和生产环境隔离。
- 数据开发作业支持流处理和批处理混合编排，支持多种大数据服务引擎编排。
- 程序任务调度，包括时间周期调度、基于消息通道的事件调度。支持设置作业间的依赖关系。
- 程序任务管理，包括但不限于重新执行某批次任务、给作业补数据、暂停运行中作业的部分节点；作业端到端实时监控，实时显示作业上各节点数据输入 / 输出量、处理错误数量，作业执行结果支持邮件、短信、即时通信等通知。在图形化界面（Data Flow Designer）上提供 URL 连接方式，使用预先部署的各类 Stage 进行 ETL 数据处理作业开发，实现本地和云上数据转换和构建，灵活方便、管理高效且易于维护。
- 提供丰富的数据转换和构建功能，支持的数据种类多。
- 原生的数据并行处理能力。

3）数据建模。

- 数据建模工具展示并管理用户创建的数据场景。
- 支持导入、导出和快速复制基于数据场景的数据模型。主要功能包括模型设计、模型发布以及模型运行的结果集管理。对于未发布的模型，可进行查看、修改、删除、运行；对于已发布的模型，只支持查看及运行。
- 支持数据字典导入、导出，方便数据字典使用、行业经验积累和跨项目复制。
- 支持数据模型字段引用数据元，将数据标准直接作用于设计模型，保证数据的一致性和可理解性，保证设计人员在面对不同的逻辑数据模型时能够按照统一口径进行操作。

- 支持离线与实时数据融合，支持用户自定义分析时间范围。

4）模型管理。

- 数据模型管理在数据标准的约束下，保证数据模型可持续维护及可读。
- 在数据标准规范的约束下，完成数据模型设计，确保数据模型的一致性、完整性、准确性和可理解性。
- 支持元模型管理。
- 支持数据层级管理，完成数据架构各层次及数据域的设计。
- 在数据标准规范的约束下，完成逻辑模型基本信息、数据结构存储方式的设计，支持百万级数据模型的管理。
- 支持各种格式文件的导入和导出。

5）API 服务。

- 支持在线开放、调试、发布数据服务 API；监控开发的 API 和调用的 API；API 开发流程及使用流程管理。
- 自定义 API 流量控制策略。
- 支持单实例每秒 200 次的 API 并发能力。
- 支持业务人员自行定义数据服务。

6）可视化。

- 无缝集成云数据仓库服务、数据湖探索、关系型数据库、对象存储服务等，支持本地 CSV、在线 API 及企业内部私有云数据等，可实现在同一个可视化大屏中呈现不同来源的数据。

- 产品应该具有良好的整体性，通过一个产品、一个服务、一个平台提供完整的企业级 BI 及敏捷 BI 展现的功能。
- 元数据模型既支持业务人员进行自助建模，也支持 IT 人员进行企业级复杂建模。
- 可视化图形中除了包含常规图形外，还提供支持预测分析用途的决策树图、动因分析图、螺旋图、旭日图。
- 提供常规图表和装饰，支持绘制树形图、关系网络图、地图查询，支持可视化展示图表信息与业务数据融合的效果。
- 拖曳即可完成组件自由配置与布局，所见即所得，无须编程就能轻松搭建可视化大屏，并且依据投放设备分辨率自由定制大屏尺寸。
- 支持与市场上主流 BI 工具的集成。
- 支持公开、加密方式发布可视化大屏，可生成链接分享给其他用户，后续将支持传递 URL 参数。
- 提供灵活的色彩配置和页面布局方式，便于用户了解数据之间的层次与关联。
- 遵循统一的用户认证与租户级权限隔离机制，发布大屏支持设定密码和 Token，保障用户数据的私密性。

7）数据标准。

- 支持信息架构管理，通过统一入口进行主题库建设，管理数据资产目录（业务分层）、数据标准、数据模型等。
- 支持业务分层管理、码表管理、数据标准管理、数据标准模板自定义。
- 关系建模：支持 ER 模型管理、逆向数据库、主外键管理、分区设计、临时表管理。
- 维度建模：支持建设基于事实表的星型模型与雪花模型，

支持多级维表管理。

- 模型转化：建模的业务表以及维度建模的事实表、维度表、汇总表都支持发布后直接在数仓中创建并同步。
- 审批功能：支持在线发布、下线等审批操作，支持业务资产与技术资产与数据资产的同步，支持业务资产与技术资产的关联。
- 支持 PDF、Word、Excel 等格式文件的导入和导出。

8）质量管理。

- 质量统计功能：展现质量报警和质量规则统计信息。
- 目录管理功能：支持按照目录管理和运维规则。
- 业务指标监控功能：支持创建自定义业务指标、规则和场景三层架构监控数据质量。
- 规则管理功能：支持基本数据质量监控规则。
- 规则运行功能：支持多引擎、全库全表及条件扫描数据源，通知报警及向数据资产打标签功能。
- 规则关联调度：支持通过数据开发模块的作业开发功能关联调度质量规则。
- 支持 PDF、Word、Excel 等格式文件的导入和导出。

9）元数据。

- 具备元数据管理能力，基于元模型驱动理念，将企业中技术元模型、业务元模型、数据元模型、管理元模型等内容进行提炼与管理，让企业各个部门都能够理解并找到自己所需的数据，是企业数据资产地图构建的核心能力。
- 提供元数据的外部采集能力及搜索与展示能力。
- 让元数据可按照物理逻辑与业务逻辑的方式展示。
- 展示数据的基本元数据，包括基础信息、存储信息、权

限信息等 。

- 基于元数据提供数据表的搜索以及权限的申请。
- 识别该集团业务范围内重复使用、跨业务领域的主数据，建立主数据的数据模型、逻辑模型。

10）主数据管理。

- 识别业务范围内重复使用、跨业务领域的主数据；提取分散在各个应用系统中的主数据，集中到主数据存储库；建立主数据的数据模型、逻辑模型和物理模型。
- 根据企业业务规则和企业数据质量标准对收集到的主数据进行加工清理，形成符合企业需求的主数据。
- 制定主数据变更的流程审批机制，从而保证主数据修改的一致性和稳定性。
- 实现业务系统与主数据存储库的数据同步，保证每个系统使用的主数据相同。
- 保证主数据管理的灵活性，方便修改、监控、更新关联系统主数据的变化。

11）数据资产管理。同前文提到的要求类似，此处不再赘述。

12）监控功能与配置。

- 支持跨网段、跨厂商、跨系统的数据链路实时监控，监控端支持多系统的状态信息上报汇总和集中推送。
- 支持自定义监控链路配置，可快速实现从数据生产到业务应用的全链路编排及溯源。
- 确保及时发现工业数据链路断流、延时等问题，并立即通知相关运维人员进行问题修复。
- 提供全局概览功能，展示所有已开启监控的数据业务线的运行情况，包含业务线名称、业务线描述、负责人以及业务线的正常 / 异常状态。

- 提供监控详情功能，在详情页可以看到当前业务领域所有业务节点的运行情况、告警信息，可以查看单个业务节点涉及的监控任务节点和数据质量状况。
- 提供配置管理功能，在配置后台可以查看已经配置的业务领域。可快速开启或关闭业务线的监控功能，可以配置多个业务领域通用的负责机构及涉及的应用。
- 提供配置面板功能，用户通过可视化拖曳的方式可以快速创建数据关键节点的加工链路。用户可配置与业务节点已经关联的任务节点。

13）任务监控。

- 主要用于展示调度任务的指标数据情况。
- 任务管理：两种模式可供用户选择——列表模式和 DAG 模式，支持周期任务、手动任务、补数据、测试运行、修改调度资源组，支持设定保留的 CPU、内存和 GPU 资源，同时也可以关闭不需要的环境资源，以及进行类似的计算资源调整。
- 任务运维：支持单任务重跑、多任务重跑、重置成功、暂停等操作。支持列表模式和 DAG 模式。可以通过周期运行、测试运行、手动运行任务查看任务运行状态。可以针对任务进行重跑、查看运行日志、查看节点代码、查看节点属性。
- 智能监控支持基线预警，支持对基线设定期望完成时间，算法会自动推断过程中每一步任务的预警时刻。一旦有任务越界，便会触发告警，帮助用户将故障消灭在萌芽时刻。
- 智能监控支持事件报警，对于决定基线产出的关键任务，一旦有出错或者变慢的情况，立刻生成事件，并自动判断报警对象。

- 智能监控支持自定义报警规则，支持完成、未完成、出错、超时、周期未完成等多种报警规则。
- 支持成环依赖、孤立节点监测。
- 支持短信、邮件、即时通信等告警方式。
- 提供模型监控仪表盘，监控已部署模型的运行情况。

14）安全管理。

- 定义数据的资产等级并针对不同等级制定不同的安全策略，包括敏感数据识别、加密和动态 / 静态脱敏等，保证底层数据的存储和使用安全，保证离线和实时数据在 ETL 过程中的安全性。
- 数据安全等级为数据做了存取控制，对数据本身进行密集标记，标记与数据是一个不可分的整体，只有符合密集标记要求的用户才可以操作数据，从而提供更高的安全等级，进一步确保敏感数据访问的合法性、合理性、安全性。
- 通过审计日志技术，把用户对数据库的所有访问自动记录下来，帮助技术人员标记危害数据安全的用户等信息。
- 提供完善的数据权限申请—审批—使用—销毁流程和平台支持。
- 数据安全等级自定义，支持字段的安全等级设置，支持字段级授权。
- 敏感数据：通过数据安全等级，发现和定位敏感数据，明确其在数据资源平台上的分布情况，根据敏感数据类型自动发现敏感数据，并为其分级、分类。
- 数据访问审计：记录审计特权用户的访问行为，包括访问时间、操作内容等，提示特权用户在正确的时间完成正确的操作，审查是否有越轨行为，进而保证数据系统的安全。

- 数据脱敏：包含敏感信息的数据库，在不限制用户访问的情况下，对敏感信息进行动态遮蔽。
- 支持跨组织的元数据展示与授权，加速部门间的数据共享。

15）智能标签。

- 建立数据中台的标签体系，提供业务数据 OLT（实体关系标签）建模功能，提供制作标签、统一查看的功能。
- 标签规划支持基于业务主体的多维数据分析，支持数据可视化呈现，支持数据集编辑。
- 支持标签值码表管理，提供手动输入值码和关联值码功能。
- 支持标签在组织机构内共享功能，提供公共标签 / 私有标签 / 授权标签的制作、管理、申请等功能。
- 提供公共标签池公开策略设置功能，可设置子树可见和下级节点可见。
- 提供公共标签的浏览、搜索、查看、使用申请等功能。
- 提供使用申请的审批和授权功能。
- 提供标签的公开、撤回功能。
- 支持在不同计算资源之间同步标签，支持同步中的表合并，支持同步任务的调度和任务运维，支持实体关系分散在多个物理表的标签合并、同步到一张目标表中。

16）智能算法工具。机器学习模型开发，需要具备以下功能。

- 数据加载。支持远程和本地数据访问。
- 数据预处理。包括数据迁移、数据转换、数据质量处理以及数据源管理等。提供统一数据目录功能，以支持数据集或者数据实体的搜索和查找。

- 特征工程。根据业务目标对预处理后的数据进行必要的转换和加工，以支持快速实现授信建模，这是智能算法工具的核心功能模块之一；基于自动特征工程领域自有的成熟算法，支持对数据集进行自动分析和图形化展现；支持数据集及特征的共享。
- 算法选择。算法选择是建模的重要步骤。基于自身独有的模型选择算法可以优化和简化建模过程。
- 建模训练。建模训练是建模的核心步骤。
- 支持超参数调优。具备规范性分析能力（Prescriptive Analytics），支持优化算法，具备 GPU 支持能力。
- 算法模型开发管理。开发管理是指对建模过程中的项目、人员及已有成果的管理。
- 算法模型自动化开发。提供端到端的自动化机器学习模型的开发方案，在模型开发时自动采集、清理、转换、超参数优化，支持可视化方式实时反馈模型训练结果以查看模型性能，支持模型一键式部署，与模型部署功能无缝集成。
- 模型部署。完成的机器学习模型需要部署，以实现在线或批量模型打分。
- 定期进行模型评估。管理员部署模型资产到生产环境并进行更新，支持启动或锁定版本。

（3）数据入湖

数据入湖分为入湖目标、入湖策略、采集方式、标准落地 4 项要求。

1）入湖目标。

- 数据 100% 入湖，数据资产 100% 管理。

- 通过数据中台可查看数据资产存储位置、内容等。
- *X* 月底系统平台具备入湖条件。

2）入湖策略：通过需求调研制定数据入湖的策略和计划，例如数据入湖优先级。

3）采集方式。

- 支持通过专用工具将结构化业务系统数据同步到数据中台。
- 半结构化 / 非结构化的流式数据支持通过流式管道接入数据中台。

4）标准落地。

- 通过咨询服务，协助集团及各事业部落地数据标准。
- 数据入湖前，需要按照公司统一的数据入湖规范和质量标准进行数据治理（事前治理）。
- 各业务领域数据标准落地后，需要对入湖数据的质量进行全面监控（事后监控）。

（4）关键问题

以下是该集团领导非常关注的问题，供应商应对这些问题做出响应。

1）数据采集与存储。

- 根据数据传输受网络影响的情况，确定数据采集方式、时间、频率、增量等策略。
- 针对大数据量，如设备互联 OT、三现数据（视频、音频、图像）提出入湖策略；制定数据初始入湖和增量入湖的方案。
- 制定热、温、冷数据的存储与备份方式及策略。

2）数据计算。

- 明确数据计算是在中台还是平台之外进行。
- 数据是怎么计算的，针对数据的类型详细阐述计算性能、方式和过程。

- 定期与用户联络，传送产品新技术和新功能。

3）安全策略。讲解数据访问记录应该记录什么内容以及记录存储的方式。

7. 验收流程与标准

（1）验收流程

按照双方签署的合同、工作及项目实施过程中约定的相关指标进行验收。乙方出具项目验收报告，甲方组织验收。验收报告经甲方项目总监签字并盖公章后生效。

（2）验收标准

项目验收分为过程验收、功能验收、技术验收、规范性验收。

- 过程验收：按协议内容执行，任务完成情况和交付物的验收落实在《成果确认书》中，由甲乙双方签字确认。
- 功能验收：根据协议内容进行验收，验收报告应由甲乙双方签字确认，协议内容必须 100% 实现，任意一个项目未达标即不能进入技术验收环节。
- 技术验收：标准如表 14-1 所示，全部验收项目达标，视为技术验收通过。

表 14-1　项目验收标准明细表

序号	验收项目	验收标准	达标要求	备　注
1	功能满足度	100% 满足业务需求	必须	
2	系统功能可靠性	100%	必须	对所有的功能进行 3 次以上正向、逆向测试，成功率应达到 100%
3	系统性能可用性	100%	必须	
4	系统响应时间	秒级	必须	亿级条目数从查询、统计到呈现应达到秒级响应水平

（续）

序号	验收项目	验收标准	达标要求	备　注
5	数据入湖率	100%	必须	包括 SAP、在外设备等各系统数据
6	数据治理	100%	必须	包括数据标准、数据质量管理体系及系统功能落地
7	数据安全	100%	必须	包括但不限于数据的分类、分级，包括数据安全管理体系、数据生命周期控制和安全防护技术手段
8	数据存储与计算	100%	必须	包括但不限于在线计算查询、大数据流式计算、大数据离线计算和分布式存储系统
9	影响系统运行的 Bug 数	影响业务操作的 Bug 为 0，待优化 Bug 为 0	必须	已发现的 Bug 在项目期间必须全部解决
10	接口标准与适配	100%	必须	所有组件能够无缝替换成 Hadoop 开源组件，无须额外开发或适配

- 规范性验收：项目文档种类完整、文档质量应符合甲方公司项目管理等相关制度要求。

（3）验收不合格处理

各阶段验收过程中，若由于乙方原因造成验收不合格，将按以下规定处理。

若首次验收不合格，将顺延一个月组织下一次验收；若第二次验收不合格，甲方将向乙方提出书面异议，不排除要求赔偿损失；若第三次验收不合格，甲方有权终止合同并要求乙方赔偿经济损失。

8. 服务与技术支持

（1）服务期服务内容

从项目验收完成之日起，乙方对硬件、软件提供 1 年免费原厂质保服务。

1）乙方为甲方提供免费软件升级服务，包括系统升级、移植、调试以及相关程序和接口的重新测试。

2）乙方免费提供 1 年现场技术支持，甲方工程师遇到无法自行解决的系统问题时，乙方技术工程师应到甲方现场进行服务及解答问题，直至问题解决完毕。如非乙方原因造成的问题，甲方应支付相应维护费用，具体内容另行协商。

3）乙方免费提供 1 年系统巡检服务，对发现的问题提出优化或整改方案。

4）乙方将永久向甲方提供以下服务。

- 定期与甲方联络，介绍产品新技术和新功能。
- 甲方有权进入乙方的技术支持网寻求技术支持，且权利为永久性的。
- 对于技术或系统使用及业务上的问题，乙方提供电话及电子邮件联络方式，必要情况下提供现场技术支持。
- 提供免费技术支持热线服务，可直接联络软件厂商的技术支持中心，获得技术支持。

（2）服务相关约定

乙方指定对接甲方的服务工程师，设 24 小时热线电话，乙方更换对接服务工程师必须得到甲方的书面认可。

甲方的技术支持均由乙方技术部门直接提供，如果乙方技术部门无法直接解决，应主动寻求其他帮助以解决问题，且费用由乙方承担。

（3）服务等级与响应时间

甲方提出的技术服务需求分为 4 个优先级别，如表 14-2 所示，乙方应根据优先级给予响应并提供直接的技术支持。

表 14-2　服务等级与响应时间表

级　别	现　象	响　应
0 级	系统崩溃，系统无法启动或拒绝连接，甲方无法获得任何系统服务，甲方业务运行受到重大影响	7×24 电话联系，接到电话后 1 小时内予以响应，4 小时内解决问题
1 级	系统主要功能不能正常工作，已对甲方业务的正常运行造成较大影响；主系统不稳定，并有周期性中断的情况	7×8 电话联系，接到电话后 2 小时内予以响应；电子方式联系，4 小时内予响应。8 小时内解决问题
2 级	主系统有故障，但仍可全面运行，对甲方业务系统的正常运行有一定影响	5×8 电话联系，接到电话后 4 小时内予以响应；电子方式联系，1 个工作日内予以响应。3 天内解决问题
3 级	产品性能增强请求；产品功能、安装或配置方面需要支持，对甲方的业务运作几乎无影响；非主系统故障	5×8 电话联系，接到电话后或电子方式联系后，1 个工作日内予以响应，1 周内解决问题

（4）服务考核标准

甲方对乙方的服务考核标准分为 6 项，如表 14-3 所示。

表 14-3　服务考核标准表

序　号	验收项目	验收标准	罚　则
1	故障响应时间	遵循服务等级与响应时间	未按时响应，每次扣款合同金额的 *X*%
2	到达现场时间	遵循服务等级与响应时间	未按时到达，每次扣款合同金额的 *X*%
3	故障解决时间	遵循服务等级与响应时间	1、2、3 级故障未按时解决，每次扣款合同金额的 *X*%；0 级故障超过 3 小时未解决，每次扣款合同金额的 *X*%，超过 24 个小时仍未解决，扣款合同金额的 *X*%，超过 48 小时仍未解决，扣款合同金额的 *X*%，超过 72 小时仍未解决，甲方有权要求乙方赔偿相应经济损失

（续）

序　号	验收项目	验收标准	罚　则
4	定期巡检服务	出具详细的巡检报告和总结	未出具巡检报告，每次扣款合同金额的 1%
5	培训（升级）	用户掌握基本操作以及故障排查技能；有培训记录	未培训或培训课时未达到要求，扣款合同金额的 *X*%
6	客户满意度	客户对服务质量的评价	客户不满意，扣款合同金额的 *X*%

甲方对乙方每一次维保服务进行验收，若验收不合格，则按照验收标准中的约定进行扣款。若累计有两次验收不合格记录，甲方有权终止合同并要求乙方赔偿相应经济损失。

14.2.6　数据中台供应商技术评分表

无论是企业内部 IT 团队搭建中台架构，还是购买数据中台供应商提供的服务，都需要先准确评估技术实力。拥有一套判断数据中台架构提供者技术实力的评价标准非常关键，表 14-4 是数据中台供应商技术评分表，供企业参考。

表 14-4　数据中台供应商技术评分表

评价内容	评价因素	分　值	评价细则
企业整体能力	企业能力资质	5	具备大数据软件开发能力（非采购能力），可提供大数据相关软件著作权、专利、技术标准等证明
	应用案例	5	具备成功实施案例，并有运行良好的相关证明（验收报告），每提供 1 个案例得 1 分
需求理解产品与技术方案	需求理解	5	对数据全面有序入湖的目标、需求的理解：完全理解（3 分）、理解较为清楚（2 分）、理解一般（1 分）、不能理解（0 分）； 制定满足目标要求的工作计划：满足（2 分）、较为满足（1 分）、不满足（0 分）

（续）

评价内容	评价因素	分　值	评价细则
需求理解产品与技术方案	需求理解	5	平台整体架构基于开源体系框架（Hadoop）搭建：满足（3 分）、不满足（0 分）； 提供开放接口：满足（2 分）、不满足（0 分）
		5	对数据治理机制建设的目标、需求的理解：完全理解（3 分）、理解较为清楚（2 分）、理解一般（1 分）、不能理解（0 分）； 对实现目标的工作思路的理解：满足（2 分）、较为满足（1 分）、不满足（0 分）
	产品与技术方案	7	采集与存储功能 支持多源、多态采集，共 1 分，酌情评分； 支持实时与批量采集，共 1 分，酌情评分； 热、温、冷数据的存储与备份方式及策略，共 2 分，酌情评分； 数据初始入湖和增量入湖方案，共 3 分，酌情评分
		11	数据开发与功能集成开发环境：从敏捷、协同、易用等角度进行对比，共 3 分，酌情评分； 任务调度能力：从执行周期、事件调度等多角度进行对比，共 3 分，酌情评分； ETL 能力：是否采用图形化 ETL 编辑器，共 3 分，酌情评分； 是否分存储与计算的方案，共 2 分
		4	智能分析功能 智能标签体系：是否满足业务需求的标签体系搭建和管理标签的功能，共 2 分，酌情评分； 智能算法工具：考察算法开发流程、自动化开发与部署的功能，共 2 分，酌情评分
		4	数据服务功能 是否提供数据服务目录和权限管理功能，共 4 分，酌情评分
		4	监控运维功能 是否提供统一运维监控与预警的控制台，通过监控颗粒度进行考察，如平台运行概览、任务监控、预警方式等，共 4 分，酌情评分

（续）

评价内容	评价因素	分　值	评价细则
需求理解产品与技术方案	产品与技术方案	4	安全功能 是否提供资产识别、标签、权限控制、共享脱敏、安全审计等功能，共4分，酌情评分
		11	数据管理功能 数据资产管理：从资产分类、血缘分析、资产搜索等方面进行对比，共3分，酌情评分； 数据标准：数据标准的建立和校验，共2分，酌情评分； 数据质量：对数据质量规范定义、规则校验、发布和评价等功能进行考察，共2分，酌情评分； 主数据管理：对主数据识别、清洗、建模、发布、变更管理等方面进行考察，共2分，酌情评分； 元数据：从元数据的解析、管理、展示与搜索等维度进行考察，共2分，酌情评分
实施能力	项目管理能力	10	整体实施计划符合企业实际情况，各个阶段的工作安排、交付物清晰明确； 项目质量管控标准明确，措施有效； 有科学的项目风险识别和预防机制； 有合适的项目范围管理、变更管理方法； 有科学的培训和知识转移计划 注：评估依据参照现场技术讲标酌情给分
	团队能力及数字化人才供应能力	10	项目经理必须具备10年以上及3个投入资金100万以上的项目管理经验； 项目成员合理搭配； 必须帮助甲方团队提升数字化能力； 能够帮助甲方优化数字化团队并提供人才推荐
售后服务	产品服务	3	有明确的产品问题反馈方式； 有完整的产品问题响应标准（SLA）； 提供产品标准功能升级 注：依据现场技术讲标情况酌情给分

（续）

评价内容	评价因素	分 值	评价细则
售后服务	技术支持	3	项目最终验收之日起一年之内提供该项目实施范围的远程或现场技术支持服务； 后续项目运行效果跟踪，提供问题诊断服务、系统优化建议； 按照服务标准提供终身技术服务 注：依据现场技术讲标情况酌情给分
陈述及答辩	述标	2	述标人专业能力突出，讲解过程重点突出、生动易懂，0～2分，酌情打分
	答辩	2	与需求吻合，无明显偏差，述标前后保持一致，无明显逻辑错误，0～2分，酌情打分
总分		100	

14.3 CTO/CIO如何治理数据

在数字化转型过程中，企业首先要做的便是打通数据烟囱，这就涉及具体的数据治理。数据治理的目的是为业务提供指导，成熟的数据智能管理者会先从应用的角度切入，从全局思考数据治理的维度，以项目的形式按阶段完成数据治理工作，将多个应用需求整合到数据治理中。同时，还要把控好业务场景变化和IT系统变化情况。

不论是企业技术人员、业务人员、中高层管理人员还是数据服务商，都要意识到数据治理是持续且长期的工作。初期的数据治理是为了解决某个应用的痛点，但在长期的数据治理过程中，需要考察技术架构是否能够保持稳定，是否能够按照架构建设初衷稳定运行。同时，数据产出的结果要由应用场景来检验，在治理过程中不能通过单一的结果就认为数据治理是无效的或者效果显著的。数据治理是系统化的工程，需要参与方有深刻认识并能深入参与其中。

14.3.1　数据治理的步骤

从本质上说，数据治理是一个体系化的过程，要以服务应用场景为前提展开工作，在治理过程中，CTO/CIO 需要将可能应用到的场景提前做好规划，并运用这些业务场景不断检验、指导技术部门的数据治理工作，从而确保数据治理的结果是有效的。

数据治理一般分 4 步进行。

1. 数据集成

数据治理的第一步是数据集成，即根据业务需求及特性，将企业内部管理系统和外部数据融合。数据融合要完全覆盖业务场景。数据集成的工作原理是通过各种数据工具融合不同渠道的业务数据并保持长期稳定运行。

对于人员变动或业务调整导致数据融合工作无人维护的情况，一方面需要标准化的方式进行数据融合，另一方面也可以通过专业的数据工具将业务场景中缺失的数据进行补充，以保障数据的全面打通，为后期业务变化和系统维护提供坚实的保障。

2. 数据治理

将企业内外部全域数据融合完毕后，接下来需要对数据进行治理。首先需要设计数据治理模型，包括建立数据标准。建立数据标准要深入产品和业务系统中，以便为后期数据智能化管理提供稳定的基础。数据标准包含不同方面，比如数据应用标准、业务数据标准、数据实践标准。

3. 数据服务

数据服务是为使用场景准备的。建设数据中台会经历从局部数据到全域数据的整合过程，并且涵盖企业全部业务系统。在庞大数据的基础上，依据不同的业务场景和产品类别，会形成特定的数据服务，这些数据服务可为业务部门提供用户画像、群体标签等助力营销推广的内容。此外，分析方法、算法模型和用户分群、聚类的数据能力也包括在数据服务内。

4. 数据安全

数据不但要满足企业内部使用，还会因业务合作与外部产生联系。因此，保障数据安全变得十分重要。在数据中台架构之上，可针对不同的数据类型进行不同形式的安全设定。依托数据中台数据分层保护机制构建的数据安全服务中心，可以保护来自不同系统的数据。在与外部进行数据合作时，可以通过数据中台搭建的公共空间完成隐私数据的安全交互。

总而言之，数据安全通过数据中台特定的机制得以保障。通过数据中台建设一个对外输出的平台，针对数据的不同类型、涉私程度制定相关措施，将数据保存在一个相对安全可控的环境中，而不同部门的人员可以在这个平台上进行内外部数据的共享和交互。

14.3.2　数据治理标准建设

制定和出台数据治理标准将帮助企业更好地进行数据治理。

1. 数据治理管理条例出台

不论是金融业、零售业还是传统产业，这些成熟的行业都会有一套相对完整的数据标准，且是从行业业务特性出发对数据进行定义。这套数据标准是行业通用的，企业也可以采用行业标准作为数据治理的参考。

2. 数据治理意见和指导

随着数字化浪潮的推进，数据治理的相关标准也在不断改进。对于数据治理，国家也出台了部分指导意见，企业进行数据治理时可将其作为重要参考。

3. 数据全覆盖

数据全覆盖包含 3 方面内容，分别是数据治理全覆盖、数据架构全覆盖和业务领域全覆盖。

数据治理全覆盖是指在思考数据治理的时候要搭建体系化的数据治理工具。数据治理团队搭建的数据治理模型不仅要契合中台的功能，同时，数据治理团队还应该考虑到数据获取方式、数据类型和内容、数据应用方式等，这些可以为完善数据治理模型、调整数据治理方向提供思路。

数据架构的全覆盖不仅包括传统的数据仓库，还包括关系型数据库的处理。数据治理的思考源头应该从应用方向考虑，数据治理的架构将会越来越复杂，覆盖面也会越来越广。

业务领域全覆盖是指数据治理要覆盖全部业务场景，包含常规业务数据，比如银行的贷款、储蓄、理财业务，以及更为细化的业务内容，再比如银行教育性金融产品、旅游性金融产品等。

伴随消费场景的不断变化，新的业务领域会不断呈现，数据治理的方向也会越来越多，这就要求企业要全面进行数据治理。

4. 以应用驱动数据治理

数据治理的目的是智能应用，数据治理和数据应用必须不断融合和过渡。数据治理要有目的，需要一开始便制定好数据治理的标准和方法，在实施过程中不断以应用为出发点逐步推行。

14.4　CTO/CIO 如何组建数据团队

近年来，行业数据量不断增大。不论是深耕互联网行业的零售企业，还是为智能应用提供技术支撑、营销服务的数字运营商，亦或是具备雄厚技术实力并致力于数字化转型的传统行业，都纷纷组建了数据团队。

在企业数字化转型过程中，数据团队承担着很大的工作量。他们不仅要完成数据调用与共享、数据溯源、模型研发等技术性工作，还要配合业务部门完成数据报表和数据服务的智能应用工作。因此，高效的数据团队对于数字化转型至关重要。

数据团队的主要构建方式有两种：一种是通过外包形式与专业的数据服务商展开合作，另一种是企业自己建设。前一种不再赘述，下面具体介绍企业自建数据团队需要注意的问题。

14.4.1　数据团队成员构成

数据团队是企业花费巨大精力和财力组建的，其主要职责是在数据中台架构下与业务部门合作，完成数据的运维及智能应用。技术人员的主要任务便是研发数据产品，提升业务人员使用数据的便捷性。业务人员将需求变更及应用数据反馈给数据人员，为其提供产品更新及研发的依据。

数据团队的核心成员及工作职责如下。

1. 中台底层架构建设团队

中台底层架构建设团队由数据开发工程师、数据平台架构师及运维工程师组成，主要负责搭建数据中台基础架构。其中，数据开发工程师负责 Hadoop、Spark 等系统的搭建、调优、维护和升级；数据平台架构师负责中台底层架构设计、技术路线规划及中台延展性维护，确保中台架构可以支持各个业务对数据存储及计算的要求；运维工程师负责中台架构的日常运维工作。运维工程师是数据团队底层基础搭建的核心成员，是搭建稳定、可靠的中台底层架构的关键人物。

2. 数据运营管理团队

数据运营管理团队由数据开发工程师、数据挖掘工程师、数据仓库架构师组成。在数据中台底层架构搭建完成后，对于数据的接入、归集、清洗等围绕数据中心进行构建的工作将由这些人完成。其中，数据开发工程师负责数据的接入、清洗、加工、归集等管理工作，为上层的数据分析提供雄厚的数据支撑；数据挖掘工程师负责挖掘数据中有价值的内容，并将其纳入数据中心，以备数据分析团队使用；数据仓库架构师负责数据仓库架构设计的数据业务规划。

3. 数据智能应用团队

数据智能应用团队主要由业务分析师和建模分析师构成。该团队利用数据运营管理团队提供的大量、丰富的数据服务，开发数据分析智能应用，为产品研发、更新以及新业务的拓展提供更多数据方面的决策意见。业务分析师会根据业务深度制定相应指标，满足业务部门的数据分析需求，为业务人员提供更多决策依据。建模分析师会根据业务特性及数据要素构建数据模型，提高数据的智能应用率。

14.4.2　数据团队的工作方式

数据团队的工作由两部分构成。首先是搭建数据基础技术架构，其次是在数据中台架构之下为企业的产品和业务提供数据服务和数据模块化产品。数据基础技术架构是为后期数据的多方应用提供可靠、稳定的数据存储和计算的平台。

数据智能分析管理团队主要对企业内外部数据进行接入、整合、清洗、归集、存储、管理和分析，将数据按照一定业务要求和规律填充到中台架构中，完善、充实中台基础架构，在中台之上形成企业内部的数据中心，并配备专业的数据挖掘和数据建模能力，为前端业务平台提供多维度的数据分析和智能应用服务。

同时，在数据团队的集体运营下，数据中台除了满足业务人员的数据需求外，还可以为运营部门、市场部门、管理层提供数据分析及决策依据。

14.5　常见的 CTO/CIO 数字化转型决策失误

CTO/CIO 不仅需要帮助企业完成底层技术架构的搭建，更要考虑底层技术架构与业务的适配性，从而在技术上为企业的数字化转型工作提供支撑。

CTO/CIO 在数字化转型过程中难免会出现决策失误，常见的是如下 3 种。

1）底层技术架构没有与前端业务需求相匹配，形成 IT 怪圈，难以打破。

2）技术部门角色定位模糊。

3）数字化转型过程中过于重视技术投入，导致技术投入过大，业务价值不明显。

14.5.1　形成 IT 怪圈

如果数字化转型团队，特别是负责数据治理的技术部门，没有完全打通内外部数据，便会产生 IT 怪圈。前端业务场景不断变化，业务部门需要随时响应用户需求。期间，业务部门会不断向技术部门提出各种需求，即使有些业务需求简单到并不需要技术人员操作，只需要简化数据治理的流程或步骤即可，但由于数据治理得不彻底，技术部门不得不随时响应前端业务部门这种粗糙、简单的需求，导致无暇开发更为复杂的应用。如此循环下去，技术部门将陷入 IT 怪圈，无法抽身。

出现 IT 怪圈的原因在于企业建设的数据中台架构是错误的，数据中台没有发挥自身的价值，数据没有形成闭环，底层数据架构没有得到纠正，IT 部门通过错误的数据中台不能有效解决问题。长此以往，IT 怪圈会不断演化，造成越来越多的问题。

14.5.2　技术部门角色定位模糊

技术部门角色定位模糊是中台实施过程中比较常见的错误。举一个简单的例子，中央厨房里有人洗菜、有人切菜、有人买菜，饭店一天能接待几千个客人，但如果中央厨房没有建好，整个流程不完善，可能大厨要负责买菜、洗菜，甚至要去看两天仓库，最终结果是大材小用——技术人才在做没有技术水平的事情。

很多企业配置的 IT 人员不少，但是职责、分工比较模糊，人力没有被高效地利用起来，造成了人力资源浪费。

除此之外，对技术性人才的职责定位不准确，让技术性人才过多参与非技术性工作，也是不合理的。

14.5.3　技术投入大，业务价值不明显

数字化转型过程中的另一个常见失误就是企业内部技术团队强大，对数字化转型投入较多，但是无法直接产生业务价值。造成这种情况的原因主要有 2 个。

一是 IT 与 DT 没有融合。企业内部没有 DT，就无法实现 IT 与 DT 的融合。在互联网信息技术时代，业务层面的 IT 投入随着企业的发展日趋完善，甚至趋于饱和，但是数据驱动业务相关的人才较少，这表明企业对数字化转型的投入更倾向于 IT 方面，而不是 DT 方面，显然无法达到数据驱动业务的目的。

二是 IT 人员做 DT 相关的事情。IT 人员擅长根据需求写代码，而 DT 人员更擅长用数据驱动业务，如果让 IT 人员执行 DT 任务，很容易出现错误。IT 人员缺乏 DT 思维，只能大量开发各种 IT 系统来推动企业数字化转型，但是此举恰恰阻碍了转型步伐——系统与系统之间存在的数据屏障导致企业无法形成数据闭环。

第 15 章 阿里巴巴数字化转型的启示

阿里巴巴（简称阿里）作为数字化转型的倡导者和先驱者，率先成功实现了数字化转型。其成功转型带来的利好鼓舞了更多企业积极投身数字化，尤其是淘宝的数字化转型过程为其他企业提供了很多值得借鉴的经验，本章将对这些内容加以阐述。

15.1 淘宝的数据使用和数字化进阶过程

淘宝在数字化转型的过程中，数据使用和数字化进阶均经历了几个不同的发展阶段，这些经历对致力于数字化转型的企业有更多借鉴意义。

15.1.1 淘宝数据使用的 5 个阶段

淘宝的数据使用经历了 5 个阶段，如图 15-1 所示，以下分别进行介绍。

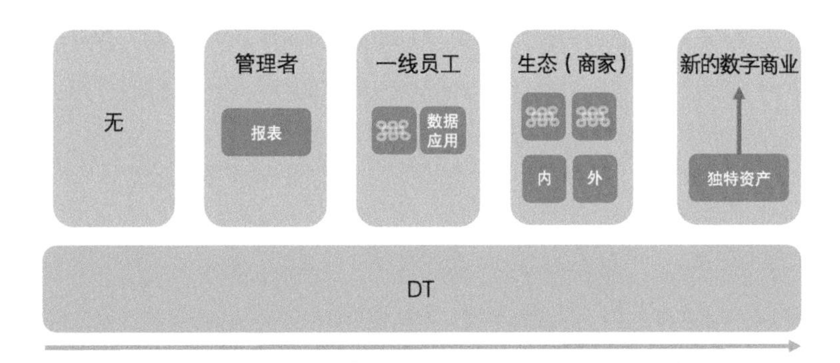

图 15-1　淘宝数据使用的 5 个发展阶段

1. 依靠数据进行精细化管理

在这个阶段，淘宝尚未使用数据。随着公司不断发展，经营项目变得越来越复杂，淘宝才发觉需要依靠数据进行精细化管理。

2. 以管理者为中心的数据消费

这个阶段的数据使用者主要是企业和部门的管理者。技术团队利用数据产生报表和经营看板，主要目的是辅助管理者进行决策。

3. 数据赋能一线员工

这一阶段便是数据赋能一线员工的开端。淘宝之所以可以发展到这一阶段，是因为许多决策是由一线员工做出的，而不是管理者。一线员工如果没有被赋能，就没有办法做出决策。该阶段产出的不再是简单的报表，而是数字化应用，让一线员工的工作效率提升了几倍甚至 10 倍。

4. 赋能生态

淘宝在这个阶段提倡的是赋能商家。赋能生态的意义在于让商家发展得更好，只有生态发展得好，平台的能力和价值才会越大。也就是说，DT 属于利他主义，时刻为客户着想。

淘宝基于让商家更好地经营产品并提升服务质量的目标，推出了 100 多个数字化应用，这些应用采用了全新的研发方式。一方面能促使商家的生态持续发展，可以更好地服务终端用户，提高用户体验；另一方面也提升了商家对平台的依赖程度。对于平台来说，平台的黏性越高，平台的优势就会越明显。

二者相互促进，相互融合，以致到后来，商家一旦脱离了平台就会不适应，因为平台给商家赋能，让商家赚取更多的利润，提高了经营收入。

5. 产生新的数字商业和数字经济

企业在数字化转型的过程中会产生大量独特的数据，这些数据累积到一定规模，便可产生新的数字商业载体。

15.1.2 阿里巴巴数字化进阶的 6 个阶段

阿里的数字化发展经历了 6 个阶段，以下进行简要介绍。

1. 运用零散数据解决问题

第一个阶段是基于业务系统慢慢把生意做起来。在这个阶段，各部门会运用零散的数据来解决一些问题。

2. 运用数据帮助经营管理层做决策

在这一阶段，阿里建立了商业智能工具，技术部运用这些工具向经营管理层提供经营报表，帮助经营管理层做决策，让管理更加简单。

3. 数据赋能一线员工

在这一阶段，阿里已经可以通过数据赋能一线业务人员，让一线业务人员可以自主完成报表制作和简单的应用开发。同时，阿里还为他们提供了数据服务，帮助一线业务人员提升工作效率。

4. 采用中台式技术架构对内服务

在这一阶段，阿里开始采用中台式的技术架构，重点对内提供服务。阿里为一线业务人员提供了数字化的工具和应用，让他们可以更高效地工作。以前需要 10 个人才能做完的工作，现在 1 个人就可以完成。

5. 基于数据开展对外服务

在提高员工工作效率之后，阿里进入下一个阶段，基于数据开展对外服务。在这个阶段，阿里做了两个重要的决策：第一，给商家赋能；第二，给生态赋能。在给商家和生态赋能的同时也增加了二者与平台之间的黏性。

后来，阿里搭建了数据开放平台，各数据公司可以基于这个平台的数据开发各种数字化应用。阿里为自己的生态赋能，在赋能生态的同时又用生态来赋能生态。

6. 定义数据，打造商业模式

在这一阶段，阿里致力于打造自己的商业模式。具体来说，就是定义数据。基于数据打造一个完全属于自己的商业模式。例如，基于数据，阿里可以提供贷款服务，加深供应链合作。如果数字化体系完全由一家数据公司基于数据来做，最终产生的结果就是会打造出一个千亿、万亿级的新公司。蚂蚁金服便是完全架接在数据之上的新商业载体。

总结阿里这 6 个发展阶段的特点，我们可以明确数据价值的创造历程和数据在不同发展阶段的特点。限于篇幅，以上并未对阿里数字化发展的全部过程进行详细阐述。希望通过以上介绍能为企业的数字化发展提供参考。

现在很多公司的数字化转型停留在经营管理层查看报表做决策的阶段，还没能发展到赋能一线员工的阶段。这些企业，尤其是上市企业，需要尽快发展到下一个阶段。

15.2 阿里巴巴数字化转型的借鉴点

阿里在探索数字化转型的过程中经历了不同的发展阶段，比如技术架构演变、组织架构演变、业务“急”、技术“疲”、人才错配、数据文化演变等。梳理这些阶段的得失可为企业数字化转型提供更多的借鉴意义。

15.2.1 技术架构演变

阿里的数据中台架构是从 BI 等独立数据工具演变而来的。早期，阿里并没有使用报表，直到各个业务单元逐渐产生了分析需求，才开始采用 BI 工具来分析数据。到后来，淘宝涉及的业务需求越来越多，为了应对这些需求，便开始为数据治理、大数据集群配置相对应的工具，导致不同类别的工具越来越多。

为了更好地解决问题，阿里需要将不同的工具组合成集成式平台，在集成式平台运行的过程中，阿里发现该平台存在一些缺陷。

1. 数据质量管控和应用未实现智能化

阿里使用集成式平台期间，数据经常出错，IT 团队不得不调动大量工程师以手动的形式保障数据分析结果准确和数据治理的效果，但数据仍然会出错，且维护成本高。

2. 无法快速产出深度智能应用

该平台产出的是报表和精准营销、用户画像等静态数据应用，不能快速产出深度智能应用，比如动态画像、智能运营等应用，且该平台的开发成本较高。

面对以上问题，阿里逐步由集成式平台进化到现在的数据中台，整个演变过程及各阶段的特点如图 15-2 所示。

演变阶段	独立工具	集成式平台	数据中台
需求	数据分析需求	多数据工具整合需求	智能应用的需求
产出	报表	报表+低频静态分析应用； 用户画像、精准营销	报表+低频静态分析应用+智能应用； 智能全域营销、智能配补货、动态画像、其他AI应用
特点	老板经营报表	data by人工，大量人工手动处理； 数据易出错，烟囱很多	烟囱数据全域打通，智能保障数据质量

图 15-2　阿里数据中台的演变过程及各阶段特点

15.2.2　组织架构演变

阿里的组织架构经历了 6 次演变，如图 15-3 所示。

第一阶段：业务部门负责提需求，由 IT 部门实现，但二者各自独立。

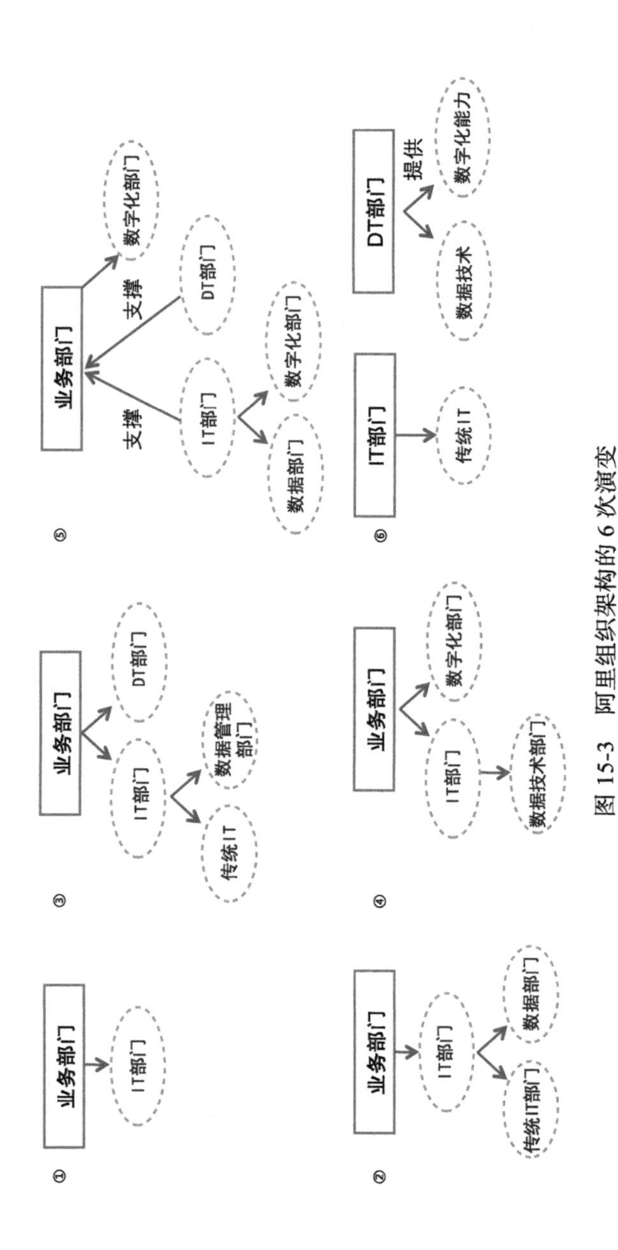

图 15-3 阿里组织架构的 6 次演变

第二阶段：业务部门负责提需求，由 IT 部门下设的两个子部门——数据部门和传统 IT 部门实现。

第三阶段：业务部门下设 IT 部门和 DT 部门，IT 部门增设数据管理部门。

第四阶段：业务部门下设数字化部门和 IT 部门，IT 部门下设数据技术部门。

第五阶段：业务部门保留数字化部门，原有的 IT 部门和 DT 部门共同支撑业务部门，IT 部门下设数据部门和数字化部门。

第六阶段：IT 部门负责传统的技术支持，DT 部门提供数据技术和数字化能力。

以上是阿里 6 次组织架构的演变历程。在这期间，阿里对不同部门进行拆分，尝试了不同的组织模式，逐步发展成如今的组织架构。

某些企业想照搬阿里的组织架构，以图“一步到位”，但这并不能真正解决企业面临的问题。企业应在参考阿里组织架构的基础上根据自己的具体情况设计适合自身发展的数字化组织架构。

15.2.3　业务创新模式

在组织架构不断演化的过程中，阿里的业务部门需要不断创新以提升业绩，即“业务急”。但是，业务创新需要后台强有力的支撑，IT 部门常常因为需求不断变更、创新成本太高等原因，无法及时响应业务部门的需求。

业务创新无法被满足一般包括以下几种情况。

1. 需求难描述，被认为是产品差

对于一些难以描述的业务需求，IT 部门认为是业务需求涉

及的产品不符合市场需要，即“需求难描述，被认为是产品差”。业务需求有时候很难用语言精准地描述出来，IT 部门一旦遇到这种情况，响应速度就变慢了，而业务创新也就止步于此。

2. 创新成本太高

有些业务需求虽然可以被业务部门清楚地描述出来，但是如果用传统的 IT 开发方式实现，开发成本较高，可能导致这种需求不能通过产品评审会。企业在立项时需要为各个项目排优先级，且预算有限，某些开发成本过高的项目可能无法通过。

3. 周期长、响应慢

项目执行周期长、响应速度慢也会导致业务创新不能被及时响应，业务创新的过程如图 15-4 所示。

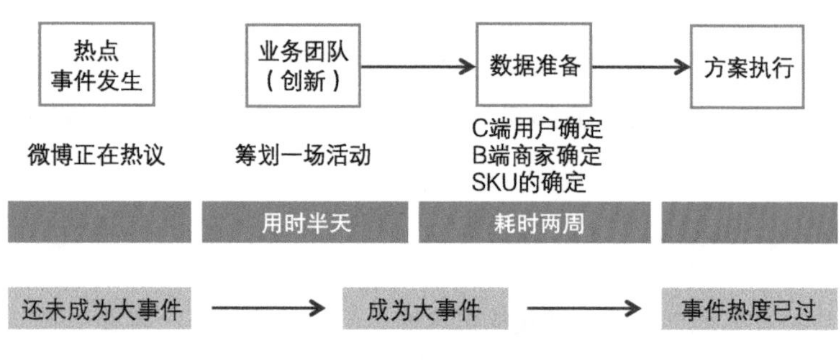

图 15-4 业务创新的过程

热点事件通常会在网络上引起热议，是开展营销活动的好机会。

运营人员想通过热点事件做营销活动，需要做很多前期准备工作，且执行周期较长，往往会因此错过最佳时机。比如，某运营人员想要针对某手机产品做一次营销活动。做活动的前提是要有执行方案，而想要完成具体的可执行方案，首先面临数据问题。事件营销可能覆盖几亿用户，运营需要精准地找到 C 端用户，同时分析出哪些 B 端商家适合参加这个活动，还要对 SKU 进行筛选。这些工作需要数据来佐证，因此，运营人员需要对数据进行分析，从而确定不同阶段的可执行情况。

（1）确定 C 端用户

运营人员需要在热点事件爆发的前期确定哪些用户最有可能购买手机，例如恰好在最近浏览过手机产品的用户。

（2）确定 B 端商家

运营人员需要初步筛选出适合参加本次促销活动的商家，并根据活动的具体需要进行二次筛选，最终确定入围的商家。

（3）确定 SKU

运营人员需要运用数据从上亿的 SKU 中筛选出适合参加这次活动的对象。

可见，这样简单的一个营销活动也是需要数据支撑的。在整个营销流程中，通过数据分析确定这三类参与者，最快可能也需要两周的时间。而两周之后，这个事件的热度已经过了。很多时候，这样的创新机会就因为执行周期长而不了了之。

致力于数字化转型的企业可以对比阿里的业务创新的模式，部署数字化技术，优化业务部门的业务创新方式，降低业务创新的成本，缩短业务创新的时间。

15.2.4　技术价值显现

技术部门支撑着业务部门的发展。在长期低效的工作中，一些 IT 人员的工作状态会变得消极，原因可能是他们每天都在做无法提升个人价值的工作，具体表现如下。

1. 制作报表

数据部门经常做的一项工作就是制作报表，通常是用 Excel 等办公软件或写 SQL 的方式分析数据。制作报表对于 IT 人员的职业发展价值有限。

2. 人工筛查数据错误

IT 部门是通过传统的数据仓库技术使用数据的，不论是报表、模型还是智能应用，都缺少对数据质量的维护。很多公司以人工维护的方式来保证数据质量。

数据一旦出错，技术部门便会以人工的方式在浩瀚的数据字段和数据指标里寻找关联数据和数据出错原因。但是，数据出错的原因多种多样，有可能是业务系统技术模块里一个字段的定义发生了变化，造成上层在做数据应用时，数据指标也发生了变化；也有可能是数据没有计算完整，或者模型没有训练好出现了错误。只通过人工或少量工具作为辅助的方式完成数据错误筛查，需要调用大量的 IT 人员，且耗时较长。

3. 补窟窿

一个公司存续的时间越久，产生的数据应用就会越多，报表、应用或模型都会产生数据结果。而一旦数据应用和数据产品开发岗位发生人员变动，后来的技术人员可能看不懂前任写的代码，无法顺利更正数据。

企业出现的数据错误越多，IT 部门需要补的窟窿就越多。技术人员不得不花费较多精力查漏补缺，很难再有精力去研发新的应用。

4. 工作价值不被认可

企业运用传统的技术架构产出的大多是报表或展示类应用。

即使 IT 部门开发的应用再好，产生的价值再多，也只是为业务部门提供辅助决策工具而已。业务产生的价值高可能是因为业务人员决策正确，也可能是因为报表的准确度高，这很难分辨是谁起了关键作用。业务价值的提高无法确定是技术部门的功劳，工作价值无法被量化。另外，这些报表本身是很难帮助公司降本创收的，虽然 IT 人员的工作量较大，但都是日常工作，无法衡量 IT 团队的价值，其工作价值也是不被认可的。

技术团队总是做着简单、重复的工作，且不被认可。淘宝经历了很长时间的发展才让技术团队从这样的状态中解放出来，令其工作有价值、被认可，技术人员的工作热情变得高涨。致力于数字化转型的企业只有完成了这个转变，技术部门和业务部门才有未来。

15.2.5　人才配置合理

在数字化转型过程中，阿里也曾混淆技术人才和数字化人才。如今，大多数企业的人才配置是以业务人员和技术人员为主。大多数时候是技术人员根据业务人员提出的需求和想法给予技术支持，而技术人员最核心的工作内容就是高效地写出质量更佳的代码。曾经的阿里也和大多数企业一样，没有从技术人才中细分出另外一种角色，即数字化人才。

数字化人才的主要职责并不是写代码，而是快速洞察业务问题，以数据应用的方式创新性地解决业务问题。解决方案有可能是由技术人才实现的，也有可能是由数字化人才实现的。

对于技术人才和数字化人才的隶属关系和层级关系，阿里在早期也不是非常清楚，曾经让技术人才领导数字化人才。二者的工作思路是不一样的，技术人才追求更高效地实现业务价值，数字化人才追求的是创新性地发现业务存在的问题并解决。让技术人才领导数字化人才会影响数字化工作的效率。阿里经过一段时间的摸索后才逐步形成了数字化人才与技术部门各自独立工作的模式。

15.2.6　数据文化演变

阿里在数字化转型的过程中，数据文化的演变经历了 7 个阶段，下面进行详细介绍。

1. 不相信数字化的能力

阿里最早提出要进行数字化转型时，很多人是不相信的，一些业务部门和关键决策人持反对意见。因为业务部门背着业绩指标，他们需要用更稳定的方法去完成业绩。但是，数字化转型是企业的整体战略，业务部门不得不一边在数字化创新的路上花费大量时间和精力，一边承担业绩压力。在不能确定数字化转型是否能成功时，就会对转型效果持怀疑态度，担心业绩受到影响，而高层又要求数字化转型工作不能影响业绩。

2. 排斥数字化

业务人员排斥数字化的原因很多，阿里规定各部门要尝试用数字化方式做业务，业务人员拿出一部分精力配合这样的创新，但是在创新过程中却发现效果并不理想。这是因为一开始以管控的方式推进数字化是错的，让 IT 做 DT 的事情，业务部门花了很多精力配合数字化工作，但效果又不是很好，还使得业绩受到影响。

3. 机械性地应付数字化

配合数字化创新是组织下发的硬性任务，而各个部门都有重要的工作要完成，这时有人可能就想应付了事，这种情况往往是最可怕的。

4. 产生数据应用的意识

在这个阶段，数据起到的更多是辅助作用。业务部门能够感受到数据的价值，可能是因为在一两件事情上数据起了很大的作用。在这个阶段，业务人员主要还是采用传统的方式解决问题，只在某些时候会想到结合数据。阿里在这一阶段萌生了数据信仰文化，一旦公司上下对数据有了信心，数字化发展就会进入到下一个阶段，也就是所谓的以数据为主导阶段。

5. 以数据为主导

这一阶段在阿里内部被称为数据化运营。业务部门遇到问题或者想要进行业务创新的时候，都会优先想到用数据的方法来提高效率，他们会把机械性的工作交给数字化应用处理，集中精力做更有创新性的事情。在这个阶段，业务部门有了数字化运营的意识，会主动用数据的方式进行业务创新。在这一阶段，数据方式和传统方式在业务中各占一半，但对企业来说这已经是一个比较好的状态了。能否进入下一阶段取决于这个阶段的数据响应是否足够快、足够灵活。

6. 离不开数据

到了这一阶段，业务创新基本上离不开数据，也可以说大部分工作都已经建立在数据基础之上了。阿里将自己定位为数据公司，也有这方面的原因。可以说，阿里一旦离开数据，便没法正常运转了。在这个阶段，阿里的整个组织都十分依赖数据，各部门工作效率都非常高。企业上下已经习惯了用数据来解决问题，碰到问题的时候也会优先想到用数据解决，其次才是用人工解决。这种数据应用的状态贯穿到下一个阶段就会发展为数据信仰。

7. 形成数据信仰

不管是经营当前的业务，还是开拓一个新的业务，甚至成立一个新的公司或者事业部，从高层到中层再到基层，所有人都会潜移默化地用数据的方式开展相应的商业活动。

第七部分

数字化转型的利器——数据中台

对于数字化转型主体来说，了解数字化转型的意义等理论知识后，还需要了解数字化转型的利器——数据中台。

数据中台是数字化中台的核心，也是数字化转型的技术基础架构，是转型的载体。因此，对于致力于数字化转型的企业来说，了解数据中台的“前世今生”十分重要。企业需要对中台的发展进阶、中台在不同角色下的理解、中台构成内容、中台落地方法等进行深入了解。

第 16 章 数据中台发展进阶

数据中台是以数据驱动业务产生价值的技术架构，2019 年被称为“数据中台”元年，自此，各大互联网企业争相推广数据中台。

那么，数据中台是在什么背景下提出的？

数据中台的提出有何战略意义？

什么是真正的数据中台，如何定义数据中台？

数据中台构建过程中存在哪些误区？

数据中台应该包含哪些要素？

企业该如何构建数据中台？

16.1 数据中台的战略意义

在阿里巴巴“大中台、小前台”的中台战略背景下，各大互联网巨头均结合自身优势开始探索数据中台，并对外提供服务。

是什么原因让互联网巨头如此积极地调整组织架构，集中打造数据中台？为什么数据中台成为各大互联网企业争相部署的战略高地？

1. 数据中台战略由来

事实上，阿里巴巴很早便开始运用中台模式满足业务需求，并于 2015 年正式提出中台战略。中台战略的原理是将不同业务通用的工具和技术加以沉淀，成立专门的中台部门，这样新的业务需求可以不再重新设计，避免因重复的功能建设和维护造成资源浪费。

构建灵活、多变的组织机制和业务机制是阿里巴巴建立数据中台的战略核心。各行业的领头企业也开始对数据中台、数字化转型进行积极探索，力求以数据智能的方式实现生产经营的智能化和精细化管理。

2018 年 8 月末，腾讯宣布组织架构变革，成立技术委员会，未来将打造技术中台。与此同时，京东、华为、美团等不同业务领域的互联网公司均着手改革组织架构，积极打通数据平台，构建数据中台。至此，数据中台由概念逐渐变为现实，数据智能赋能业务，用更低的成本、更高的效率为用户服务的模式逐渐被认可，数据中台得到进一步发展，掀起了一波数字化转型的浪潮。

2. 数据中台的战略意义

当企业发展到一定规模后，资源浪费和功能重复建设会成为一种普遍现象。如何保持企业核心竞争力并挖掘新业务是企业必须要思考的问题。数据中台对企业来说有着至关重要的作用。

数据中台构建完成之后，不仅可以统一数据，还可以实现数据标准化存储，为企业梳理可以灵活调用的数据资产。数据中台形成的数据服务是企业独有的且能复用的资产，是业务和数据的沉淀，不仅能够减少各部门、多项目的重复建设，还能帮助企业在竞争激烈的商业环境中形成差异化优势。

在移动互联网飞速发展的背景下，无论是有着数十年行业经验的传统制造业还是新兴的互联网公司，都面临着内外部的“困境”。在企业外部，移动互联网为消费者提供了丰富的产品使用场景，新的需求关系应运而生，但企业的响应速度、服务能力跟不上用户的节奏。

在企业内部，同样因为多业务系统的存在，各个组织和部门壁垒林立，CRM、ERP 等数据系统无法打通，无法实现多部门有效沟通，为业务提供统一、精确的服务。多种用户相关的高价值数据只能在内部单一系统内打转，无法在统一平台上发挥价值。这就使得企业内部创新不足，最终无法为客户提供更优质的服务。

长此以往，企业必将在竞争激烈的商业环境中慢慢出局。阿里巴巴敏锐地发现了企业痛点，在经历了早期“共享事业部”效用发挥失败的教训后，硬性要求多平台业务对接必须经过“中间组织”。

由此，“大中台、小前台”组织机制和业务机制构成的“中台模式”成为了阿里巴巴数字时代发展的有利抓手，带动了众多互联网公司制定中台战略。通过数据中台，阿里巴巴记录用户搜索商品的需求，及时为用户推送相关产品信息，这是阿里巴巴斥巨资打造数据中台的目的之一。利用企业历史数据产生价值，也是诸多企业越来越认可的发展之道，是企业决心打造数据中台的目的所在。

多数公司在开展新项目时，都是由业务部门提出需求，技术部门进行设计和研发。这一方面增加了部门间沟通的成本，另一方面，让各个业务系统的数据孤岛现象严重。

随着用户的需求越来越多，运营人员面临的业务问题将不断增加，提升系统软件的响应速度、挖掘用户潜在需求、提高用户满意度、减少不同部门的沟通成本，成为企业发展迫切需要解决的问题。

因此，数据治理被企业提上了日程。在经过数据治理局域化、片面化发展后，数据中台概念诞生了。在阿里巴巴先行实践下，数据共享成为中台战略建设的核心。

中台战略并不是一个纯技术概念的数据堆砌，而是将企业的核心能力、数据、用户信息以共享服务的形式加以沉淀，避免各业务部门重复建设、降低新业务生产的成本，使得大多数业务需求由业务团队自行接入。这种将数据和业务融为一体的模式不仅实现了公司内外信息的流通、提高了内部创新力，同时因为满足了用户现在和潜在的需求，数据价值被不断挖掘出来，力保企业在激烈的市场竞争中屹立不倒。

积极打造数据中台对企业的长远发展具有重要意义。

（1）颠覆传统数据纵向架构

数据中台可以帮助企业快速响应市场需求，提高企业捕捉市场机会的能力；有利于企业形成敏捷组织，根据市场情况快速调整组织架构；有利于企业集中火力，在保证决策正确的同时，节省人力、物力成本，如图 16-1 所示。

（2）重新定义 IT 和 DT

建立数据中台可以颠覆企业树状建设模式，避免 IT 部门重复工作，有效控制企业运营成本，可以说是重新定义了 IT 的工作方式。数据中台在快速响应客户需求的同时，避免了业务部门表达业务需求的繁冗程序，有效节省了沟通成本，提高了业务精准下达度，更方便业务部门与技术部门配合研发 DT 应用。由此可见，数据中台可让企业不同职位角色历尽其责，优化企业用人资源配置。

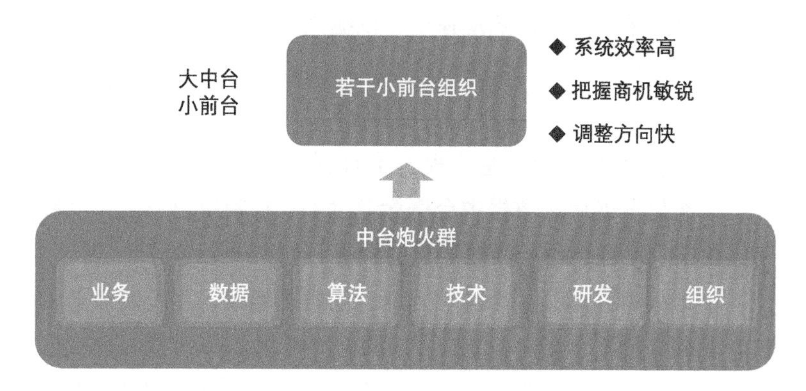

图 16-1　中台战略是实现企业数字化的重要战略举措

16.2　如何定义数据中台

到底什么是数据中台？数据中台具备何种能力？数据中台的应用领域有哪些？数据中台的建设内容包含什么？下面我们一一解答这些问题。

16.2.1　多维度解读数据中台

数据中台是全新的架构变革，是能力共享平台，是有机的一体化平台，是一种新的技术建设思路。

1. 数据中台是全新的架构变革

过去 30 年，企业数据管理都以传统的 IT 架构为基础，每当技术部门为业务部门解决问题时，都需要建设一个新系统。每个系统自成一体，只为满足单一的业务需求。这不仅耗费了各部门大量的精力，也难以打通各系统的数据，无法形成更强大的数据能力。

此外，IT 辅助管理系统更注重数据采集，各个系统数据孤立存在、烟囱林立。在新的产业互联网时代，企业需要快速响应外部变化，建立多维度的数据以重塑 DT 应用，传统的架构并不适合现在的市场发展情况，而数据中台架构颠覆了过去 30 年传统的 IT 数据管理架构。图 16-2 所示是数据中台价值。

数据中台的工作原理如同饭店满足食客需求。数据可被比作基础食材，CRM、ERP 等管理系统将数据分门别类地放到数据库里（中央厨房），通过数据治理技术将数据清洗好，对于某些有特殊要求的数据还需要做深加工。

经过以上处理方式，数据才能提供给业务人员或者技术人员使用，相当于将分类规整好、清洗好的食材交给厨师。业务人员在使用数据时会根据不同的需求对数据进行组合搭配，即对数据进行建模。数据通过建模生成不同的应用方向，再通过可视化将其美化，最终为用户呈现契合需求的应用产品。

在企业有数据中台之前，生成应用产品也需要经过数据治理、清洗、建模等流程，但只形成了这款产品的加工链，数据没有实现同步，烟囱式的壁垒由此产生。新的业务需求即使与之前做的产品有重合，仍然需要从头再做。

在 IT 管理系统时代，这样漫长的开发周期需要 3 到 6 个月，且实施过程中不能有太多变更，也就是说不能根据业务变化随时调整需求。这样的应用研发不仅进度慢、周期长，而且重复建设有共性的功能会造成企业资源和成本的浪费。

企业建立一套完整的数据中台体系，就相当于建立了一体化的中央厨房。该体系将食材加工装配好，业务人员直接按需“下单”，随即生成定制化应用。企业依靠强大的数据中台服务可以提升竞争力，保持市场有利地位。

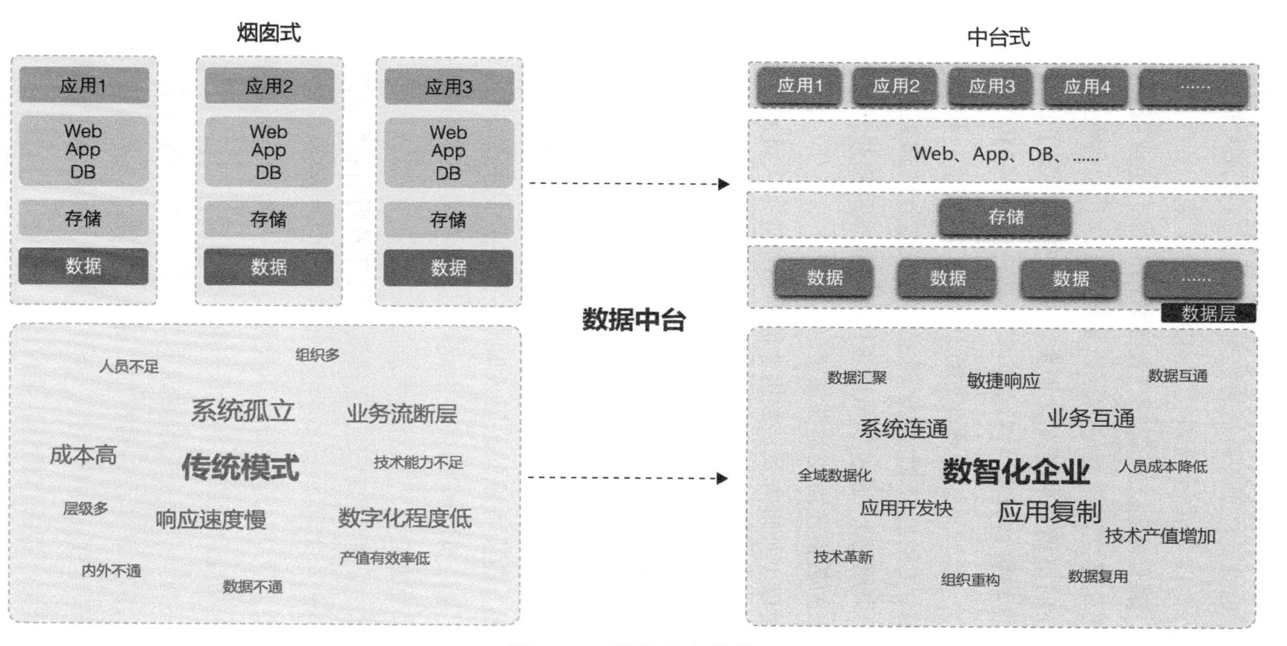

烟囱式
应用1
Web
App
DB
存储
数据
应用2
Web
App
DB
存储
数据
应用3
Web
App
DB
存储
数据
人员不足
组织多
系统孤立
业务流断层
成本高
传统模式
技术能力不足
层级多
响应速度慢
数字化程度低
产值有效率低
内外不通
数据不通
数据中台
中台式
应用1
应用2
应用3
应用4
……
Web、App、DB、……
存储
数据
数据
数据
……
数据层
数据汇聚
敏捷响应
数据互通
系统连通
业务互通
全域数据化
数智化企业
人员成本降低
应用开发快
应用复制
技术产值增加
技术革新
组织重构
数据复用

图 16-2　数据中台价值

2. 数据中台是能力共享平台

过去，企业做项目时，在应用产品研发之初都会强调功能，各个应用的功能或多或少会有重复。企业对这些重复功能的定义并不相同，也没有沉淀这些共用的功能。

在数据中台上开发的应用更注重能力共享，以便快速满足不同需求。数据中台将数据统一采集、清洗后形成标准数据，并进行存储，形成大数据资产层。这些数据服务是以实现业务目标为前提的，是企业独有的，并且具备复用能力，是企业业务和数据的积累。这样的数据服务不仅能够帮助企业减少重复建设，还可以减少部门间协作的壁垒，帮助企业提升竞争能力。

3. 数据中台是有机的一体化平台

数据中台是包含模型资产、应用资产、工具资产、技术资产的赋能平台，如图 16-3 所示。数据中台不只是输出技术能力、数据能力、资产能力、应用能力以及制度能力，也输出中台的价值。数据中台的核心在于赋能业务部门及用户，快速响应外部需求。

数据中台是新一代的数据架构思路，其工作原理是以应用为出发点进行数据整合，最终呈现的结果是数据应用的平台。人们的需求千变万化，以纯技术为导向的数据中台很难快速响应外部需求。

数据中台并不是一种端到端的技术平台，它更注重业务端的使用和业务价值的体现。传统 API 能力输出模式需要中间层的技术转化，无法快速、高效地产生应用，无法满足企业多变的需求。企业搭建数据中台、创建 API 接口，仅仅是完成了数据中台建设的一环。

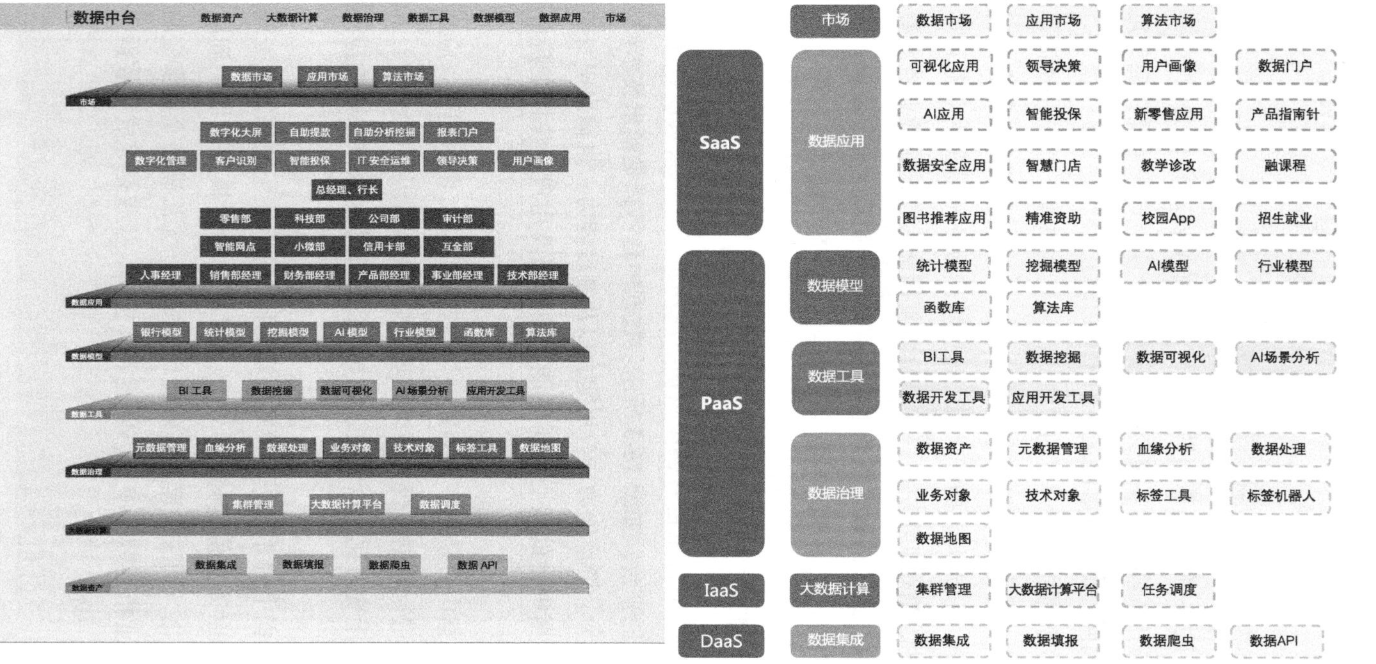
数据中台
数据资产
大数据计算
数据治理
数据工具
数据模型
数据应用
市场
数据市场
应用市场
算法市场
数字化大屏
自助提款
自助分析挖掘
报表门户
数字化管理
客户识别
智能投保
IT 安全运维
领导决策
用户画像
总经理、行长
零售部
科技部
公司部
审计部
智能网点
小微部
信用卡部
互金部
人事经理
销售部经理
财务部经理
产品部经理
事业部经理
技术部经理
银行模型
统计模型
挖掘模型
AI 模型
行业模型
函数库
算法库
BI 工具
数据挖掘
数据可视化
AI 场景分析
应用开发工具
元数据管理
血缘分析
数据处理
业务对象
技术对象
标签工具
数据地图
集群管理
大数据计算平台
数据调度
数据集成
数据填报
数据爬虫
数据 API
SaaS
PaaS
IaaS
DaaS
市场
数据应用
数据模型
数据工具
数据治理
大数据计算
数据集成
数据市场
应用市场
算法市场
可视化应用
领导决策
用户画像
数据门户
AI应用
智能投保
新零售应用
产品指南针
数据安全应用
智慧门店
教学诊改
融课程
图书推荐应用
精准资助
校园App
招生就业
统计模型
挖掘模型
AI模型
行业模型
函数库
算法库
BI工具
数据挖掘
数据可视化
AI场景分析
数据开发工具
应用开发工具
数据资产
元数据管理
血缘分析
数据处理
业务对象
技术对象
标签工具
标签机器人
数据地图
集群管理
大数据计算平台
任务调度
数据集成
数据填报
数据爬虫
数据API

图 16-3　数据中台架构

可见，数据中台的建设需要公司各个部门的多维配合，它是业务、技术和资产的有机结合体，并不是片面的模块组合。

4. 数据中台是一种新的技术建设思路

数据中台作为一种新的技术建设思路，打破了企业传统的功能式和集成式建设思路。以前企业打造产品需要先搭建基础技术架构，再添加应用功能，这种建设思路比较适合产品模式稳定的企业，对于应用需求多变、应用出发点无法统一的公司来说，并不是最佳的选择。以应用为核心的建设思路才是企业保持长久生命力的关键，而建设数据中台将帮助企业改变传统的产品应用建设方式。

在过去，企业为提高管理效率，会部署多种管理系统，这些管理系统只能在管理基础数据、简单分析业务等方面为决策者提供片面的参考。这种集成式的建设思路无法真正赋能业务，数据应用多样化，大量临时的、即时的、分散的需求不时产生，数据模型需要根据业务重点经常调整，仅仅通过联通各个管理系统账号是无法及时响应需求的。

16.2.2　数据中台的 9 个基本能力

数据中台通过 9 个基本能力赋能企业，如图 16-4 所示，下面进行详细介绍。

1. 数据服务能力

数据中台帮助业务部门建立工作台，业务人员可以通过工作台快速获取相关服务，如数据提取、数据分析、数据推送、数据回流等。数据中台能保证数据服务的性能以及数据的准确性。

数据中台可以对数据进行加工、治理、切分、建模、打标签等。数据中台就像一个生态平台，可以根据业务要求不断生长出各种数据服务，这些数据服务可以被提取、记录、监控和审核。

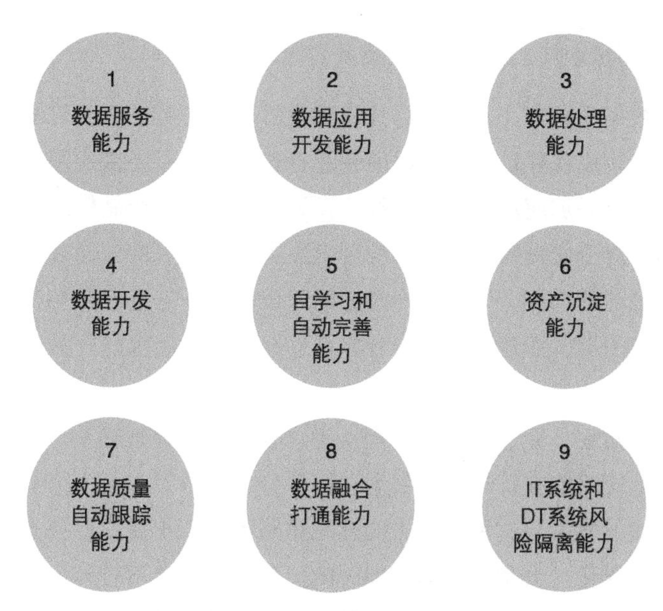

图 16-4　数据中台的 9 个基本能力

2. 数据应用开发能力

数据中台可以向不同业务岗位的工作人员提供个性化的数据探索和分析工具，并在此基础上生成数据接口，赋予业务人员分析数据的能力。业务人员可以根据需求，探索和发现数据价值，做深度应用开发，这些应用可以变成独立产品。

3. 数据处理能力

数据中台对数据的采集、治理、融合、同步提供了强大的技术支持，真正实现了数据的打通和共享。

不同的业务场景需要不同规模的计算平台处理海量数据，建设数据中台可以帮助业务人员根据应用需求随时调度计算能力。

4. 数据开发能力

数据中台分析工具、挖掘工具、清洗工具可以帮助上下游企业和外部用户直接开发应用。数据中台可以将上下游工具进行傻瓜式包装，帮助企业针对不同领域的用户实现数据共享、应用共享。

5. 自学习和自动完善能力

数据中台具有自学习能力，可以赋能业务人员。中台可以不断叠加能力，将数据和公司资产进行良性循环和回流，赋能业务和技术，并成为一个滚动增长的自学习能力平台。

6. 资产沉淀能力

公司内部高价值的资产可以通过中台沉淀下来，为日后的业务发展提供更多支持。长此以往的沉淀可以帮助公司提升竞争力，使企业在数字化转型中先行一步。

7. 数据质量自动跟踪能力

数据在使用过程中往往有多部门多角色参与，各个部门会定义不同的数据指标、标签和使用方式，数据治理体系会越来越复杂。一旦数据无法跟踪，就会导致前端的数据应用出错，最终影响企业决策，让企业付出更大代价。数据中台可以避免出现以上问题，通过数据质量智能追踪和血缘分析，确保数据质量。

8. 数据融合打通能力

随着企业业务增长，发展过程中产生的内部数据与外部数据也会成倍增加，数据互联互通变得越来越重要。企业自身算力有限，数据之间存在屏障，形成数据烟囱，无法将数据资源转变为业务驱动力，严重浪费数据资源。数据中台将数据规范化，真正实现数据融合打通，后台技术部门能够随时支持、满足前台业务部门的需求。

9. IT 系统和 DT 系统风险隔离能力

OA、ERP、CRM 等 IT 系统在企业数据采集、管理方面发挥着重要作用。IT 系统的建设目的在于帮助企业管理、存储数据，DT 系统的建设目的在于帮助企业提高效率、深化服务，实现智能化精细管理。两个系统的目标、定位不同，若随意嫁接必然导致数据应用分歧。而数据中台的建设可以帮助企业隔离数据风险，确保系统互不影响。

16.2.3　数据中台的 3 种应用方式

下面详细介绍数据中台具备的 3 种应用方式。

1. 帮助业务部门灵活进行数据分析

数据中台改变了业务部门数据分析技术能力不足的窘况。在数据中台出现以前，业务部门因为缺乏技术能力，面对分析需求时只能求助技术部门。业务部门、技术部门、分析部门的沟通与配合会耗费大量时间成本和沟通成本，分散了技术部门有限的精力。

数据中台打破了数据的复杂格式，对企业的内部数据、外部数据、结构化数据和非结构化数据进行实时整合与分析，解决了数据应用过程中如何获取数据的问题，实现了数据共享。通过数据中台进行加工整理之后的数据直接输出到具体业务场景的应用端，例如保险销售可以通过数据中台反馈的客户信息定制个性化推销方案，在数据分析技术方面为业务部门开通了绿灯，业务人员可以自由地进行数据分析。

2. 帮助技术单元、业务单元、外部单元灵活创建应用

在 DT 时代，满足用户的需求是企业生产经营的首要目标。企业需要借助数据中台快速响应、探索、挖掘、引领用户的需求，基于数据中台开发的智能应用满足用户需求，从而创造更多利润。

企业内部技术部门、业务部门甚至外部供应商等第三方也可以基于数据中台完成应用的创建，及时、有效地响应用户需求，直接解决业务问题。数据中台帮助企业搭建行业生态共享平台，服务于企业内外部人员及上下游企业客户。

3. 技术部门可以不断构建应用能力，沉淀数据资产和价值资产

数据中台打通了业务、技术、资产，将分散、凌乱、重复的数据整合为有条理、有脉络的数据资产，技术部门使用数据资产可以形成持续的应用开发能力，同时推陈出新的应用产生的数据又为新应用的诞生提供了肥沃的土壤，两者形成闭环。

总而言之，依托数据中台构建的新应用可以帮助企业实现实时、自动、智能的数据应用。

16.2.4　数据中台乱象——假中台、伪中台、封闭中台

如今，数据中台受到数字化转型企业的追捧，市场上出现了很多所谓的“数据中台”，真伪难辨、乱象横生，如图 16-5 所示。

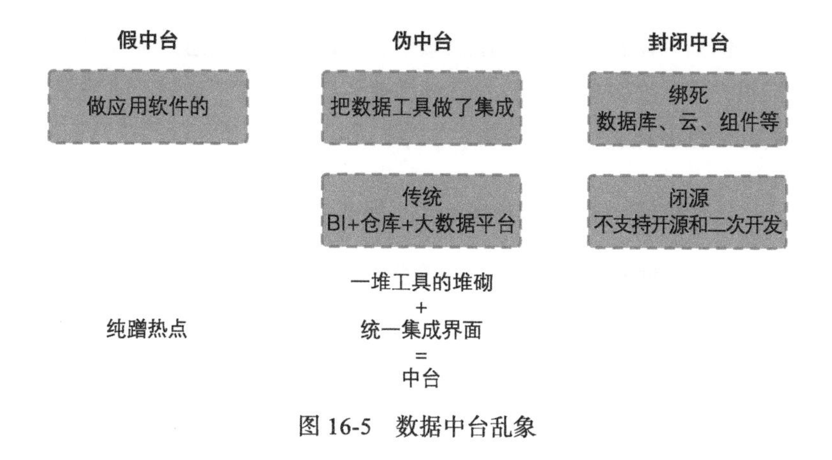

图 16-5 数据中台乱象

1. 假中台

某些软件厂商的产品与数据中台的概念有一定的相似性，便宣称是数据中台。这类“数据中台”空有其名，是假中台，无法满足企业对于应用数据的需求。提供软件服务仅仅是数据中台架构之下的一部分。

2. 伪中台

某些公司将 BI（商业智能）、报表、仓库、ETL、计算平台等数据工具集成，将最终形成的体系定义为数据中台。在智能手机普及之前，人们对于智能手机的理解并不清晰，单纯地认为智能手机只能拍照、打电话、玩游戏。一些商家借机推出有照相和录像功能的产品，将其定义为智能手机并销售给消费者。目前，包括伪中台在内的众多“数据中台”便利用了类似的认知偏差，将各种堆砌组合而成的工具定义为数据中台，造成了市场上“数据中台”概念混淆的局面。单从功能的角度来看，伪中台也能实现对数据的清洗、分析等操作，但是伪中台只能解决数字化转型企业的部分问题，无法做到深入的数据应用。数据工具的集成不是数据中台。

3. 封闭中台

封闭中台是一种具有较高风险的中台，此类中台有两个特点：一是不够灵活，当公司选择封闭数据中台进行数字化转型时，除了需要此类数据中台外，还需要购买其他的套件，例如使用某款封闭中台上云时，只能用此类中台旗下的云系统；二是不支持二次开发和开源的内容，封闭中台顾名思义是封闭的体系，而消费市场需要的是开放性的中台，应做到向上开放或向下开放。

CTO 在挑选数据中台时要慎重，避免被中台乱象误导。一旦中台选型出现错误，不仅会提高企业的转型成本，还会错失数字化转型的良机。中台相当于盖房前打下的地基，如果建造者在房屋搭建到某一阶段时才发现地基不稳，就需要推倒重来。

16.3 对数据中台的 10 个错误认知

随着企业规模不断扩大，业务发展多元化，企业管理层越来越重视利用数据提升业务的创新能力、经营管理能力。因此，能够加强数据利用率、提升各部门工作效率的数据中台应运而生。

数据中台与企业的业务发展方向、企业的组织结构、信息化发展程度等均有着紧密的联系，所以单纯地认为数据中台是工具、大数据分析方法或者组织架构等都是错误的。

市场上对数据中台并没有一个统一的定义，不同人对数据中台的定义都不相同。下面介绍对数据中台的 10 个错误认知，如图 16-6 所示，帮助企业深入了解数据中台，避免走入误区。

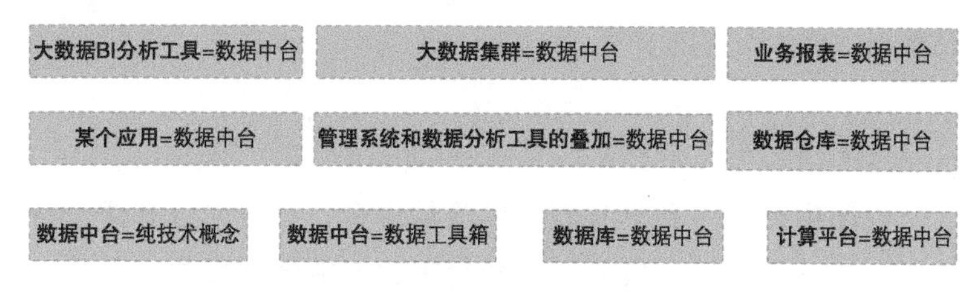

图 16-6　对数据中台的 10 个错误认知

1. 大数据 BI 分析工具 = 数据中台

数据中台的价值在于可以利用数据展示业务的进展及方向，用数据推动业务的发展、产品的创新、管理的提效。而大数据 BI 分析工具只是用数据展示业务内容，是一种总结性的业务数据分析。大数据 BI 分析工具无法对数据实现管理和产品创新，数据中台能为企业在数据采集、数据治理、数据挖掘、模型建立、可视化分析、应用开发等不同方面进行融合，将数据渗透到企业业务和产品的闭环中，推动业务创新，更加全面地应用数据、挖掘数据价值。

2. 大数据集群 = 数据中台

为了解决海量的结构化和非结构化数据的存储、恢复和高效运算，很多企业建立了分布式大数据集群。但数据中台并不等同于大数据集群，大数据集群仅仅是在建立数据中台底层数据存储和运算时用到的一部分技术架构。数据中台是业务部门和技术部门经过资源整合、能力沉淀后形成的。

3. 业务报表 = 数据中台

在企业日常运营中，成本报表、费用报表、财务预算、财务分析、进销存等一系列业务报表发挥着重要作用。但在企业管理中，业务报表仅限于对企业内部进行管理和监控，在企业外部维护用户、跟踪需求、更新业务和产品等方面发挥的作用有限。数据中台不仅能打通企业内部资源，实现资源共享，还可以助力产品持续创新、快速满足用户需求。相比之下，业务报表只体现了数据中台一小部分的价值。

4. 某个应用 = 数据中台

伴随着移动互联网在人们日常工作和生活中的渗透，基于移动网络提高个人生活质量的 App 越来越丰富，提高运营管理效率、提高企业竞争力的企业级应用也是层出不穷。各个维度的应用百花齐放，但这些独立的应用并不是数据中台。

数据中台从业务中台的数据库中获取数据，用清洗和分析之后得到的结果去支撑业务中台的智能化应用，这些智能化应用再将用户使用后产生的新数据流转形成闭环。可见，应用为数据中台提供研发数据，数据中台为业务创新和应用完善提供更多支撑。

5. 管理系统和数据分析工具的叠加 = 数据中台

企业在经营管理过程中会逐渐根据业务或者管理需求，添加不同类别的管理系统。这些系统存在的目的是提高员工工作效率，其简单的数据统计功能也能为企业搜集基础的管理数据。企业利用数据分析工具对管理系统中的数据进行分析，之后再将分析结果反馈给各运营部门，从而期盼以此种“数据中台”为企业管理建设提供更多指导意见，节省咨询专业数据中台供应商的费用。

殊不知，这并不是真正意义上的数据中台。管理系统和数据分析工具的搭配治标不治本，因为这样的叠加无法将各部门的数据打通，没有优化、总结共同资源，企业也谈不上部署了数据中台，更无法为数字化转型提供全面的服务。

数据中台不是一套软件系统，也不是一个标准化的产品。从企业的角度看，数据中台支撑企业实现业务目标，帮助企业沉淀业务。

6. 数据仓库 = 数据中台

还有人认为数据中台的搭建是通过 ETL[⊖]将业务系统的数据进行选择、清洗、转换后加载到数据仓库。由此，企业中分散、凌乱、标准不同的数据就可以整合到一起了。但是传统的数据处理方式只会形成更大的数据孤岛。数据仓库需要基于文件存储复制数据源，数据仓库本身也具备计算能力，可以为其他计算系统提供存储功能。

数据中台是数据和存储分离的。数据中台本身没有数据，数据来源于各类文件和业务系统的 API。数据中台拥有这些数据源的适配器，相当于建立了通向不同数据源的互联管道。

可见，数据仓库是数据中台的重要组成部分，也是元数据的重要来源。数据仓库并不代表数据中台。

7. 数据中台 = 纯技术概念

数据中台不是单纯的技术概念，也不是工具概念，其包含数据的共享服务、集中治理数据资产、数据改造业务应用等多方面内容。但数据资产是数据中台建设的基础资料，数据资产经过清洗、挖掘、分析、打包后，组合成模型，可以为企业提供数据服务、数据赋能业务，帮助企业解决不同维度的问题。同时，利用

⊖ ETL 是指将数据从来源端经过抽取（extract）、转换（transform）、加载（load）至目的端的过程。

数据重塑企业日常经营管理模式，可以帮助企业从根源上解决资源浪费、人员成本过高、业务更新慢等问题。

可见，数据中台的职责主要就是利用数据赋能业务，实现价值变现，其背后应用的便是信息技术。构建数据中台需要技术方面的介入，包括利用不同的大数据处理技术将企业底层数据进行串联打通，利用模型、算法等不同的数据分析技术融合具有业务关系的数据，这其中也包含了业务部门的沟通、梳理、调配，管理部门的组织调整、管理模式的变更等。因此，数据中台并不是纯技术概念，信息技术只是数据中台实现价值的工具。企业只有真正理解数据中台的本质，才能高效实现数字化转型，扩大盈利规模。

8. 数据中台 = 数据工具箱

数据分析产品、分析工具、仓库工具等集合在一起的工具箱并不是数据中台。因为每款工具的功能既相互交叉，又各自独立，工具之间无法协同一致。

工具箱的架构只是数据中台建设的部分环节，只能发挥各个工具的效果，作为简单的决策辅助和报表参考。而数据中台建设初期就要考虑到各个环节的无缝打通，确保后续的数据维护和数据质量，因为一旦某个环节的数据产生变化，其他环节的数据应及时自动修正，否则会导致用户决策出错，造成巨大的损失和影响。

一些国内大型互联网公司从国外购买数据技术产品，但在实际运用过程中并没有达到工具集合的效果，即使某一个环节应用效果良好，最终的数据结果也会出错，原因在于生产链条无法协调统一，数据维护门槛较高。

针对以上问题，传统的解决方案是做各种各样的中间表，但这样又会产生其他的问题。建立和维护中间表需要持续投入时间成本和资源，且人工维护难度大；当企业业务达到一定规模，需要改变中间表时，或许已经发生了人员变动，中间表无法修改，数据无法回溯。

阿里巴巴作为数据中台概念的提出者，针对以上问题也做了很多工作，比如开发数据血缘分析系统，梳理数据的血缘关系，维护数据应用的正确性。企业为了维护数据的一致性，需要开发更多复杂的应用产品，保证数据的质量。可见，数据中台并不是数据工具箱。

9. 数据库 = 数据中台

一些优质的软件产品在增设分析功能的基础上配备数据库，主要提供业务计算功能，这样的数据库并不是数据中台。这类数据库中用到的分析数据只是企业局部数据，而非全域数据，无法挖掘全域数据的价值。另外，企业因为面临不同的信息化发展周期，会沉淀较多的数据系统。数据库只是数据中台较低一层的系统，无法成为一个完整的数据平台。

10. 计算平台 = 数据中台

计算平台没有强大的数据治理体系，不能产生应用，也无法实现数据的联通、共享，并不是数据中台。

16.4　数据中台建设建议

现如今，数据已经成为企业提升竞争力的核心资源，企业在发展过程中要充分发挥数据的潜在价值，将数据变为企业的资产，通过数据发现企业存在的问题，改进企业的管理模式。

建设数据中台首先要明确目标。构建数据中台能取得什么样的效果？对于数据中台建设的预算投入是多少？企业的 CEO 和董事会要制定一个关于数据中台建设的详细规划。

建设数据中台需要统一数据源头和数据归集应用，对企业内部的数据资源进行整合、分析，将重复的数据剔除，减少数据重复建设，共享数据，提高业务响应效率，达到降本增效的目的。

企业对数据中台有认知误区会导致建设风险。建设中台需要考虑兼容的问题，需要变革技术架构和更新产品体系。一旦中台搭建错误，基于中台产生的应用也会出现问题，重新搭建的代价是非常大的。因此，企业要保障数据中台建设的正确性，并注意各个建设内容的迁移。

数据中台是完整的数据方案和解决思路，是阿里巴巴在完整的数据体系基础上，经过反复验证和试错而建立的，很多头部企业或中小企业缺乏海量且完整的数据基础，无法预测未来企业会出现什么问题，也较难设计出契合企业发展的中台产品。专业的数据中台建设团队能够将前沿的技术经验与行业发展情况相结合，保障中台架构建设的正确性和延展性。

16.5 数据中台建设的常见失败情况

很多企业在建设数据中台时容易走入误区，导致建设失败，以下为数据中台建设的几种常见失败情况。

1. 将数据中台建设成数据仓库

很多企业都是为了建数据中台而建，因而市场上出现了很多假中台、伪中台。最常见的失败情况是将数据中台建成一个大型数据仓库，将其定义为数据中台。这种“数据中台”属于伪中台的一种，只起到数据仓库的作用，并不具备完整的功能。

2. 数据中台不具有适配性

数据中台要根据企业自身的业务性质进行搭建。有些企业可能会购买现成的数据中台，但这种数据中台并不具备定制性，不能随着企业的发展同步满足业务需求。如果一家企业的数据中台在启用过程中忽略了运营、管理等组织的配合，仅仅依靠数据中台的技术能力，这种中台运用模式产生的效果会打折扣。

3. 将数据中台建设成系统

市场上很多数据中台供应商都在卖系统，企业使用一段时间就会发现效果并不理想。数据中台只是实现数字化转型的手段，而提升业绩才是企业转型的目标。企业需要基于数据中台这个手段构建自身的数字化转型能力和业绩提升能力。

第17章 数据中台的角色解读

一千个读者，就有一千个哈姆雷特。同样，数据中台对于企业内部不同角色的价值也不同，下面分别从董事长、CEO、CTO/CIO、IT架构师、数据分析师这5个角色的视角详细解读数据中台。

17.1 董事长视角下的数据中台

在数字经济时代，企业通过建设数据中台提升业务价值逐渐成为趋势。作为企业的战略制定者及最高领导人，董事长不仅要明白数据的价值，更要了解数据变现业务的核心技术，即数据中台。

随着市场环境变化，数字化转型之路也会发生变化，实施方法论也会改变。从早期的数据管理平台到后来的客户数据平台，再到如今大热的数据中台，这些工具成为企业探索数字化转型的抓手。董事长在布局数字化战略转型之际，需要紧跟市场发展，积极了解各个方法论的“前世今生”。

数据中台是企业数字化转型的新晋解决之道。董事长可从以下两点明确数据中台的价值。

1. 数据中台的服务价值

数据中台要服务具体业务，以满足业务需求为目标，优化用户体验。数据中台要基于用户的需求，以数据与技术手段重塑采购、研发、生产、销售、消费者溯源等各个环节，让“数据业务化、业务数据化”真正落到实处，实现企业的数字化转型。

2. 数据中台的连接价值

进行数字化转型的企业可利用数据中台实现技术与业务的连接，打通数据壁垒，帮助企业实现精细化业务管理。

相比传统的通过调研公司采集用户数据的方式，大数据处理具有效率高、反馈快的特点，企业通过数据中台可以更好地实现“数据驱动业务”的目标。企业在进行数字化转型时需要不断汇聚多个数据源，建立以用户为核心的数据平台，基于平台提供的数据模型和应用为前端业务提供多种能力。

可见，在企业的数字化转型初期，构建以用户为中心的数据中台是董事长带领企业进行数字化转型的优选。

17.2　CEO 视角下的数据中台

作为企业数字化转型的总负责人，CEO 需要明确数据中台在企业转型中的作用，了解转型需要的核心能力，利用数据中台成功转型。

CEO 应从以下几个角度解读数据中台。

1. 数据中台实现资产沉淀

在中台概念强势输出的背后是企业数字化转型的真实需求。对于 CEO 来说，数据中台的第一个价值在于实现资产沉淀。面对数字化转型浪潮，CEO 在数据管理和应用方面，如果仍然采用每款产品分配一套软件系统的传统 IT 建设思路，会为公司带来巨大的资源浪费，并且无法让数据资产沉淀。

数据中台将可复用的业务逻辑和可沉淀的业务数据统一留存，真正实现沉淀企业数据资产、模型资产、算法资产、数智应用资产和会员资产，这样不仅降低了前端业务的迭代成本，还提升了数据驱动业务的价值。

2. 数据中台快速响应需求

对于企业来说，在以用户为中心的现代商业竞争中，快速响应用户需求的能力是最核心的竞争力。这种能力可以帮助企业在商战中取得先机，先发制人。CEO 需要思考企业在解决用户问题时如何才能更精准、更智能。而数据中台恰好具备了这种能力，它可以快速响应前台业务的变化。数据中台凭借海量的数据存储、计算、产品化包装等能力，为前台基于数据的定制化创新和基于数据反馈的持续演进提供强大支撑。数据中台敏捷的组织性能、平台化的架构能力可以灵活快速地响应业务单元需求的变化。

3. 数据中台帮助企业降本增效

在大数据分析与应用全面爆发之际，CEO 不仅要思考数据如何驱动业务，也要思考如何为企业建立一套完整的体系，实现数据赋能业务，在创新中用更低的成本、更高的效率为客户提供更好的服务。数据中台可以帮助企业将底层基础设施、中台和顶层业务形成完整闭环，以业务、服务、数据、资产为基本框架，由上到下建立数据智能管理应用体系，帮助企业 CEO 构建数据资产化和应用增值的战略体系，确保企业在复杂多变的商业环境中快速沉淀数据资产、形成数据组织能力，帮助企业做出明智的决策、提高运营效率。

17.3　CTO/CIO 视角下的数据中台

CTO/CIO 是企业数字技术架构的规划者和设计者，在他们看来，数字化新型技术可用于收集客户数据、迭代创新产品、提升服务质量、提高运营效率，而要想真正实现数据赋能业务，就必须建立数据中台。

在市场不断变化、产品模式不断更新、用户增长日益困难、粗放式经营模式执行遭遇阻力时，打造以业务驱动为目的的数据中台是企业突破与转型的重要途径。

CTO/CIO 可从以下角度解读数据中台。

1. 数据中台可集中 IT 人员的精力

在企业内部，IT 资源和 IT 人员的精力都是有限的。一般情况下，有两项工作在消耗 IT 人员的精力：大量、烦琐的数据分析工作和大量的数据治理工作。建设数据中台可以帮助企业打破不同系统间的数据烟囱，保障数据健康。数据中台以技术的方式自动解决数据质量问题，将 IT 人员从沉重的工作中解脱出来，让他们有充足的精力研发更复杂的应用。

2. 数据中台可实现数据支撑到数据驱动的转变

数据中台对 CTO/CIO 来说，另一个价值在于实现从数据支撑到数据驱动的转变。以前，IT 部门的角色更像是一个实现业务部门需求的支撑部门。业务部门提出需求，IT 部门采用各种方式加以实现。但有时候业务部门的需求是不明确的，该需求能否最终实现、能产生何种价值，业务部门并没有十足的把握，所以业务人员常常会变更需求。IT 人员本身就对整体需求一知半解，因为业务人员不断变更需求，IT 部门不得不重复开发、重复维护，完全处于被动的地位，只能起到技术支撑的作用。

通过中台架构，企业可以建立以数据驱动业务为核心的数据应用模式。IT 部门可以以数据驱动为宗旨，为整个项目服务。数字化人员可以理解业务部门的需求，帮助业务部门创新。这个业务创新的过程是在整个项目内驱动的，会让 IT 人员在具体开发某个应用场景时也能有全局思路。当企业以数据驱动项目开发时，IT 人员可以更深刻地理解整个项目的价值，更准确地了解业务部门的需求。因此，数据驱动业务会让整个 IT 团队的工作效率和业务价值贡献率越来越高。

17.4　IT 架构师视角下的数据中台

明确数据中台对企业的价值将帮助 IT 架构师理解 CTO 制定的中台架构设计方案，在搭建中台的过程中形成清晰的行动计划，保证中台建设路线不偏离。

技术是为业务服务的，从提高对前端业务响应速度的角度分析，IT 架构师可从以下几点明确数据中台的价值。

1. 加速挖掘数据价值

IT 架构师利用数据中台可以快速响应前端业务部门的需求，整合数字化技术和数据等资源，为产品创新、业务赋能提供一种运营机制，从而更好地为前端业务部门服务。

2. 简化数据使用流程

数据中台不仅可以快速开发应用、快速挖掘数据价值，还可以帮助业务部门更快地响应用户需求。以往业务人员查询某项数据结果时，需要历经多个烦琐的技术环节，而这些对于业务人员来说操作难度较大。数据中台具有模块化、定制化的数据服务，可以快速满足业务部门的数据需求，从整体上提升需求响应效率。

3. 统一数据底层结构

企业在运营过程中会根据不同的业务需求开发不同的应用产品，配备不同的产品开发项目组。这些应用产品依赖 IT 架构师设计的整体系统架构，架构是否稳定、安全、高效，是否方便产品开发项目组和业务人员使用是非常关键的。

以前，产品开发项目组在研发产品时可能会从 IT 架构师设计的系统内调用数据模型和数据服务，但是他们对底层的数据结构和数据标准不甚了解，最后产品研发的周期各不相同，有的交付快速、质量优良，有的开发滞后，不能跟上市场需要。这说明产品开发项目组在研发产品时，需要统一的数据模型和数据服务调用机制。这样的技术便是数据中台。

数据中台建设之初已将多域数据进行清洗，分门别类地存储好，按需产生的数据服务和能够复用的数据能力可以提供统一的调用和共享功能。这不仅在项目开发前期保障了数据质量，还减少了 IT 架构师在项目后期修补漏洞、更改架构的重复工作。

作为数据中台架构的搭建者，IT 架构师需要明确数据中台并不是简单地将产品、用户、数据权限等可共享的模块进行组合，而是以业务发展为核心，以数字技术为支撑，整合业务方面的各项数据，形成解决业务问题的平台。因此，IT 架构师在构建数据中台的过程中要基于战略思维、数据思维和应用思维等角度统一业务愿景，设计数据地图和应用地图，进一步规划企业的数据中台演进路线，全面挖掘数据和业务的潜在价值。

同时，IT 架构师要明白数据中台提供的是业务解决方案，中台需要具备灵活多样的响应速度，要依靠底层完整、干净的数据形成模块化的数据服务和产品，并结合业务特性为前端业务提供持续动力。这不仅是 IT 架构师中台落地的执行法则，也是夯实自身数据、赋能业务能力的核心要义。

17.5　数据分析师视角下的数据中台

数字经济时代，企业需要快速响应用户需求，这种快速响应的能力需要借助平台的力量。

数据中台技术可以实现分析用户购买行为、分析消费场景、分析用户购买喜好等业务场景化的数据分析，打通各业务体系和产品线的数据，进行计算、存储、加工，形成数据产品和服务，从而真正实现数据智能应用。

分析、挖掘海量数据背后的价值，这就是数据分析师的工作内容。对于数据分析师来说，数据中台的价值主要体现在以下 4 点。

1. 实现数据打通

数据中台可以打通数据孤岛，形成数据闭环，构建企业数据资产，为数据分析师提供稳定、持续的数据赋能业务的生产能力。数据中台可呈现全域数据，令数据分析师的分析维度更全面、分析结果更准确。

2. 减少数据准备时间

数据中台将数据进行统一处理、存储并形成数据资产层。数据资产层可以为业务人员、数据分析师以及其他需要数据的人提供现成的数据应用服务。数据分析师在分析某个需求时，不必再进行数据清洗等工作，可以直接从数据资产层选择需要的数据。

3. 专注复杂的数据分析

在数据中台未搭建前，数据分析师和 IT 技术人员可能会面临这样一个问题：总在不断应付业务部门简单的数据分析需求，没有精力分析更为复杂的业务问题。建设数据中台之后，架构在中台之上的数据应用为业务部门使用数据提供了很大便利，业务人员不需要再借助技术人员和数据分析师的能力，可以自主完成简单的数据分析任务。这为数据分析师提供了更多的时间，让他们可以专注分析更为复杂的业务问题。

4. 单点业务改动不影响整体

数据中台实现了数据打通，为数据分析师后续的数据分析任务提供了保障。即使某一个业务模块的数据发生了变动，数据分析师只要进行相应的微调便可以保证分析结果准确，不会影响最终的分析效果。

作为前端业务需求和后端多维数据关系的连接者，数据分析师视角下的数据中台更多是从应用分析的角度出发所搭建的三层平台，如图 17-1 所示。

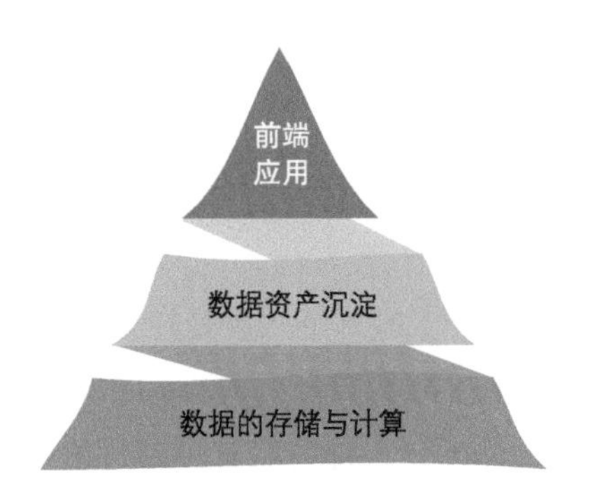

图 17-1　数据分析师视角下的数据中台三层搭建理论

在数据中台搭建的分层结构中，数据的存储与计算层的核心技术是将大数据技术合理地融入数据平台中。该层主要将企业内外部不同方向和领域的信息化管理数据进行融合并存储，利用分布式计算等数字技术对数据进行分类和加工，使其成为有规律、有逻辑、有内涵的数据信息，为二层数据资产沉淀奠定基础。

从数据分析师的角度看，数据资产沉淀层首先要将企业的垂直业务数据进行接入、融合和汇总，并根据不同的业务板块、组织结构和分析维度构建公共数据中心。然后，根据业务性质、客群特征等不同属性重构数据体系，结合智能标签、智能算法等技术构建数据萃取中心。最后，根据不同的需求，对数据进行分析、管理，并且构建数据地图。经过这样一个完整的过程形成数据资产，数据资产的形成利于后期数据分析师对数据的整体使用。

以银行业数据中台为例。首先将储蓄、贷款、CRM、理财、信用卡、手机银行等银行业务所产生的互联网数据接入数据中台。接着将数据划分为交易数据、理财数据、风控数据、客户数据、金融产品等不同模块，形成一个公共、开放、共享、可调用的公共数据中心。然后，将银行打包好的各个模块的数据进行算法加工、标签化处理，形成体系化的数据，构建数据萃取中心，待前端应用层提取。在这个过程中，技术人员根据不同的业务需求，对数据进行研发，研发过程中需要规范不同的数据指标，构建不同的数据模型。

在数据分析师看来，前端应用层是较为熟悉的一层，也是展示自己工作成果的地方。前端应用层以不同的数据产品展现数据分析结果，主要由数据分析师完成。不同行业的业务性质不同，会有不同的数据产品，譬如银行可能有网点画像、理财产品、用户画像等，这些产品的推出离不开数据分析师。

前端应用层的核心在于分析业务场景、形成各种应用。数据分析师根据业务需求对数据资产沉淀层的数据进行分析，挖掘数据价值，从而研发应用产品，最终将其应用于企业的日常经营与业务拓展。消费者的业务场景是千变万化的，数据分析师需要根据多变的场景随时调用数据服务，赋能前端业务。因此，保障数据质量非常关键，这也是数据中台的价值所在。

数据中台改变了传统的单人分析、单人调取数据、单人汇总结果的作业模式。数据中台推动企业自上而下多个部门进行资源整合，以全域业务的视角分析用户需求、解决业务问题，促成各部门协同作战。数据分析师面对的不再是单打独斗、背后无人的局面，他们背靠强大的数据中台架构，可以随时调用、共享、提取高质量的数据服务和数据资料，集中精力潜心研究前端业务问题，为提高企业的整体运营效率发挥效能。

18 |第 18 章|

数据中台五要素

数据中台的五要素是数据、业务、算法、应用和组织，这五要素是做好数据中台的基本要求，也是帮助企业合理运用数字化平台的重点。

18.1 数据

伴随移动互联网的发展，数据量呈爆发式增长，不同规模、不同类型的企业都面临数据质量问题。多变的用户需求和商业场景也增加了数据的复杂性。企业在使用数据的过程中，很多时候需要从外部渠道采集数据，但这些数据的来源和结构的可靠性无法得到保证。数据信任危机已是企业面临的共性问题。企业在数字化转型过程中，必须采取一定的措施来解数据质量问题，以保证使用数据的结果。当企业的业务结果受到低质量的数据影响时，可采取一定的措施治理数据，改善数据质量。

18.1.1　构建数据资产管理体系

CDO是企业数据资产管理的推动者，对数据治理、提高数据质量负有重大责任。因此，CDO需要带领数据治理团队，采取一定的策略和措施，实现数据跨部门共享、统一数据定义，使公司内外部可流畅使用数据。

1. 梳理数据来源

数据有四大来源，即IT系统数据、外部系统数据、互联网补录数据及数据融合，下面分别进行详细介绍。

（1）IT系统数据

这里的IT系统是指企业内部的信息化管理系统。企业数字化转型需要将内部多个IT系统内的数据进行打通和梳理。

（2）外部系统数据

外部系统数据是指企业的供应商、合作商、集成商等合作伙伴的数据。汇集这些数据可以帮助企业形成全域数据中心，以全景数据的角度考量整个企业的运营、管理情况。

（3）互联网补录数据

如果企业的内外部系统无法完全满足业务需要，可以进行补录网络上公开的数据，行业内常称其为“填数据”。比如针对某个产品使用属性进行标注，以一定的合法技术手段获取网络公开数据，丰富用户数据。

（4）数据融合

以合法、合理的方式与其他数据供应商合作，或者通过各种合法合规的数据市场进行数据融合。从运营商数据到线上店铺数据，再到工商数据，任何组织都可以通过合法合规的渠道获得数据。

2. 创建数据管理条例

数字化转型企业都应该建立一套数据驱动业务的条例，详细规定数据出处、数据使用对象、数据审批流程、数据应用方等，以便有效管理数据，让企业达到数据赋能业务的目的。

3. 打造数据目录，管理数据资产

数据目录可帮助不同部门共享数据。在维护数据目录时，CDO 等数据治理团队负责人可建立业务便捷使用机制，评估上游数据的治理情况，记录下游数据分析应用的使用情况，同时跟踪数据在不同产品方面的流转。打造数据目录可以帮助数据管理团队更好地识别潜在的数据质量问题。

4. 建设合规数据

企业应分门别类地对数据进行存储管理，如主数据管理、遗留数据整理，从不同类别的数据中提取共同特性，比如保障数据隐私、出具数据定义、监管数据资源。同时，数据来源是多样的，意味着数据的使用面临着风险。如果数据管理不善，在使用数据的过程中会面临违反合约、侵犯隐私等风险。企业业务线越复杂，需要考量的数据安全使用问题就越多。因此，对数字化转型企业来说，有必要设立数据风险控制职位甚至部门，对数据丢失、数据隐私保护、企业数据声誉等环节加以管理。

5. 建立数据管理委员会

建立数据管理委员会表明企业重视数据资产管理。数据管理

委员会的任务是创建数据资产管理体系，以一套规范性的体系来监督、管理数据资产的应用情况，即监控数据赋能业务的进程、价值等，从而为企业数字化转型提供有针对性的建议。

不论是 IT 部门的技术专家还是业务部门的主力，都比较关注数据价值，数据管理委员会应联合这些对挖掘数据价值感兴趣的人共同进行数据管理，赋能一线生产。

6. 出台数据资产管理办法

企业数据多样，也是公司的重要资产，数字化转型企业需要运用一定的数据管理办法加以管理。

18.1.2 建设数据质量体系

在数据智能运用的道路上，数据烟囱、信息孤岛遍布。由于顶层设计的缺失及历史原因，企业的各个业务系统、管理系统等的数据壁垒问题严重。另外，由于所用技术不同、开发团队水平不一、开发平台和工具不统一、缺乏规范的数据管理标准，各个系统间的数据难以兼容及集成，数据无法共享，造成一定的数据存储成本及数据管理成本的浪费。

此外，在“建治用”的主流数据治理思路下，数据治理仅仅关注数据事实及数据逻辑，只是为了完成治理的目标而进行数据治理，没有形成数据闭环，也没有形成共享模式，数据治理结果不能帮助业务部门达成业务成果，无法为业务部门挖掘更多商机。在一些企业中，数据治理工作依靠人工完成，具备一定技术实力的研发人员将大部分精力放在人工梳理数据上，这一方面造成人力资源及时间的浪费，另一方面容易产生人工疏漏，无法保证数据正确，极易导致数据信任危机。

因此，对于数字化转型企业来说，追溯数据来源、统一数据定义、分类数据存储、消除无效数据，可以降低数据管理成本，规避数据应用的法律风险，降低产品维护及开发成本。

那么应该如何正确治理数据呢？

1. 整理业务规则，统一数据定义

在企业数字化转型过程中，对数据的共同理解与解释至关重要。数据质量问题通常是指同一数据集被解释为不同事物，或者不同数据集被解释为相同事物。无论是业务还是技术元数据，根据业务属性明确数据定义对于提高数据质量相当重要。企业可令数据治理团队运用一定的数据管理应用程序完成业务规则的梳理和数据定义的统一。

2. 跟踪外部数据来源

面对竞争激烈的市场环境，企业数据应用的方向不再局限于内部数据，更多着眼于第三方数据，这成为构成分析解决方案的要素之一。无论是合作伙伴数据、供应商数据还是互联网开放数据，都可以提升企业获取新业务价值的资源。然而，依靠传统的数据治理方式并不能追溯数据的真实情况。即使能够确定数据质量，也不能保证数据源头是固定的。因此，数据治理团队有必要建立一个可行的模式，以保证外部数据的正确性。

3. 确认影响业务的关键数据指标

在商业场景中，业务需求、业务流程、业务绩效等是关键数据指标。为了衡量一款产品及服务是否能够满足市场需求，必须采用一定的企业绩效指标。不完整、不准确的数据可能导致客户投诉，因此客户流失率、KPI 等数据指标的梳理及确定至关重要。

4. 分析关键业务的数据质量

在确定了企业内部影响业务的关键数据指标后，数据治理团队还需要了解企业内支持关键业务流程的系统及程序的数据质量。在梳理过程中，数据治理团队可以采用数据分析工具预测数据分析模型，在较短时间内了解数据质量。也可以创建针对数据存储库运行的脚本，解决高级别的跨应用数据分析需求。

5. 创建数据自动化管理调控体系

在数字经济时代，众多企业纷纷举起数字化转型的大旗，但大多数企业的数据体系都无法帮其实现数字化转型。数据治理团队应建立自动化管理体系，把关数据治理到数据应用的整个流程，在绩效考核、分析决策、基础数据质量之间建立明确的自动化反馈机制，以业务结果反馈数据治理效果。

6. 检测数据质量对业务的影响程度

凭借专业的数据质量分析工具，数据治理团队能够测试数据质量，识别异常数据，以便开展有针对性的数据处理工作。通过业务影响程度测量数据质量，可以帮助企业有效筛查无价值数据，提高数据质量。

另外，数据质量的检测应该是长期存在于数据应用过程中的。一旦企业决定进行数字化转型，就必须定期评估数据质量对业务结果的影响，并且随着新业务场景的出现，对数据质量评估的重点和方法作出相应调整。

7. 听取、沟通业务需求，有针对性地治理数据

数据治理团队在对数据进行清洗治理时，首先不要妄图通过数据治理立即解决所有问题，而是应该认真听取业务部门对数据

的需求，通过有效沟通，确定行动计划，探索数据内部潜在的问题，为分析决策提供支撑。

8. 创建数据质量动态感知台，监控数据治理进程

数据治理团队一般会通过定期会议或者小组讨论等形式同步各自的数据处理进度。但是定期的会议汇报无法随时了解数据治理进程，因此数据治理团队可以创建数据质量动态感知台。数据质量动态感知台可以根据 KPI 和关键业务操作流程制定数据质量的绩效。在某些需要调整的地方，数据业务分析师可以与 CDO 沟通调整治理路线和重点。

成熟的数据业务分析师可以帮助企业进行数据管理，积极监控、提高数据质量。数据质量动态感知台可以帮助企业管理数据风险，创造更多降低运营成本的机会。

9. 建立学习—分享—培训机制

数据治理团队中各成员分工不同，所处理的数据模块也不相同，每个人遇到的数据质量问题都不同，而个人解决起来困难重重。因此团队负责人需要建立一套学习—分享—培训机制，团队成员可以将发现的数据问题及时共享给团队其他成员，一起讨论数据治理的解决措施，帮助团队成员提升自身能力。

10. 避免“IT 怪圈”

数据治理团队如果没有完全打通企业的内外部数据，业务部门的需求便不能随时得到满足，数据治理团队就会进入 IT 怪圈。首先，前端业务场景不断变化，业务部门需要随时响应。期间，业务部门会不断向技术部门提出各种工作需求，即使有些业务需求简单到并不需要技术人员操作，只须简化数据治理的流程或步骤即可，

但由于数据治理得不彻底，技术部门不得不随时响应低端需求。

业务场景是瞬息万变的，用户的需求需要随时被满足，技术部门疲于应付前端业务部门低端的需求，导致业务需求响应慢，结果并不令人满意，甚至延误了商机。如此循环下去，技术部门将陷入 IT 怪圈，无法抽身。

18.2　业务

对于业务来说，一切不能驱动业务发展的技术投入都是浪费资源。业务覆盖企业各个部门、不同角色、不同业务场景。由于前端用户的需求多变，业务也在发生改变。

数字化业务是通过数字技术颠覆、重塑整个商业体系，从而创造新的业务形式，即智能商业。智能商业以看得见的数字技术为企业提供便捷、智慧的运作流程和赋能价值。支撑智能商业的数字技术，譬如数据中台，是以企业看不见的形式为其服务的。这些看得见的能力与看不见的技术共同构成了企业数字化转型的基石，如图 18-1 所示。

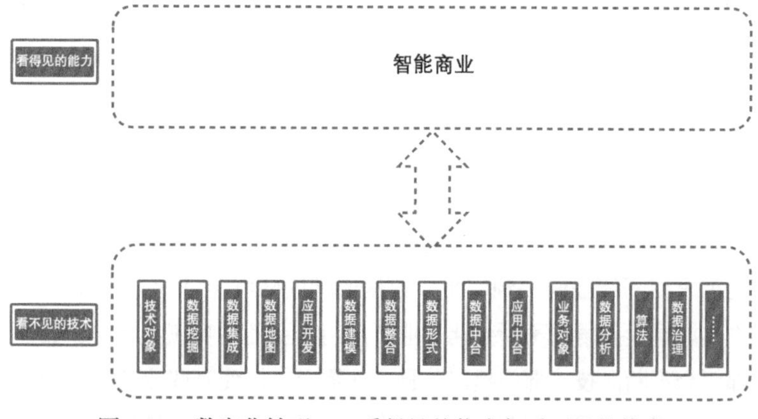

图 18-1　数字化转型——看得见的能力与看不见的技术

能够促进经济活动产生效益的技术投入必然能够驱动不同业务场景的运转。在数字经济时代，智能商业的技术投入主要是数据中台。

作为企业数字化转型的关键技术，数据中台可以通过对互联网用户、物联网设备、企业业务逻辑、业务单元等商业要素进行重构，提高整个数字化业务的效率，达到企业创收的目的。

1. 强化数字化业务逻辑能力

企业具备清晰的数字化商业业务逻辑，可以大大提高数据信息的应用效果，而这也是技术进步的主要来源。企业使用数字技术开展标准化、自动化的业务流程，使应用数字化业务的过程更有效率，但这离不开商业业务逻辑能力的配合与加持。在数字化转型过程中，企业应该培养团队的数字化业务逻辑能力，促使团队积极地将这一能力运用到业务创新和产品研发中去。

2. 确立数字化业务单元

2020 年，除了金融能力、行政能力等常规技能外，企业领袖还应具备数字领导能力。在企业领袖的带领下，数字技术架构师建立数字化的业务单元架构，提高企业的数字业务能力。

18.3　算法

在数字商业环境中，算法业务对于数字经济的增长至关重要，但是对于企业领导者来说，将算法应用于商业业务仍然有难度。如今，以算法推动业务智能化成为一种趋势，随着这种趋势的发展，算法业务将迎来更高水平的决策自动化，各企业开始高度重视算法的开发和应用。

在未来 10 年，全球超过一半的大型企业将会用先进的分析和专有的算法提高竞争力。对企业来说，了解算法在组织架构中的价值、制定配套的工作流程体系是非常关键的。

1. 了解算法的分类

建设数据中台需要根据行业的不同特点构建应用算法。常用的算法大致可以分为三类：数据统计、数据挖掘和人工智能。数据统计包含常用的统计学算法；数据挖掘对数据进行关联分析，常用的有聚类分析、相关性分析等；人工智能的核心是机器学习。人工智能包含统计学、概率论、基本数据挖掘算法等基础内容，通过重新组织不断改善自身的性能。

2. 算法在组织架构中的汇报关系

算法模型应服务于业务，而不是服务于技术。通常在组织架构里会出现以下 4 种汇报关系。

1）负责算法的人直接由 CDO 管理。

2）一些公司可能会设立首席分析官、首席算法官或首席科学家这类职位，让其带领团队研究各种算法。

3）算法团队向 IT 部门汇报算法模型。

4）算法团队向运营部门、营销业务部门汇报算法模型。

以上汇报关系都不能达到算法应用的预期效果，所有的算法信息应该向业务部门汇报，而不是向传统的 IT 部门汇报。算法团队可以与业务部门合作，研究使用哪些算法来驱动公司发展。同时，算法团队需要对现有的算法进行编目，确定现有算法如何工作。

3. 制定一套完整的工作流程

企业要制定一套关于算法的完整工作流程。

1）算法团队应该将人员、流程、数据、技术整合成一个可以协同、有效合作的单元，以便将算法应用在不同的业务上。

2）算法相当于一种无形资产，要形成有效的算法模型管理框架，同时要编制算法目录，盘点现有的算法、外部开源的算法及第三方供应的算法。

3）要形成独有的算法去管理算法市场，对未来要开发的算法进行优先级排序，根据排序配置人员和外部资源，并提前做好预算，占领算法市场的先机。

18.4　应用

企业要针对不同的客户定制专属的数据应用系统，简称数据雷达。数据雷达不仅可以帮助企业快速作出决策，还可以提高工作效率、降低经营成本。企业在深入推进数字化转型的过程中会构建多种多样的应用。

18.4.1　数字化应用的作用

不同种类的数字化应用可以帮助企业解决各种问题。

1. 指导企业进行决策

数字化应用系统含有多种应用，有些应用可以帮助企业记录和提取数据，对数据进行分析；有些应用可在用户数据的数量和质量都达到一定程度时进行深度挖掘，企业可以利用这些实时的数据分析与挖掘应用产生的结果进行快速决策。

2. 为企业提供更多销售机会

数字化应用系统能够实时地为企业提供所需的信息，企业可以从不同维度清晰地了解用户细节，将这些结果通过不同的形式展现出来，发现更多销售机会、挖掘更多潜在客户。数字化应用系统不仅可以帮助企业制定用户关系管理方案，还可以帮助企业维护客户关系，满足客户个性化需求，在不断提高用户满意度和销售业绩的同时，将用户资源牢牢掌控在自己手中。

3. 提高企业管理效率

企业的数字化管理其实就是借助计算机和网络技术、运用数字化手段实现管理。一方面，数字化应用系统是把先进的管理思想落实到实际的应用中，帮助企业更加快速、准确地做出决策，提高企业管理效率，避免因决策时间长、决策困难而延误商机。另一方面，企业可以通过数字化应用系统有效管理自身发展过程中的多项数据，提升数据真实性，加快数据与信息的交流和传递，对不同业务进行数据化处理，实现高效的数字化管理。

4. 降低企业经营成本

创新的数字化应用系统可以帮助企业降低经营成本。企业通过数字化应用系统对市场进行分析，根据市场动向调整发展战略和目标，避免在对市场需求不够了解的情况下盲目发展。

企业通过数字化应用系统可以分析客户的购买意向、购买行为、购买频率及可能接受的购买金额，据此将客户进行细分，有针对性地进行产品销售。

数字化应用系统可以对产品相关的数据进行分析，帮助企业了解市场对该产品的需求度，确定产品的研发方向，从而节约开发成本。

18.4.2　构建数字化应用系统

目前，市面上的数字化应用系统很多，不同行业、不同规模的企业的需求各不相同。如果构建的应用不能满足企业需求，不仅无法发挥作用，反而可能给企业带来不必要的麻烦。因此，企业要结合自身的发展方向、战略目标、企业规模、人员结构、行业特点、产品特性构建适用于自身的数字化应用系统。

1. 结合六图法构建企业的数字化应用

企业在构建数字化应用系统时可以结合本书第 11 章的六图法理论，从战略、业务、需求、应用、算法、数据 6 个角度进行衡量和评估。可以说，六图法便是企业数字化应用系统的构建过程。

2. 形成低成本、高效率的应用构建状态

许多企业不敢构建应用系统是因为每个应用的产生成本太高。企业在构建数字化应用系统时要通过数据中台等技术手段，建立应用开发制度，让应用开发流程更加简化、流畅、便捷，节约开发成本。

3. 形成完整的数字化应用体系

数字化应用体系可以帮助企业解决问题。很多企业的应用都存在一定问题。有些企业可能投入了大量资金，但研发的应用却发挥不了价值。这是由于企业没有形成良好的数字化应用体系，没有加强各个应用之间的联系，企业只是分散地、随机地研发应用。这不仅造成每个应用的数据孤岛，还使得共性功能不可复用，浪费后期维护成本。因此，企业需要结合自身的经验形成完整的数字化应用体系，加强各个应用之间的联系，从而帮助企业

快速高效地生产应用，赋能前端业务。

总而言之，企业在构建数字化应用系统时，不仅要参考六图法，还要形成可低成本、高效率地产生数字化应用的状态，并将各个应用系统之间的数据打通，形成完整的数字化应用体系，从而持续为企业数字化转型提供动力。

18.5　组织

依托数字技术全面提升敏捷性、决策力、员工参与度、创造力及自主性，是企业数字化转型的迫切需求。数字商业时代要求的互动、创新等主题让企业不得不从上到下、从管理层到基层组织都建立相匹配的组织架构及人员分配。因此，强调用户响应度及组织成员专业能力的敏捷组织以及数字化专业人才，成为数字化转型企业的标配。

18.5.1　解锁敏捷组织建设方式

传统组织与敏捷组织各有优势，传统的自上而下的组织结构有利于信息及资源一致下达与彻底执行，而新型的以任务为目标的敏捷组织则更强调响应度及成员的专业能力，但敏捷组织能力的构建无法一次成型。企业想要组织具备数据分析和智能决策能力，需要采用不同的方式来达成。

1. 数据分析部门转变为跨职能部门

传统企业的组织架构由数据部门、IT 部门与业务部门构成，每个部门根据部门定义开展工作，上下级员工、部门与部门之间的角色定位主要是指挥与控制。在数字化转型背景下，作为企业数字化的主要实现者，由数据科学家、数据建模师、数据分析师构成的数据分析部门将由独立部门转变为具备多种技能的跨职能部门。由此赋予每个团队专业的数据专家能力，令团队成员能根据任务规划，灵活应对执行过程中出现的问题，及时做出响应，协作完成任务。

传统的组织模式依赖数据科学家、数据建模师和业务分析师等不同岗位的数据技术处理人员完成特定项目。一个项目从发起到交付，需要多名数据技术专业人才完成各环节的工作。在主张为客户提供个性化分析解决方案的数字时代，这种流程烦琐、项目周期长的工作模式将被淘汰。

敏捷组织下的工作模式强调组织成员共同创建分析内容，跨职能团队可以身兼多种角色，但数据集成能力、数据分析能力和业务领域知识是团队成员都必须具备的。这种跨职能的敏捷组织既能分散，又能集中，有利于资源共享。同时，敏捷组织可针对相关需求，更快地完成项目迭代更新，及时满足前端用户多变的分析需求。

2. 组织成员需具备业务与数据的双重能力

敏捷组织打破了传统组织模式下各岗位各司其职，对其他岗位职责知之甚少的状况。不同于传统组织成员工作职能固化，敏捷组织成员的工作职能具备一定的交叉性。这对于数据分析人员和前端业务人员来说尤为明显。

数据分析师一般分为业务和技术两个方向，二者的工作内容不同。业务类数据分析师一般分布在市场部、销售部、运营部，其工作内容是根据数据报表编写总结报告、规划方案。技术类数据分析师一般隶属于 IT 部门、数据部门，根据工作环节可分为算法工程师、可视化工程师等。数据分析师的工作内容各自独立，技术类数据分析师不懂业务，而业务类数据分析师不懂技术。

在移动互联网时代，前端业务场景不断变化，意味着数据来源复杂、加工环节烦琐、计算方式不断更新。对于业务类数据分析师来说，首先要面对技术盲点，业务需求的业务逻辑决定着数据分析的维度及字段，不同的数据指标要对应不同的业务字段；对于技术类数据分析师来说，因对业务根源缺乏了解，会面临数据质量无法保证、关键字段无法弥合、业务分析需求无法实现等问题。

只懂营销、不懂数据技术的业务类数据分析师，和只懂技术、不懂业务分析原理的技术类数据分析师，在敏捷组织模式下，均可以通过组织培训、项目经验的积累完成角色互换与交融，真正获得“数据科学家”的能力。

3. 构建具备描述、诊断、预测、预警能力的组织体系

敏捷组织特有的灵活性并不意味着组织内部工作会无序、失控，敏捷组织在有效建立各部门的连接与交互能力的基础上，还需要建立一套利于数字化任务快速、有效完成的体系。这便是具备任务描述、诊断、预测、预警的组织体系，可帮助企业在数字化任务实施过程中更为有序、高效、精准。

在需求描述阶段，项目负责人应该十分清晰任务要达成的目标，设定任务完成过程中各个阶段需要达到的效果，在实施过程中随时监控完成情况。假如在某个阶段任务完成的指标是95%，而按时交付的实际完成值为85%，那么团队应该进行诊断分析，从数据源分析未达成指定目标的原因，并逐一采取措施，最终达到目标。由于数据源类型多样，团队执行的分析任务众多，会涉及关联分析、分类分析和异常值检测等环节，这种不定时的分析任务会用到预测分析能力。预测分析能力是敏捷组织应具备的能力之一，可以帮助团队对常规、可重复的流程建立准确的预测模型，从而预测出项目交付时间以及其他变量。敏捷组织还需要构

建预警能力，在达到项目的某些峰值时显示预警信号，指导团队采取应对措施。

描述、诊断、预测、预警的组织体系可帮助企业在敏捷组织内形成标准化的工作流范式，从而统一、规范项目制工作流程，保障各个项目及任务有序进行。

18.5.2　配备数字化专业人才

敏捷组织是企业数字化转型必备的组织，其概念源于特种部队，是企业为实现数字化转型而打造的作战队伍。该组织具备一定的自治能力，一线执行人员可以在理解任务意图之后，自主完成任务。组建敏捷组织要求团队成员具备一定的专业经验及能力，能够在复杂的商业环境中高效、精准地完成任务。敏捷组织的规模不限，但通常应配有以下几个重要角色，如图 18-2 所示。

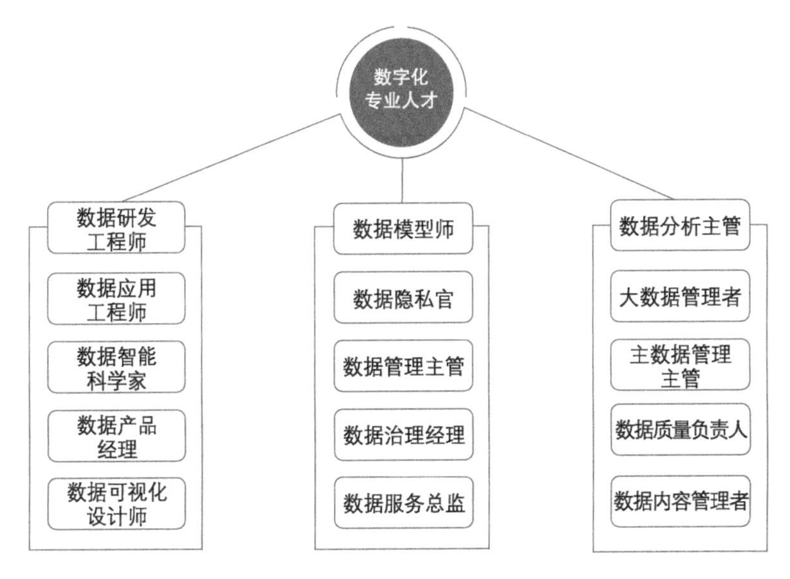

图 18-2　敏捷组织应具备的数字化专业人才

1. 数据研发工程师

数据研发工程师需要熟悉大数据开发平台，熟练掌握大数据研发工具，能够运用各种大数据开发技术进行数据开发，并有良好的写代码习惯和一定的架构能力。

2. 数据应用工程师

数据应用工程师需要掌握时下流行的前后端开发技术，熟悉大数据环境下的应用开发框架，熟悉大数据应用架构和性能优化等综合技能。

3. 数据智能科学家

数据智能科学家需要掌握通用的数据挖掘和分析工具，包括机器学习和深度学习等前沿技术，并能够将其有效应用于业务场景，解决客户的实际问题。

4. 数据产品经理

数据产品经理需要掌握数据技术，熟悉客户并对数据有独到的商业理解和思考，最终能以有形或无形的数据产品满足客户利益、数据和商业价值最大化。

5. 数据可视化设计师

数据可视化设计师需要掌握数据交互或视觉设计能力，拥有很强的交互体感和极致且成本可控的审美，最终以全流程、高保真交互与视觉体验稿为交付物。

6. 数据模型师

数据模型师需要掌握数据技术，理解业务需求并具备全局架构、模型设计、数据研发和运维调优等能力，最终可以低成本、高效率地交付具备高可用性和高扩展性的数据。

除以上人员外，企业还可以根据需要设置数据隐私官、数据管理主管、数据治理经理、数据服务总监、数据分析主管、大数据管理者、主数据管理主管、数据质量负责人、数据内容管理者等。这些人员配置将丰富企业的人才建设，满足企业多方面的用人需求。

19

|第 19 章|

数据中台落地实施之法

让数据中台真正落地是实现数字化转型的重中之重。企业做好数据治理、体系建设及人才配备等前期工作后，接下来要做的是数据中台实施落地的关键。企业首先要掌握数据中台建设的三大核心要素：选对数据建设方式、厘清建设思路、避开数据中台建设误区，最终低成本实现数字化转型。

19.1 数据中台设计理念

数据中台作为当前数字经济时代企业最为关注的技术平台，从提出到响应，再到成为传统产业进行数字化转型的必备手段，虽然仍未形成统一的定义，但其背后的架构设计原理和建设理念始终是不变和通用的，即改变以往数据治理围绕“聚通用”的处理方式，形成“用通聚”的数据建设模式，从而通过复用数据资产，实现前端业务的高效创新。在此建设原理的指导下，根据企业规模和特性，制定契合需求的中台建设方法。

19.1.1　数据中台建设的三大核心要素

从数据中台的使用价值出发，其建设内容应具备三大核心要素，缺一不可。

1. 数据资产治理

当企业市场存量变小，传统粗放的经营模式已不能为企业带来经济增长时，企业信息化建设被提上日程。电子管理系统帮助企业初步实现了组织架构调整和信息化部署。而此时，外部市场增量仍被继续压缩，简单的市场推广不再奏效，以数字化驱动前端业务快速创新并降低内部成本便是数据中台的最大优势。

维护数据、提供数据服务以驱动业务增长的工作往往由企业 IT 部门完成。结合业务特性，凭借数字技术，IT 部门可以为“前线”业务部门源源不断地提供“弹药”。其中，数据资产的沉淀是至关重要的。因此，在数据中台的建设前期，需要通过传统的信息化管理软件及新型数据融合技术，将企业的内外部数据进行串联，通过盘点、规划，呈现所有的数据资源；通过大数据开发工具打通、整理数据，包括探查数据血缘关系、保障数据安全。

数据资产治理离不开数据模型管理，模型管理能够帮助中台统一数据字段命名，形成统一的开发规范，实现有效的数据识别。经过以上多重数据治理，可形成供企业复用的数据资产。另外，由于企业业务及产品不同，每家企业通过软件技术搭建的数据中台架构也存在差异，并没有通用或标准的数据中台架构。企业组建中台架构需要以自身的信息化建设为基础，综合考虑数据体量、业务特性。

2. 共享数据服务

在数据中台底层技术架构搭建完成并形成可被调用的数据资产后，还需要根据业务部门的需求构建数据模型，以便为前端业务团队提供可统一调配、共享的智能化数据服务。共享数据服务可以为前端业务提供安全可靠、操作便捷、规范统一、延展灵活的技术支持，为前端用户、产品研发、客户服务、市场营销等提供标签提取，从而为精准营销、用户画像等不同方面的应用提供数据参考。

3. 数据智能应用

数据中台最终的应用方向是为企业提供提升效率、降低成本、创新业务的核心推动力。因此，在完成数据中台底层技术架构及数据治理工作后，数据智能应用便成为考验中台实力的试金石，检验数据中台能否通过数据能力，比如实时查询能力、批量处理能力、报表展示能力、数据安全能力、数据管理能力等，帮助业务人员完成数据的智能提取和应用工作，帮助企业掌握数字化转型的趋势并制定发展策略。

数据工程师、业务人员可以基于数据中台的交互模式，统一数据处理流程，实现中台内数据的自助处理，加快数据驱动业务的进度。同时，各种数据的关联分析和分析结果的统一为企业在数据智能应用方面提供了更为客观的分析维度。

19.1.2　数据中台的规划设计理念

如何判断一个平台是不是数据中台？

数据中台应该具备什么样的能力？

我们通过找寻这两个问题的答案，一起探索中台架构的设计理念。而在笔者看来，以为用户提供持续不断的业务产品创新为建设目标，将后端管理系统等各种资源转化为便于前端业务持续复用的能力，便是数据中台存在的意义。转向2B业务、提供技术输出和工业转型方案的互联网巨头，浸身信息化领域多年的传统IT厂商，或持续深耕企业数字化服务的技术型创业公司，在制定数字化转型解决方案时都需要深入思考这两个问题。

1. 梳理基础业务关系，为中台建设提供全局思维

企业建设数据中台时需要考量自身的业务特性及数据体量。在建设数据中台之前，企业需要先梳理内部的业务关系，确定建设方向。

例如，数据部门与业务部门需要协同合作，梳理业务类型、业务领域边界、各个业务领域需要的基础服务，以及业务领域之间的连接标准，制定或完善统一的业务能力标准、运营机制、业务分析方法、业务执行框架并提供运营服务的团队组织架构。

基础业务关系经过梳理后形成的业务全景图可以帮助中台架构建设人员和前端业务人员更好地理解业务标准、业务需求。业务全景图不仅可以指导数据部门建设数据中台，还为搭建数据中台架构提供了实施标准和管控标准。

2. 注重能力沉淀并保持延展性

数据中台架构的搭建、完善、应用须着重于沉淀数据能力，中台建设须具备延展性，为企业未来业务拓展及新产品研发提供更多数据支持，从而让企业持续快速地奔跑。但企业数据能力的沉淀并不是一蹴而就的，必定要经历由局部优化到全局优化、在

应用中逐步完善的过程。

行业消费属性不同，企业的经营侧重点也会不同。比如高库存、高消耗的服装行业经营侧重点在于供应链。在传统服装企业的运营模式下，一线营销端的数据不是实时更新的，无法为供应链提供及时的数据支持。因此，整合供应链端数据，达到与营销端数据实时更新，成为服装行业进行数字化转型的第一要务。在完成供应链与营销端的数据更新后，服装企业的市场部门、运营部门、管理部门等非核心业务部门可以逐步进行数字化变革，最终完成全局变革。

其他企业亦可根据业务重点进行数字化转型，先从局部入手，建设适配的、可延展的数据中台，从而满足未来由局部业务向全面业务延伸而产生的数据需求。

尽管经过了前期业务关系的梳理及数字化战略实施标准的规范，但中台架构是否符合企业最终的应用需求，能够为前端业务贡献多少价值，仍须在业务应用过程中进行评估。

19.2　数据组织能力建设

可持续发展是每个参与市场竞争的企业的奋斗目标，但当企业发展到一定规模时，总会由于环境或自身条件的限制碰到成长瓶颈。当然，这并不意味着企业将从此一蹶不振，只要解决抑制成长的问题、避免业绩下滑、挖掘新的核心竞争力和发展动力，企业仍然能够再次实现持续增长。

在数字经济时代，新型数字技术将成为企业提升持续竞争优势的主要动力。数字化转型已成为企业在数字时代寻求业务突破的有利抓手。而企业是否具备数据组织能力，是其数字化变革能否成功的重要考量因素。

在传统的管理理念中，企业成功的标准是具备正确的战略方针与优秀的组织能力。组织能力指的是团队能够发挥整体战斗力，能够在某些方面明显超越竞争对手、创造更高价值。而在数字化浪潮席卷各行业的今天，企业成功的关键因素已不再是难以模仿的组织能力，而是对数据管理与应用进行自如管控的数据组织能力。

企业在进行数字化转型的过程中，需要明确知道数据价值的提取过程并不是技术层面的问题，而是一种数据应用的思维模式，是一种组织能力。从管理层到一线团队都应该思考企业需要的数据在哪里、怎样才能获得数据、应该如何使用数据。解决这 3 个问题的过程就是企业发挥数据价值的探索过程。这一过程需要企业内部多部门协同联动，发挥各自的效用。

在数字化转型过程中，企业需要做到以下几点：赋能技术创新、业务引导，处理好内外部各类数据之间的关系，让底层数据架构更丰富；建立业务部门、技术部门、市场运营部门之间的数据汇聚和动态关联的关系；在数据层面和业务层面共建各部门间的数据能力和数据服务；在行业标准参差不齐的情况下，建立规范化、统一化的数据标准，提升数据质量。

企业的数据组织能力具体体现在如下几个方面。

1. 企业自身的数据问题和状态

企业需要清楚了解自身拥有数据的量级，知道数据的价值以及数据应用率，根据这些数据能否形成有利于企业发展的数据资产，评测是否值得通过数字技术进行挖掘。因此，企业需要明确数据存储情况，利用组织能力将其沉淀、挖掘和利用。

2. 外部数据的连接与应用能力

一些涉及消费场景变化、行业发展趋势分析等动态数据的应用是需要借助外部数据完成的。因此，连接和打通外部数据、实现内外部数据共享，也是企业在发展过程中必备的组织能力。

3. 数据与商业场景融合的能力

数据的获取渠道和应用方向多种多样，例如 C 端消费数据可从各种消费场景中获取，B 端生产数据可从车间作业的信息管理系统中获取，并应用于业务部门及管理运营部门。

有些数据对提升内部生产效率、降低成本助力颇大，有些数据可助力产品研发、业务拓展，有些数据可用于挖掘合作客户的价值，有些数据能够为市场营销部门赋能，甚至有些数据可完成上下游产业链的整合，为企业并购、整合、投资提供参考建议。发挥数据价值需要从前端应用进行思考，首先思考企业该匹配什么样的数据组织能力，进而调配资源、配备技术、汇聚能力，包括资本引入、品牌打造、人才培养、技术引进，从而帮助企业深入推进数字化转型。

19.3　数据建设方式对比

随着大数据时代的到来，集成式数据建设方式已不能完全胜任大数据产业的数据处理任务，这为国内数据建设方式的创新提供了成长机遇。数据中台的出现便是顺应了国内数字技术的发展与市场环境的变化。

19.3.1　传统集成式数据建设方式

下面以某公司为例回顾传统数据建设方式。该公司存续十年以上，未解决数据分析需求，因此购买了 BI 工具；后来，公司的数据量不断增多，又购置了大数据平台工具；再后来，数据越来越复杂，治理难度越来越大，便又配备了数据治理工具；之后，随着数据同步的要求越来越高，该企业又购买了数据同步工具。就这样随着时间的推移，该公司购买的数据工具越来越多，这些数据工具功能单一，无法满足业务部门不断变化的应用需求。

这是由于企业在采购信息化管理系统时，市场上提供的都是单一功能的产品，无法从整体上提供统一的、可架构的、可延展的信息管理系统。

而集成式数据建设方式虽然能为企业解决某些方面的数据管理问题，但因为企业采购的信息化管理系统隶属于不同厂商，型号不同，系统内对相同业务的定义和解决方式并不一样，所以各个系统只能解决各自的问题，系统内的数据无法自由流动，无法自行联通。譬如数据库、ETL 工具、数据挖掘工具、数据分析工具等，均是企业进行信息管理的传统手段，但它们出自不同的厂家，具有不同的型号，仅能单独解决数据存储、数据加载、数据挖掘、数据分析等问题。

又比如，某银行具备良好的技术实力，在信息化管理方面投入较大，在业务数据、运营数据等数据应用链条上，至少配备了七八款信息化管理软件。对于银行来说，最大的难点在于不同的链条上采用了不同的产品，系统与系统之间的数据标准不一致，数据孤岛严重，且缺乏定制化的数据产品，最终导致数据应用出现方向偏差，比如数据治理完善且正确，数据模型建设正确，但无法确定是数据同步出现了问题还是底层的数据没有清洗干净。由于这种集成式的数据建设方式缺乏对数据行为的全面记录，数据出错无法溯源，项目失败无人负责，因此企业对信息化产品满意度低。

另外，从国外信息化系统软件厂商引进的产品普遍信息化建设程度高，信息化细分产品完善，但是每家公司仅专注于各自产品的功能规划与设计，并不对数据的整体应用负责。比如，ODS系统的销售公司仅关注对自家产品进行优化与服务提升，售卖数据仓库的软件厂商也并不关心自家产品是否能与其他信息系统无缝连接。软件厂商并不是从数据应用的角度提供产品，这导致国内公司在配置国外软件系统后会遇到数据联通弱、数据出错频繁、数据应用价值低等问题。

19.3.2 新型数据中台式数据建设方式

某电商巨头旗下的网购平台、支付平台等多个业务体系都由数据库提供服务。但随着“双 11”现象级消费活动的举办，几何级的交易量对数据库的内存提出了更高的要求，而这意味着上亿元人民币的采购支出。于是，这个以业务拓展和需求满足为主要市场增长方式的电商巨头化身技术研发公司，开始自主研发数据库之路。在这个过程中，数据中台架构的价值得以挖掘。

从整体上看，中国各个行业内的数据复杂度非常高、数据应用空间非常大，这也决定了配置国外的信息化软件系统不再可行。

在数字时代，数据中台作为企业数字化转型的有力平台，改变了传统的数据集成建设方式，满足了企业海量数据价值挖掘的需求。对于企业来说，数据中台架构建设的首要价值在于数据出错时可以追本溯源，业务报表、数据字典、运营报表等都可以通过中台体系完成数据的跟踪、解析、更正。这不仅为业务单元的数据应用提供了干净的数据底料，还将技术人员从应付简单任务中解脱出来。

19.4　数据中台建设思路

数据中台是商业模式从IT时代进入DT时代的必然产物，是从流程驱动转向数据驱动的必然结果。以数据中台为导向，凭借数据证明或判断决策，形成数据服务思维，最终实现企业数字化转型。

数据中台建设模式颠覆了传统的数据架构建设模式，从数据信息出发，注重与业务部门的具体情况相结合，合理运用资源，提高服务效率。

19.4.1　传统数据架构建设思路——“建治用”

传统的数据架构建设模式并不注重与业务部门具体情况的结合，只是单纯地遵循数据“建治用”的思路——先构建数据架构，然后对数据进行治理，最后考虑数据的具体应用。比如，企业会从IaaS（基础设施即服务）层到不同的PaaS（平台即服务）层，到DaaS（数据即服务）层，再到SaaS（软件即服务）层等进行建设。部分企业在传统的数据架构建设过程中难免会走错方向。一些公司会先利用云技术进行数据迁云，将数据打通，然后再治理数据，制作报表，之后再开发各种应用。这种建设思路花费的周期较长，企业可能会因为长时间看不到业务的价值而停止建设。

企业需要一种更为敏捷的方式来建设数据架构，用效果来检验建设方式的科学性，即从数据应用角度出发，思考如何治理数据。

19.4.2　新型数据中台建设思路——“用治建”

新型数据中台建设模式是通过梳理数据应用方向，推动数据治理，最终搭建一个完整的数据中台架构，以快速响应企业多变的业务需求。图 19-1 是新型数中台构建设思路与传统数据架构建设思路的对比，展现了数据架构建设思路的原理。

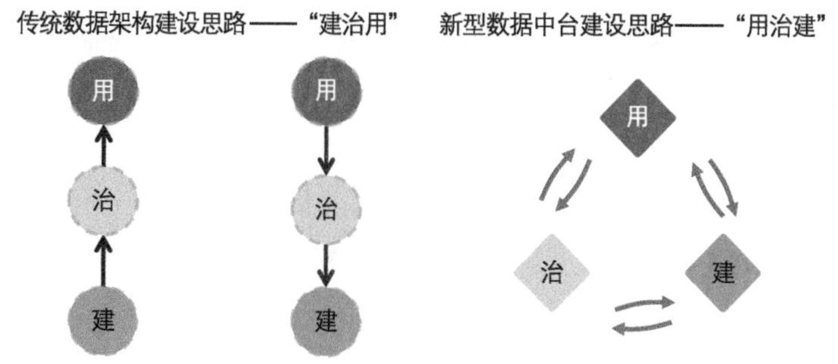

图 19-1 数据中台建设思路对比

企业可从以下三点规划数据中台架构的建设思路。

1. 梳理战略地图、业务地图、应用地图

一些公司在建设数据中台的时候，无法利用数据资源挖掘能为业务创收的部分，不能达到架构搭建的预期效果。因此，企业在搭建数据中台时，相关人员需要通过对数据应用进行梳理，解决业务部门的各种问题，从而实现降本、增效、创收的目的。同时，企业数字化团队需要根据企业发展规划构建战略地图，根据业务发展方向及维度构建业务地图和应用地图，并通过应用地图清晰地治理数据，管理整个数据体系。

2. 以应用地图反推数据地图，确定数据治理路线

企业完成应用地图的梳理后，进行人员和资本配置投入开发时，鉴于资源和人手有限，可以先基于应用地图梳理出的部分数据进行治理，从而构建数据地图。在企业数字化转型的过程中，

决定资源调配及资金配给的往往是企业领导层，而他们在进行决策时往往会忽视数据分析的作用。因此，企业的 CDO 需要通过与领导层沟通，确定数据治理团队的人员配给及资源供给，从而顺利确定数据治理路线。

CDO 可以以电子邮件、视频会议或头脑风暴等方式向下级传输已经确定完成的数据治理路线，使技术人员及业务人员熟悉数据治理的内容和要求，提高数据的利用价值、扩大数据的影响范围。

3. 以数据应用推动新型数据中台架构建设

某些公司在构建数据中台的过程中，担心数据中台会造成新的“烟囱”。所以新型数据中台架构的建设要满足开放性、可扩展性、长期性的特点。基于开放的数据中台架构，技术功能和应用列表等内容可以随着业务的发展进行增加或删减。这种新型数据中台架构，避免了在应用过程中为适应前端业务部门需求不断更改架构而影响底层数据流通及应用的情况，具备高度的灵活性和可扩展性，可以帮助企业随时进行数据治理及应用，真正实现数字化转型。

可见，“建治用”的传统数据架构建设思路已经无法满足用户的需求，而“用治建”的新型数据中台建设思路将作为未来主流的数据架构建设思路被各类数字化转型企业广泛采用。

19.5　数据中台的那些坑

虽然数据中台越来越被市场认同，但参与主体仍对其缺少系统的了解，对一些核心问题的处理仍不得要领。

1. 数据治理的 3 个误区

在数据中台的建设过程中，数据治理作为数据资产形成的前期工作，可谓是数据中台建设质量及成果评估的关键。因此，企业非常有必要了解数据治理的 3 个误区，少走弯路。

（1）数据治理可以短期见效

数据治理方面的第一个误区便是认为数据治理是可以短期见效的。

数据治理是一项长期而繁杂的工作，是数据中台建设过程中最基础也最重要的一步。很多时候，经过多项整合、清洗、归集后，数据治理似乎已初见成效，但应用业务时却发现数据无法真正落地，更无法驱动业务。可见，企业在数据治理过程中存在一些误区，会令数据治理过程漫长且效果不佳。导致这种现象的一个原因就是企业内部缺失数据管理，对数据变现价值抱有期待，但并不清楚如何智能化管理数据。

面对这种情况，企业可通过小型数据应用项目对数据架构、数据质量、数据处理能力进行全面摸排，为后期真正的数据治理提供依据。在数据情况探查清楚后，可由专业的数据中台服务商制定切实可行的数据治理方案，指导技术人员和业务人员协同配合，缩短数据治理见效时间。

（2）数据治理是技术部门的事情

数据治理方面的第二个误区便是认为数据治理及中台架构建设是技术部门的事情，与业务人员无关，也与企业管理层无关。

企业数字化转型是一场涉及组织、业务、技术等多个部门的战略变革。数据中台建设的最终目的是赋能业务，为数据变现提供动力。而技术人员长期专注于提升技术能力，对业务需求、痛点把握不足。不考虑业务需求的中台建设会趋离本源。没有企业中台战略的资源支持，数字化转型仅由技术部门推动，数字化转型力度不足，易造成转型中途夭折。

数据本身是由业务产生的，提升数据质量离不开业务发展。业务领域多，数据来源渠道也多，统一数据口径需要先统一业务术语；业务需求多，数据报表不完善会导致基础数据采集出错。因此，企业进行数据治理涉及的部门一定是涵盖业务部门、技术部门甚至管理层的多维组织架构，这样才能使数据治理真正落地。

（3）数据治理是简单的工具配置及叠加

数据治理方面的第三个误区是企业认为数据治理只是简单的工具配置及叠加。

一些企业可能会认为通过治理工具将数据进行简单的“冲洗”，数据便会条理清晰、干净可用。其实不然，数据治理包含组织架构调整、治理流程的制订、工具的配置、现场技术人员的实施、业务部门的协同配合等。人员调用及安排是数据治理的前提，只有将专业、合适的人员安排到合适的位置，才能让他们真正发挥作用；只有具有清晰的行动指令及执行流程，企业的数据治理才能有效果。

2. 搭建中台架构的几个误区

（1）仅搭建平台

数据中台建设仅仅是企业 IT 变革的起点，建设一个项目或者搭建一个平台并不能解决企业数字化转型中遇到的所有问题。

数据中台是企业数字化变革的关键，企业在决定进行数字化转型时便要根据数据规模和应用需求制定全套的战略规划，将建设中台作为一项涉及公司全部业务流程、自上而下进行变革的工程来执行。

（2）中台架构简单，无须完善

很多公司由于经费有限、人员不足及数字化转型决心不足，在初定中台建设方案时希望先从价格便宜、功能简单的架构开始，慢慢再过渡到结构复杂、数据全面的技术架构。简单的开源软件并不能帮助企业解决所有的数字化转型问题，其中某些专业的算法研发、模型建立需要专业的技术人才才能实现。

企业在建设数据中台的过程中，往往需要通过一些试验性的项目对数据中台的技术性能进行验证。试点项目的结果会决定数据中台架构整体的调整方向，技术升级、业务调整、组织变革等都需要做相应的变动。

（3）按照个人想法建设数据中台

第三个误区的核心在于对中台的理解。进入这种误区的表现是建设数据中台的人并不知道数据中台到底是什么，没有完全理解中台的意义，更没有感受到它的功能所在，只是遵照个人的想法及理解来建设中台。这种中台建设的思想和目标本身就是偏离的，不管团队再怎么努力，最终的结果一定会与最初的想法大相径庭。这种错误导致中台不能落地的案例数不胜数。

（4）为了建数据中台而建

第四个误区是为了建数据中台而建。有的企业误将建设数据中台本身作为转型目的，为了达到这个目的而建设数据中台。其实数据中台只是一个用来完成数字化转型的手段。

企业之所以想要完成数字化转型，根本目的是实现业绩大幅提升，降本增效，而这一目的的实现需要借助一些工具和手段。这就好比读书，我们希望通过读书来掌握更多的知识，更深层次地了解世界，此时书就是一种工具，读书是为了掌握更多知识而采用的手段，并不是最终目的。任何人做任何事，都是基于目的做决策或选型，目的选错了，那接下来一切为了实现目的而做的努力都是徒劳的。

（5）数据中台只能满足短期业务需求

第五个误区是认为中台只能满足短期业务需求。有的企业领导人认为通过数据中台进行数据应用只能满足当前的业务需求，不能满足未来两到三年甚至更长远的业务需求。他们有这样的想法，是因为没有真正参与到数据中台的实施和落地中，这导致他们只能看到问题的表象，并没有看透内在的实质。

技术架构的价值是不可能一眼就看穿的，对于一般的 SaaS 软件，如果选错了可以很快更换，成本可控，但如果做 PasS 基础设施中台，一旦底座选错，后果十分严重。

（6）单纯以 IT 思维建设数据中台

第六个误区是只使用 IT 思维建设中台，没有使用 DT 思维。过去，IT 思维主要体现在两方面，一方面是企业将数据中台做成数据仓库，虽然采用了更先进的方式来管理数据，但其实 IT 服务部门的业务模式和方法体系都没有发生改变，这种管理方式只是减轻了一部分 IT 人员的工作量，实质上完全不是驱动业务的中台，并不能改变服务方式和业务模式。企业虽然做了中台，但只有部分 IT 人员受益。

IT 思维的另一个方面体现在想法不开放，觉得什么事情都可以自己开发自己做，这是一种非常可怕的想法。其实术业有专攻，每个生产环节都有自己的复杂性。现在不少公司会斥巨资购买 ERP 软件，而在以前，很多公司认为自己就能开发 ERP，但是结果证明，到最后做的东西没什么用，还耗费了大量的人力成本和时间成本，尤其是时间成本，对于迫切需要改变的业务单元来说，损失是难以估量的。

企业要想自己做 DT 应用，需要具备两个重要条件。第一是时间，企业需要有充足的时间和精力去研发系统，但是研发周期长可能让企业错过数字化转型的时机，企业须谨记实现快速响应业务需求才是首要目标。第二是团队，研发 DT 应用需要一个团队深入每个环节。

（7）数据中台体系过于技术化

第七个误区是数据中台体系过于技术化。一些企业购买了很多 IT 系统，但由于选错工具致使业务价值不明显。这不仅体现在中台上，也体现在各种业务线上。一些企业有近百套系统，都是十几年来一个个开发或购买的，这些系统放在今天来看，很多已经不是企业的正向资产，而变成了企业的负担。但是企业也应对乏术，经常被这种错综复杂的历史问题弄得焦头烂额。遇到这种情况，当务之急是尽快从问题里跳出来，否则问题就像一团乱麻，无从下手。

技术体系越来越专业却仍不能满足业务需求，这是一种常见的误区。技术体系包含大数据、人工智能、业务系统、业务中台等各种专有名词。在一个领域研究越久，就会变得越专业，但在其他方面可能是越来越封闭。换句话说，企业在构建自己的体系时没有从业务的视角考虑，这也是业务部门对此并不满意的原因。大家提出的概念都很专业，但都没有很好地理解对方所表达的意思。

经营公司的本质是要面向业务，而业务都是面向用户的，因此最终都是以用户为中心，而不是以自己的专业为中心来做事。虽然这个道理大家都懂，但在具体执行的时候，就会发现很多地方还是在走老路。这也是很多公司虽然在技术方面的投入比互联网公司多，但是智能化程度根本无法与互联网公司相比的原因。大家越来越专业，导致鸿沟越来越明显，无法做到扁平化、一体化、真正以用户为中心。

第八部分

数字化转型案例

新零售、数字银行、校园智脑等新型数字化组织的出现，表明传统行业正着力于数字化变革，数字化转型浪潮已由需求端向供给端袭来。在数字化转型的过程中，每家企业都有自己的特点，下面分享一些案例，希望能给大家带来启发。

第20章 智能营销云助力新零售企业实现转型

新零售企业的营销发展经历了4个阶段：从独立性营销活动发展为利用信息管理系统捕捉商业机会，再发展为精准营销，最后发展为围绕用户资产实现全自动营销闭环。

这4个阶段体现出新零售企业对于营销的重视程度逐渐提高，特别是在第4阶段，如何利用庞大的用户数据实现全自动营销闭环，成为新零售企业非常关注的问题。而智能营销云恰好可以帮助新零售企业解决这个问题。

20.1 项目背景

前面提到的新零售企业营销发展通常会经历的4个阶段如图20-1所示。

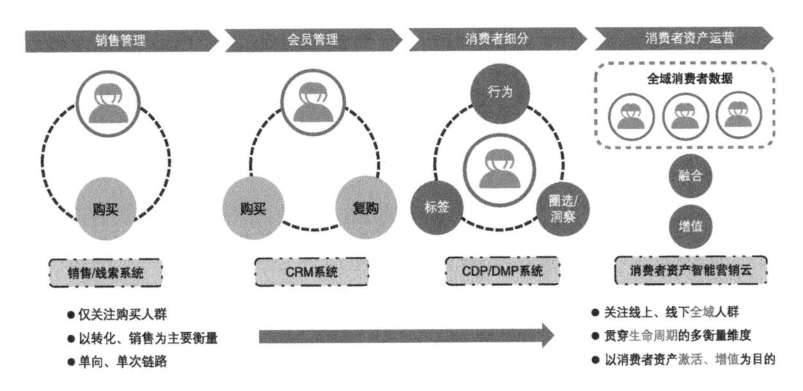

图 20-1　新零售企业营销发展的 4 个阶段

第一阶段，企业只是将管理系统内可能涉及的商业机会加以记录和管理，还未涉及真正的营销。此时更多是以热点事件、商业机会或者项目为契机，开展独立的营销活动。

第二阶段，企业上线了 CRM 等管理系统，主要功能是加强对销售信息的管理。客户需求是多变的，挖掘客户需求可以帮助企业衍生更多商机。因此，企业会围绕客户使用产品的全生命周期进行跟踪记录，从而捕捉商业机会。企业营销发展到第二阶段，已经开始有目的、有意识地管理客户，包括引导客户复购。

第三阶段，精准营销被提上日程，也有了用户画像的应用产品，企业可以基于用户画像进行分类，基于不同的用户喜好推荐不同的产品。

第四阶段，企业可以将用户当作资产去运营，形成营销的全自动闭环，以营销的结果来反馈产品销售结果，从而形成自反馈。在这个过程中，企业可以通过智能系统不断提升用户价值，如果在这方面做得好，也会提升公司的价值。

企业在营销的第四个阶段，要以提升用户资产为目标做智能营销，以全自动闭环的方式执行。对于新零售企业来说，完成第四阶段的智能营销非常重要。

20.2　痛点分析

如今，大多数新零售企业都组建了营销团队，营销手段多种多样。营销团队会根据不同的消费场景进行营销，但无法量化营销的效果。各个企业都在做精准营销，但无法精准匹配到消费人群，很多企业还不能精准化、系统化地制定营销方案，多数停留在点状营销，比如对某个业务进行精准营销。

大多数新零售企业并不了解营销工具是如何产生数据的，也不知道如何提取数据价值，更不清楚数据产生之后如何与其他环节协同，因此无法对数据价值进行串联式、整体化的挖掘。

一些新零售企业的精准营销存在断层情况，即只针对部分环节进行营销，这样很难形成从数据初步加工到深度价值挖掘，再到回流业务，最后到数据应用体系的全流程营销。数据一旦不能形成回流，就无法保证数据持续发挥作用。

20.3　解决方案

针对新零售企业在营销方面的需求，国云数据设计了智能营销云解决方案，如图 20-2 所示，该解决方案可以对标签会员进行管理，为营销赋能。

1. 智能营销云会员管理功能

（1）获取会员信息

新零售企业的获客成本很高，如果用户没有持续复购，会员价值利用率低，就会增加企业的获客成本。因此，一款好的营销产品，一般都会让大量的会员进行持续复购，这会提高会员黏性和忠诚度。

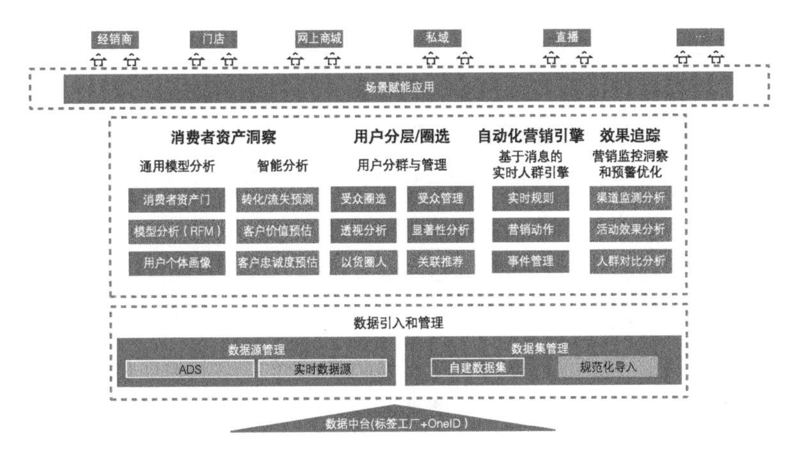

图 20-2　智能营销云解决方案

（2）消费细分

消费细分是指对用户行为标签进行筛选，实现精细化会员管理，帮助企业针对不同用户的需求提供精准服务，提高会员的留存率及复购率。

（3）管理消费者资产

消费者资产管理是会员复购后对其进行再次营销的过程，是新零售企业获客后对会员价值的提取过程。

2. 智能营销云的建设逻辑

（1）系统化的数据结构

智能营销云在数据中台中完成的第一步是建设体系化的数据结构，保证数据稳定。

（2）数据标签架构

企业在建设数据中台的时候，会对所有的用户数据进行分类，将属性标签化，智能营销云可以进行标签抽取。

数字化团队通过抽取用户标签进行人群筛选，相当于对全站会员进行细分。以服装行业为例，可以细分为女装客户、上衣客户、衬衫客户、西装客户等，某些用户对衬衫的款式、颜色等有具体的要求，那么可以根据他们的喜好再次进行划分。

筛选人群就是从用户群中划分出某些人群的喜好和需求，为其推荐分级化的产品。这种服务解决了用户不知道从哪里能买到适合自己的商品，而企业不知道推荐给用户哪些产品的问题。

（3）精细化标签管理

人群筛选完毕后，需要对这些人群进行受众洞察，即观察人群的消费变化。企业不重视消费动态，就无法随时掌握消费者的需求变化，营销也就无法跟上需求。受众洞察是将标签进行精细化管理的过程。

（4）模型分析

新零售企业会面对不同的消费场景和消费人群，企业在深入了解用户需求的基础上建模，更有利于产品定位、用户洞察，可以帮助企业实现精准化营销。

用户身上的标签有很多种，如性别、年龄、身高、星座、职业、家庭成员、消费能力、经济能力、价值观、兴趣爱好等。通过这些标签可以构建用户画像，使营销工作更精准。

3. 智能营销云的核心功能：会员深度模型

会员深度模型可以让无消费记录的用户、有消费潜力的用户、普通会员、复购会员、忠诚会员形成一个闭合流程。每一个环节会有不同的营销方案，在前期用户还没有成为会员的时候，企业可以加大营销力度，通过促销活动、发放优惠券等方式刺激消费。当新客变成老客后，企业可以不断提供更深层次的服务提高用户忠诚度，促进复购。

20.4　最终效果

传统零售的营销方式使门店的会员留存较低，消费者买了即走，很难存留；线上与线下没有打通，线上会员的留存率也不可控。智能营销云可以完美解决这个问题，零售企业的几千家门店所拥有的百万级会员完全可以通过智能营销云实现转化。

智能营销云的具体价值如下。

1. 实现多平台数据联通，精准触达用户

智能营销云通过数据中台融合企业线上、线下所有渠道的数据，在此基础上为企业提供各种营销干预方案。有的用户喜欢在官网下单，有的用户习惯在实体店消费，还有的用户青睐于电商平台，不论用户来自哪个平台，智能营销云都可以将这些数据打通，精准触达用户。

2. 圈选不同用户，提供精准化服务

智能营销云可以根据会员的圈选条件，为企业提供更精准的服务，譬如根据会员喜欢的品牌、服务类型、商品类型提供有针对性的商品推荐。

3. 多品牌联动，促使用户复购

对于旗下有多个品牌的企业，智能营销云可以助其实现多品牌联动，促使用户复购。对于只有单个品牌的企业，智能营销云也可以通过优化用户行为标签，挖掘用户潜在的需求。总之，智能营销云可提升用户的购买力，同时帮助企业深度维护用户，加强用户对品牌的认知。

|第 21 章|

新零售企业构建智慧营销体系

新零售企业以用户至上为宗旨，将“人、货、场”重新解构，为消费者提供全新的产品和服务。

新零售模式的技术关键在于建设数据中台。某零售企业通过搭建数据中台，构建了全域数据中心，整合线上、线下数据，形成了完整的智慧营销体系。

21.1 项目背景

某零售企业成立于 2004 年，专业从事国际、国内品牌代理及供应链服务，现已成为集品牌运营、渠道拓展、物流整合、贸易融资为一体的供应链服务整合平台。该企业现有员工 600 多名，年交易额已超过 20 亿，旗下有 20 多家附属公司及控股公司，服务品牌超过 30 个。近几年，由于市场环境变化和企业规模快速扩张，公司销售遭遇瓶颈，在拓展客户、精准营销、财务管理、人员成本、商城经营以及客服效率等不同方面的管理需求日益增多。

面对这种情况，该零售企业通过建设数据中台实现了业务效能的提升与优化。数据中台打破了该企业原有的信息孤岛，为业务创新和发展提供了数据动力，充分探索各业务与事业部之间的跨业务应用，深度挖掘数据价值和业务价值。

21.2　痛点分析

零售企业普遍面临销售业绩无法突破瓶颈、全渠道无法打通、精细化运营无法实现、供应链缺乏敏捷性等问题。该零售企业也不例外，其痛点既包含行业的普遍问题，又具有自身的特点，如外采多款软件无法发挥效用；IT 部门疲于应付简单需求，效果却无法保证等。

零售行业普遍面临着线上获客成本高、线下门店客流少、客户需求个性化等挑战，其整体发展痛点如下。

1. 总体消费趋缓，流量红利消失，客户触点分散

我们通过数据来直观感受零售行业面临的冲击。2019 年，社会零售总额增长较低，消费流量被大型科技公司垄断，某科技公司的活跃买家数为 6.93 亿，某互联网企业的日活用户数为 10.89 亿。消费者触点分散在社交、短视频等各个场景中，呈碎片化分布。

2. 线上与线下、直营店与加盟店各个独立，无法形成全链路

企业的线上店铺和线下店铺没有配合，各自独立运营，会员数据也没有打通，有时甚至是竞争关系。直营店与加盟店呈分立

局面，无法形成整体客户体验。门店管理全凭店长的工作经验和直觉，没有数据支撑。

3. 缺乏全域数据，无法实现精细化运营

在拉新成本不断增长的情况下，企业只能通过对存量用户进行精细化运营提高复购率。如果企业没有全域视野，就无法对用户进行深刻画像，无法提供个性化服务。传统营销活动的效果无法反馈，就无法实现精细化运营。

4. 缺乏敏捷的供应链，无法对用户需求做出快速反应

传统的产、供、销串行模式无法满足客户多样化的市场需求，无法给用户提供体贴、个性化的服务体验。此外，库存、配货、物流效率也有待提升。

该企业除了面临零售行业整体的发展问题外，自身也存在诸多问题。因为企业强于业务而短于技术，所以外采了很多软件产品和服务，但是依然有很多问题不能解决，如获客难、老用户流失严重、营销计划制定后难以通力执行，无法做到多触点营销与用户画像、无法进行全域营销等。

该零售企业的业务部门及旗下代理的品牌众多，对于业务部门提出的任意一个简单的需求，都需要创建较多数据接口才能实现数据应用之间的衔接。但是，当业务部门的需求得到满足后，随着消费场景的变化，业务部门的需求又发生了新的变化。技术部门总是处于疲于应付频繁的需求，又失望于发挥的作用并不令人满意的状态。

该企业亟需打造全面、一体化的零售数据中台架构，既能助其打破各业务部门的信息壁垒，让各个部门的员工可以在统一的数据中台上提取相关数据，又能实现数据共享、资源共享，实现

数据和资源的无缝衔接和自由切换，确保企业管理统一而高效。

此外，该零售企业面临着复杂多变的市场环境和激烈的行业竞争，需要以服务业务为中心建设数据中台，以此优化企业管理并推动业务增长。

项目建设目标

该企业数据中台的建设目标可以从技术层面解读为如下几点。

1）需要建立业务数据管理规范、数据管理标准体系和数据安全访问机制，为数据访问提供安全保障。

2）需要配备数据智能检索技术、数据仓库元数据管理技术、元数据流程图形可视化技术、多数据库数据分发同步技术，这些技术能力不仅方便业务人员进行数据智能检索，还便于对数据存储进行有效管理，让数据浏览者可以通过可视化的方式快速浏览企业的数据结构，为数据的取用提供同步功能。

3）研发多维数据诊断算法、数据库数据冗余发现和消除算法、业务指标的异常自动发现算法，通过算法帮助数据使用人员进行智能诊断，提高数据质量，助力数据工具的研发。

4）配备丰富的可视化组件。该企业运营、管理、业务等方面的工作人员较多，数据中台的建设需要良好的界面体验，能够展现信息、定位需求和支持决策的可视化组件必不可少。

5）数据中台的建设还要支持第三方应用集成，帮助第三方应用快速与数据中台进行无缝连接，帮助企业更好地掌握第三方应用的数据情况。

6）该零售企业的零售数据量庞大，需要通过数据中台建立完善的数据规范标准，打造多维度的数据管理规范和数据管理标准体系。

7）提供面向业务人员的快速取数、自助分析、门户定制等功能丰富的一站式管理；提供面向技术人员的可视化运维、自动化处理等工具；提供面向管理人员的各种评估告警以及决策支持手段。

8）建立监控业务数据的智能化过程，帮助工作人员根据数据实际使用过程进行智能化分析，并动态调整管理过程中的规则参数。由此，该企业建设的数据中台才能助力企业在现在、未来的数据应用过程中做到智能化。

该企业为了推动数字化转型，实现公司战略目标，借助专业的数据中台技术，打造适用于自身战略需求的数据中台。

21.3　解决方案

该企业致力于从传统的贸易经销商转型为共享业务服务商，建立一个高效的、可扩展的价值网商业生态圈。如图 21-1 所示是该零售企业搭建的功能全面的数据中台架构，将有效提升公司管理效率，降低运营成本，激发更多业务潜能。

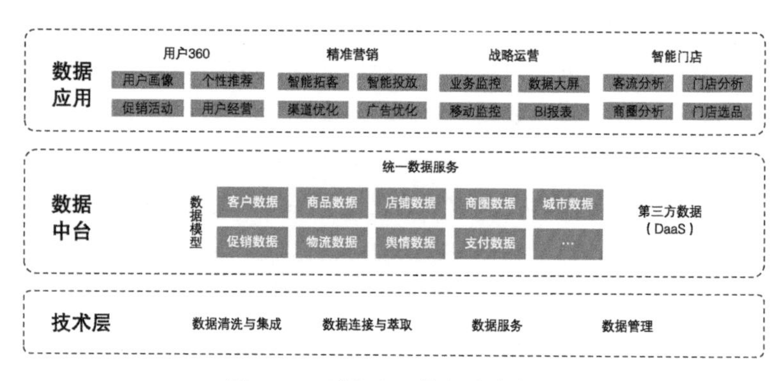

图 21-1　零售企业数据中台架构

该企业在项目前期便进行了翔实的需求调研和数据调研，以便为后期的数据中台架构建设、数据资产体系构建、数据服务打造等夯实基础。该企业的智慧零售数据中台以清晰的中台基础平台架构、详实的数据资产体系、多维度的数据服务为特色，为该企业众多的业务体系提供强大的中台技术支撑，直击业务痛点。

1. 需求调研

重点了解公司各业务应用系统之间的流程贯通情况、信息对接水平、数据共享具体场景和挑战；调研各业务条线的数据输入渠道和数据输出路径，需要提供的数据支撑工作类型，以及所需的外部数据类型，从而提升部门工作效率。

收集和分析各业务条线应用系统的数据源类型、数据采集和同步、数据计算和存储、数据调度任务、数据应用产品及数据控制权限等问题和诉求。

收集和分析各业务条线负责部门在组织架构与分工、核心业务流程、核心业务指标、核心业务系统及业务数据管控权限等方面的问题和诉求。

2. 数据调研

基于该企业的数据中台项目的业务需求和实施目标，数据中台技术团队从其现有的业务系统及数据出发，对业务系统及数据进行调研，提炼零售、库存、分销、财务、供应链等业务模块的核心流程，摸清核心数据表的含义，为后续设计数据中台架构和分析场景提供更好的数据和决策支撑。

3. 搭建数据中台基础架构

对于下游分销商、公司内部业务系统、第三方电商平台和线下零售门店等业务生态中存在的数据孤岛、数据标准不一致、数据循环赋能业务能力弱等问题，该企业通过搭建智慧零售数据中台基础架构（见图 21-2），全面接入企业内部业务系统数据及京东、天猫等第三方平台的数据，快速、精确地完善数据标准体系及信息地图，保障财务数据应用和平台数据应用如期上线，并在数据中台强大的数据自循环能力的基础上，持续优化和扩展应用，为企业开发新的业务和产品线提供更多数据支持。

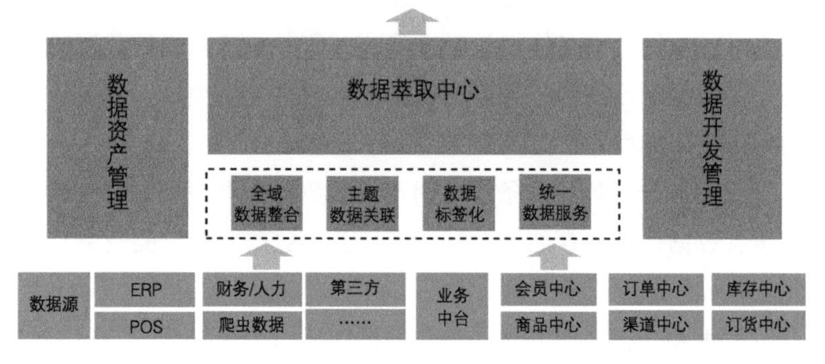

图 21-2　数据中台基础架构

4. 构建数据资产体系

在建设数据中心初期，中台建设的着力点在于帮助企业将不同平台的数据进行采集、打通、存储，为建设统一而完备的数据中心提供高质量的数据基础。

如图 21-3 所示，该企业的业务团队将各业务系统（如供应链系统、仓储系统、线下零售店、第三方电商平台）的数据也关联到数据中心，将全部数据归集统一。通过不同的数据分析、挖掘工具完成后台技术建设，同时根据前端业务需求变化随时对数据进行调整、抽取、同步等操作。最后依靠丰富、强大、多维的数据基础为调整业务体系和产品研发提供更多参考意见，根据不同的业务诉求及时调整产品应用，再对应用中的数据及时进行采集、清洗，并存储在当初始建的数据中心里，以达到数据采集端与数据使用端的数据循环回流的目的。

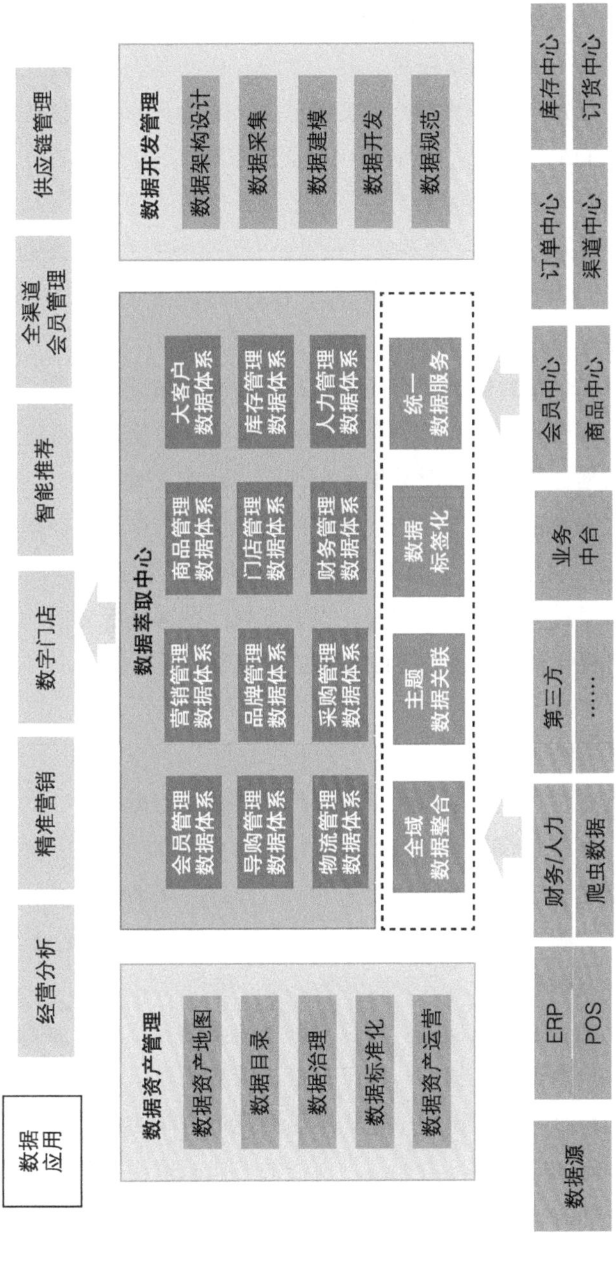

数据应用

经营分析　精准营销　数字门店　智能推荐　全渠道会员管理　供应链管理

数据资产管理

数据资产地图
数据目录
数据治理
数据标准化
数据资产运营

数据萃取中心

会员管理数据体系　营销管理数据体系　商品管理数据体系　大客户数据体系
导购管理数据体系　品牌管理数据体系　门店管理数据体系　库存管理数据体系
物流管理数据体系　采购管理数据体系　财务管理数据体系　人力管理数据体系

全域数据整合　主题数据关联　数据标签化　统一数据服务

数据开发管理

数据架构设计
数据采集
数据建模
数据开发
数据规范

数据源

ERP　POS
财务/人力　爬虫数据
第三方　……
业务中台
会员中心　商品中心
订单中心　渠道中心
库存中心　订货中心

图 21-3　数据资产体系

为了实现数据存储、数据打通、数据应用、数据智能的目标，该企业部署了大量采集系统、同步系统、调度系统。在建设数据中台时，首先搭建了数据中台基础平台，通过业务系统抽取工具将 CRM、OA、WMS、OMS 等前台业务系统中的运营数据导出并集成，通过人工将数据上报并录入系统，然后通过外部 API 接口将京东、国美、苏宁、拼多多、天猫、小红书等渠道的数据进行融合、覆盖，以此进行底层数据汇总，存放到自建的私有云环境里。

另外，该企业将分布在天猫、京东等第三方平台上的数据打通，将多个平台同类型、同款产品的商品数据进行汇总。汇总后，首先利用分布式大数据存储系统、离线大数据计算系统、准实时大数据计算系统等对数据进行存储，形成大数据平台；然后通过元数据管理工具等数据治理套件对存储的数据进行处理，在此基础上，利用 ETL 工具对已清洗、存储的数据进行分析、挖掘；最后通过大屏可视化工具、报表工具、数据自定义门户工具等数据可视化套件呈现为亮眼、简洁的数据分析结果。

5. 提供多维数据服务

数据中台可以实现由业务数据化到数据业务化的循环数据应用流程，即提供多维数据服务，如图 21-4 所示。通过数据中台进行数据建模，实现不同的业务诉求，比如将多平台的产品数据进行关联、添加、汇总，并根据业务诉求查看数据分析结果，从而为线下门店或者线上旗舰店带来流量，提供营销参考。

再比如，通过数据中台可以对财务数据进行监控与预警额度设置，一旦达到某个额度，可以直接让最高领导审核，简化了中间各部门审批的烦琐流程，这样不仅简化了企业的运营流程，还节省了一定的时间和人力成本。同样的工作原理还可以应用到企业的其他部门，比如销售额达到一定数量时也可以发出预警。

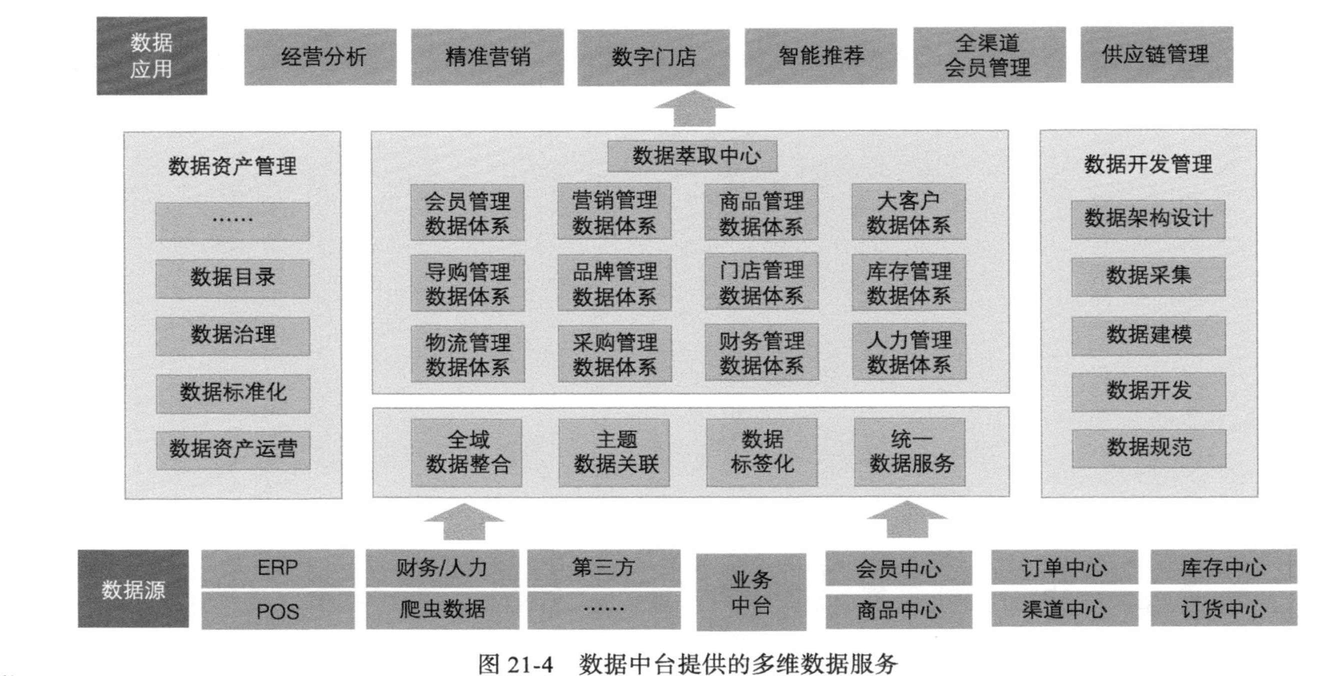

图 21-4　数据中台提供的多维数据服务

智慧零售数据中台具有强大的数据自循环能力，可以对该企业的年度经营情况、季度 / 月度经营情况、运营和推广费用及转化、仓储物流和供应链状况、客服问答等人力成本情况，以及资金花费和后台费用等情况进行分析，提高每一个业务场景的效率，同时减少人工干预，帮助企业实现商业智能系统的运营决策和业务数字化。

21.4　最终效果

智慧零售数据中台以搭建基础技术架构、形成数据资产、开发数据智能应用为三大建设核心，实现内部数据整合与管控，建立统一的数字营销体系，将商户、供应链、库存、会员、电商等运营统统打通，全员依托数据统一行动，通力执行。

1. 多平台数据联通，打造数据中心

智慧零售数据中台将业务系统、外部经销商、线下零售门店、第三方平台的进、销、存业务数据进行清洗和加工，形成数据中心。

2. 为业务人员打造智能应用，驱动业务提升

根据业务体系要求，智慧零售数据中心将各业务版块的数据进行分类、抽象、归纳和总结，构建统一的数据标准和数据地图，由此形成中台决策系统。在经过前面的数据质量提升工作和数据逻辑地图打造工作后，根据前台各业务部门提出的需求梳理出业务模型和原生数据指标，开发可拓展、可完善的应用产品。在功能强大、质量优良的数据自循环能力支持下，业务人员可以根据用户的需求，随时对业务体系和产品做出优化与调整，以驱

动业绩提升。

3. 可多维度分析数据，真正实现数据驱动业务

智慧零售数据中台帮助该企业实现了业务数据全面覆盖和统一管理，同时形成了数据自循环能力，企业可以将更多精力投入业务创新，真正实现数据驱动业务。

4. 加强会员黏性，了解经营状况，实现精细化运营

企业结合自身的业务发展和运营现状，通过用户（会员）画像、会员管理、线上线下融合，加强会员的黏性和活跃度，以防止会员流失；经营分析根据销售额、销量、毛利率、复购率、人效、坪效、品牌等指标，通过分析、算法、模型和预警等高阶分析功能建立终端经营分析模型；精细化运营可以建设人群、商品、门店、渠道等多维度标签，为提高营销的精准度打下基础，并利用数字化提升商品和渠道的运营效率，打造企业的数字化竞争力。

|第 22 章|

知名零售企业打造产业互联网平台

某知名零售企业通过建立行业产业互联网平台，突破了多年未攻克的销售瓶颈，从而构建了自有的数智商业。

22.1 项目背景

尽管现在已经步入数字化时代，但大部分企业还没有开始进行数字化转型，其经营方式仍是传统的，譬如依赖供应链、传统经销商和线下门店等方式进行商品的销售。某些行业特别是面向 C 端客户的零售行业竞争激烈，企业如果无法快速转型，将会面临破产的危机，甚至有些动作慢的零售企业已经倒闭。

22.2　痛点分析

某零售企业是行业知名的龙头企业，销售额长期稳居行业第一。该企业品牌具有多年的历史，在行业内有较高的知名度。但是企业经营方式比较传统，过于依赖供应链和经销商，始终无法突破销售瓶颈。

1. 销售渠道传统且单一，无法获取用户数据

以往，企业只作为品牌商参与市场竞争，通过经销商、线下加盟店等渠道将产品卖给 C 端用户，销售渠道传统且单一。不重视收集用户数据，也无法整合上下游产业链和内部的数据进行智能营销。

2. 销售额止步不前，销售瓶颈无法突破

传统商业模式仅能帮助企业一年获得 200 亿元的销售额，尽管这已稳居行业第一的位置，但销售额止步于此，无法满足企业进一步占领市场的雄心。

22.3　解决方案

针对该企业的现状及需求，国云数据为其提出了以下解决方案。

首先，通过调研分析后绘制六大地图。

然后，重构数字商业模式，进行数字化转型。

最后，引进数字化体系和互联网体系，构建产业互联网平台。

通过数字化产业互联网平台，该企业完成了从品牌商到平台商的转变，大大提升了商品销量。企业在平台上不仅可以销售自

己的产品，还可以售卖合作伙伴的商品，实现了从 200 亿到 500 亿的销售突破，构建了自有的数智商业模式，这种商业模式便是 S2B2C 模式。

1. S 端（供应链端）

企业不仅可以销售自己的产品，还可以代售其他公司的产品，通过数字化手段快速匹配外部商品。通过构建智能供应链中台，运用智能配补货方式，商品种类增加了，库存大幅降低。

2. B 端（渠道商）

通过数字化平台，将经销商、供应商和具有一定用户基础的超级个体连接在一起，让更多的企业和个人成为渠道商，共同服务 C 端用户。赋能各种渠道（经销商、代理商、电商平台、超级个体、门店），降低代销门槛。

3. C 端（用户）

通过数字化平台可以采集到更多用户行为数据，构建完整的用户资产体系，便于企业以用户为中心匹配更好的产品和服务。

由此，企业的产品销售渠道增加了，销售体系得到扩展。在 S2B2C 模式下，企业拥有上万个销售渠道。通过采集用户数据，绘制用户画像，最终反馈给 S 端。

22.4　最终效果

这次商业模式的变革完全基于数字化能力，可以称之为数智商业，有如下两个特点。

1. 拓展传统商业结构的深度

企业可以通过数字化手段了解产品特性，为用户推荐更有针对性的产品。企业从品牌商转型成为平台商，改变了曾经重度依赖大客户订单的生存模式。现在，企业在服务大客户的同时还可以服务数量庞大的小客户，从整体上提升了商品销量。

2. 拓展传统商业结构的广度

以前，企业单纯依靠销售、经销商去推销产品，管理半径十分有限。现在，企业通过数字化赋能外围力量，销售广度得到拓展。

23

|第 23 章|

某高校打造数字化校园

数据分析已成为科学决策的重要手段，单纯依靠经验和直觉的决策行为已逐渐消失。大数据正在成为企业竞争的新焦点，每个行业都会用到大数据技术，那些无视数据驱动业务模式的企业将面临被市场淘汰的命运。

23.1 项目背景

数字化校园是教育信息化 2.0 时代的重要建设目标，新时代赋予了教育信息化新的使命。在教育信息化 1.0 时代，高校更注重 IT 系统、业务系统的建设，积累海量数据的同时，也带来了很多繁冗的问题。教育部印发的《教育信息化 2.0 行动计划》文件中，明确指出要在大数据、人工智能等新技术的支持下进行教育生态重构。

在教育信息化 2.0 时代，高校需要更加注重各个系统的融合和数据的使用，充分发挥数据价值，推动信息化管理并提高应用水平。与此同时，国家也针对智慧校园制定了总体框架，其中数据中台的建设已经被纳入其中，也就意味着建设数据中台是现阶段每所高校的重要任务。

23.2　痛点分析

某高校进行了多年的信息化建设，内部主要有图书馆管理系统、迎新系统、教务系统、学生管理系统、OA 系统、缴费系统等，数据体系包含产业研究数据、固定资产数据、后勤数据、继续教育数据、人事数据、校企合作数据、招生就业数据、上网数据、一卡通数据等数十个业务数据体系。

这些系统由数十家厂商分别进行研发和实施，数据规则千差万别。不仅系统众多，而且不少系统使用时间超过 10 年，数据更新已经中断，出现数据问题无人解决。随着技术理念的进步，很多陈旧的系统无法满足新兴业务的需求。该校希望基于学校已有的数据进行创新，但是由于技术和资金方面的问题，罕有厂商能够满足学校的要求。

该校在数据管理方面有较大需求，在高校内部，教师和学生需要使用数十个系统，各系统之间数据不能打通，系统数据大多存在“多、散、乱”的现象，数据字段定义不规范，数据杂乱。

该校在数据智能应用方面也有较大需求。随着教育改革不断深入，学校需要实现智能化教育、个性化教育，以便更精准地帮助学生成长，也需要更好地管理教职工，以及保障学生安全。

23.3 解决方案

为了真正实现“校园智脑”，该校与国云数据开展校企合作，借助校园智慧大脑建设方案，依托数据中台的技术架构，构建学校数据资产层、大数据存储计算层、数据治理层、数据工具和模型层，统一用户中心，实现了大数据产、学、研、创一体化的综合智能服务平台，彻底解决了数据孤岛、数据杂乱、应用分析简单等问题。

大数据产、学、研、创一体化综合智能服务平台支撑了该校大数据专业教学的基本需求，并实现横向扩展，基于大数据技术教师和学生们可开展跨学科、跨领域研究。同时，“校园智脑”形成了一套完整的数据体系，满足该校多方面的数据需要。国云数据为该校打造了以“四境生态系统”为代表的全新教学模式，可为学生提供个性化、动态化的学习服务。

通过“校园智脑”系统，师生可及时了解校内的一切活动与信息。学校利用校园智慧大脑可以轻松实现多维数据感知、业务实时洞察和决策，全面提升校园信息化及智慧化程度。该校数据中台建设架构如图 23-1 所示。

1. 搭建大数据产、学、研、创基础平台

（1）基础平台建设内容

平台包括大数据理论指导、技术操作、大数据应用分析相关课程；大数据集群搭建、大数据计算实验环境搭建；大数据培训讲座、大数据师资培养。

应用科研项目包括景区监控应急指挥、旅游舆情监控、游客流量预测等模型。

平台建设包括精准助学应用。

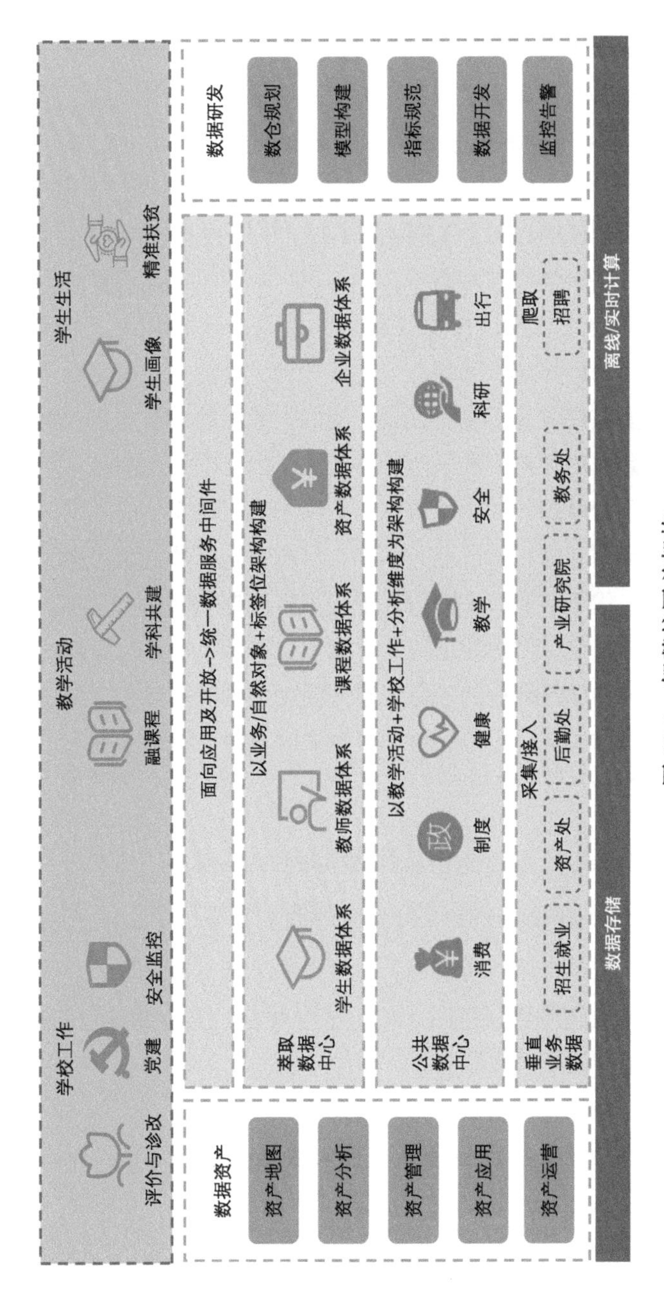

图 23-1　智慧校园总架构

大数据·物联网体验中心包含智慧医疗、智慧交通、智能办公、未来教育等物联网解决方案；智能中央控制系统、全息影像、4D影院等物联网技术展示；语音交互、人机交互等物联网案例展示。

创新创业中心提供企业供需情况、人才技能培训等就业引导。

（2）平台建设技术亮点

平台建设初期，技术团队便考虑了平台架构的灵活延展能力，采用云计算技术的弹性可伸缩架构，保障平台应用具备可扩展。以多租户方式向全校提供透明的大数据教科研支持，把云计算和大数据的各种技术融合到平台建设和运维的架构中。

该平台从通过大数据分析行业需求和促进学生职业发展的角度进行规划，真正在产业、学校、科研及实际项目运用中实现相互配合，优势尽显。平台引入了人工智能框架与能力，在现有的功能之上，充分发挥数据与大数据平台的共生能力，深度挖掘学生、教师、学校专业的画像，感知校内的所有场景与设备，学校内部所有的人员、资源、活动信息实时上线，帮助校内人员随时掌握学校动态，智能调节各项活动。

2. 建立以大数据为中心的数据开放共享服务

基于不同服务需求，国云数据还为其建立了一套完整的数据体系，覆盖校园所有数据，包括数据采集、数据加工、数据服务、数据应用等数据链路上的每一个环节，为校园内外的业务、管理提供全链路的数据服务。

（1）数据体系构建技术原理解析

该数据体系根据业务系统接入数据，将数据抽取到计算平台；接着通过OneData体系，以“业务板块+分析维度”为架构，构建“公共数据中心”；以业务需求为出发点，建设学生数据体系、企业数据体系、教师数据体系；数据经过深度加工后，可以发挥价值，为产品、业务所用；最后通过统一的数据服务中间件 OneService 提供统一数据服务。

（2）数据体系构建方案亮点

该校的数据体系以大数据为中心，侧重保障大数据产、学、研、创平台提供的大数据应用和数据是准确、可用、科学和系统的，不仅仅是建立一个虚拟化平台。以大数据为中心的设计理念通过制定应用数据开放体系，确保后续跨学科领域的大数据新应用能够顺利开发，为全校大数据科研参与者提供科学、系统化的大数据学习和研究环境。

建立以大数据为中心的数据体系，不仅有助于加速新技术的应用，也可以降低开发成本，减少系统重复建设。在高校内部、大学城周边高校乃至全省教育领域，通过开放共享服务都能实现大数据处理、数据服务成果发布、数据应用创新，充分挖掘互联网数据、政府开放数据和社会数据中的海量非关联性数据的内在价值。

（3）数据体系赋能数据服务

数据体系为建设数据资产中心奠定了坚实的基础，数据资产中心整合学校十几个业务系统的数据，利用填报系统汇集手工数据与新数据，保证数据的全面性。大数据存储计算中心对学校所掌握的数据进行整理、分析，打通数据之间的屏障，提高数据响应效率，将有效数据存储到大数据存储计算中心，不会触碰原有信息化结构，安全稳定、高性能的计算平台保证数据计算秒级响应。通过数据治理手段梳理和制定数据标准，提升数据质量，并且能够发现原有系统中隐藏的不足，从而扬长避短。

该校已经建立一系列 D-App，例如教学整改、融课程、校园综合管理、图书推荐系统、校友画像系统、学生画像等数据应用。图书推荐系统融合学生信息、图书馆管理系统、一卡通数据、上网数据、成绩数据，一改之前图书系统只能借书、还书的单一功能，可以根据学生的行为、经济状况、学习状况等推荐图书，也可以根据学生的图书借阅状况评估学生的状态，例如心理状态，如果发现问题，第一时间通知相关负责人进行干预。

3. 探索四境全态全新教学模式

四境生态学习导航系统改变了传统教学的静态学习导航，为学生提供动态的个性化服务。导航系统能帮助学生灵活构建学习内容和学习过程。它突破了传统导航组织固定、线性、单一的形式，真正做到学习个性化和学习模式多样化。

该生态学习导航系统除方便用户浏览内容外，还基于高校的数据挖掘算法为学生提供用户行为分析、知识联想、学习推荐等智能导航策略，并根据学生的学习习惯、学习状况、爱好为学生推荐不同的课程。

该系统帮助学生规划学习路径，学生能够灵活选择课程。系统背后的智能导航策略不仅为学生提供学习单元状态提示与内容漫游功能，还能制定学习目标并给出相应的测试与评价。

四境生态学习导航系统开创了校企合作办学新思路，为大数据技术助力高校教学探索了全新的教学模式。四境生态学习导航系统的智能化可以提醒教师教学活动的变化，帮助教师优化教学方案。以大数据技术为驱动，完全贴合课程教学模式，教师可以时刻掌握学生学习进度，学校及时得到教师教学质量的反馈。该系统以导航的方式呈现全校学生的培养计划，实时显示当前进度和教学成果，将人才培养数据化，智能把控学校教育方向，有效优化学习和教学质量及效率。

23.4　最终效果

1. 打破数据孤岛，有效管理学校海量数据

“校园智脑”解决方案解决了高校协同办公的问题，打通了业务系统之间的数据孤岛，积极推进各项业务流转，实现了数据的聚、通、用、智，为学校信息化管理提供便利。

2. 构建智能应用，实现智慧决策

各部门利用智能应用成功实现智慧决策，部门工作效率和质量大幅提升。“校园智脑”解决方案中的预测预警机制、安全态势感知、舆情监控、招生就业推荐指导、校友数据挖掘等创新应用，使学校进一步实现“未卜先知，数据说话”的目标，成为该省新一代智慧校园建设的典范。

3. 建设数据共享机制，创新教学模式

“校园智脑”建设了基于“三融四境”新模式的大数据产、学、研、创基础平台，并创新了教学模式。此外，还建立了以大数据为中心的数据开放共享服务。

第 24 章 某城商行打造数字银行

银行的信息化建设始于 20 世纪 90 年代，中国大部分银行的信息化技术部署非常完善和充分。但是在 DT 时代，银行业在数据智能方面的表现无法与电商行业相提并论。

24.1 项目背景

随着利率市场化、经济下行压力等因素对宏观经济的冲击，银行业正面临着前所未有的挑战。利用智能化技术，采用先进电商模式的数字化创新，为银行业发展注入智能力量，已经成为行业内的共识。银行业需要从原来的流程信息化、自动化的 IT 时代进入数据智能、数据驱动的 DT 时代。零售金融的数据中台架构如图 24-1 所示。

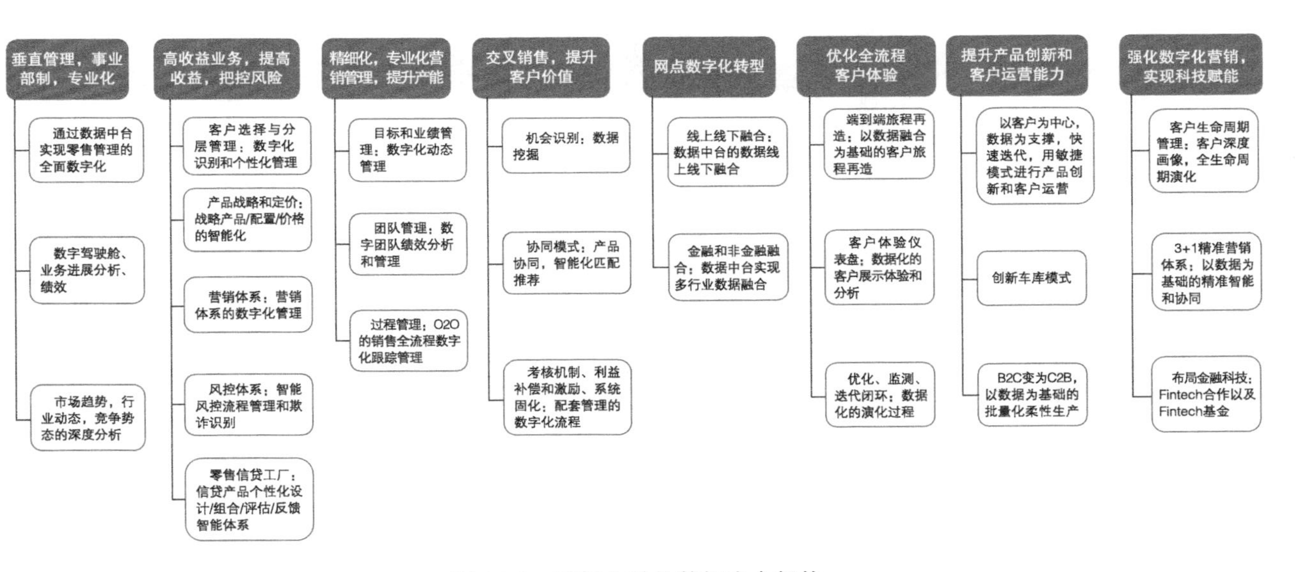

图 24-1　零售金融的数据中台架构

发展零售银行业务已经成为整个银行业的一致战略，零售银行业务用 40% 的规模贡献了 46% 的利润，议价能力强，个体客户的风险分散，已经成为各家银行必备的业务。特别是地区性银行在大型专业银行的竞争压力下，提升零售银行效率、客户体验，实现全链路融合、精细化管理成为当务之急。

1. 金融科技打破传统银行竞争格局

网购平台的兴起为用户提供了更多更具个性化的消费体验，也促使支付手段及平台不断创新和升级，这相应地提高了在移动端金融业务办理的需求。柜台办理简单金融业务的环节逐渐被网上银行取代。

以某支付平台为代表的新入局者打破了传统金融机构的竞争格局，激活了多年不变的客户服务模式及产品应用模式，促使传统银行开始以用户为核心、以数字技术为杠杆更新产品布局及服务模式。

2. 区域性银行深度运营用户的需求强烈

一些具备一定实力的传统大型银行也积极走向数字化转型之路，提供多种交叉销售的服务，以保留现有客户。对于区域性银行的代表——城商行或农商行来说，其优势在于保有自身区域内的核心用户，而不是与四大行、金融科技巨头比资金总量。

因此，对于区域性银行来说，第一步便是守住已有用户并有针对性地进行深度运营。在具体的实施过程中，数字化团队需要思考如何通过数字化技术保留已有用户，并适当挖掘本土其他用户，力争在区域内打赢用户争夺战。

3. 个性化的泛在金融服务是未来银行发展的核心

未来，客户将是银行发展、运营的核心元素，银行只有满足了客户需求，才能在长久的竞争中立于不败之地。产品的便利性、实时性、可控性、定制化等特性是未来金融领域产品研发和服务的重点。

客户对产品的需求会随着互联网金融的发展不断变化，对客户个性化需求的满足程度是未来银行的主要竞争力。但是，没有完善的数据平台和敏态组织是无法施展这种服务能力的。有的银行可以在短短几天内推出一款热销产品，而有的要几个月，这便是数字化能力带来的差距。

4. 金融数字化大势所趋

国内部分金融科技巨头、荷兰 ING 银行、新加坡星展银行等，都达到了数字化转型的目标。国内传统银行也正在积极推行数字化转型，四大行因其体量较大，数字化转型效果需要时间逐步验证；股份制银行虽体量大，但实力强，数字化转型过程较灵活；区域性城商行和农商行注重打造本地特色银行。

数字化转型战略能否顺利下达，取决于银行高层是否有坚决执行的决心，只有得到高层的支持，银行数字化转型才能持续推动并实现目标。

24.2　痛点分析

数字化浪潮为整个银行业带来巨大冲击，曾经“稳如泰山”的银行业不得不转变发展模式，区域性银行作为银行业的一部分，自然也不例外。

1. 银行业整体的发展需求

1）银行生产系统以稳态、一致、安全为首，缺乏适应性，无法满足前线业务场景的多样性要求。

- 集中式业务处理，数据量大且集中，批量化作业模式。
- 不能支持分行体系的本地业务需求。
- 新业务推出慢半拍。

2）有大量内部业务数据，但分散在各个应用系统中，未能形成整体数据视野。

- 各系统数据分立，未整合。
- 没有形成系统化采集企业外部数据的平台和机制。
- 无法实现客户深度洞察，无法精细化管理。

3）金融产品的推出和营销缺乏数据支持，多凭经验，转化率低。

- 缺乏市场和客户需求的数据支持，无法深度、及时理解客户和市场的趋势。
- 金融产品的营销方式还是粗犷型，没有做到精准化。
- 缺乏金融产品和市场之间的联动，无法快速演化以适应市场需求。

4）渠道分立，没有形成整体的客户体验。

- 缺乏全链路触点采集线上和线下客户数据，无法形成客户全域体验反馈。
- 线上和线下的业务服务配合乏力。
- 没有渠道画像，无法按客户喜好提供个性化服务。

5）网点智能化有待提升。

- 网点过于传统，或产品单调，或专业性服务能力不够。
- 网点运营处于被动模式，智能性有待提高。

6）零售运营管理传统没有及时把控全域。

- 不能及时更新业务进展。
- 业务状况的全域深度了解缺乏数据支持。
- 市场营销反馈不够。

2. 某城商行的发展需求

某城商行由于未将线上线下数据打通，导致其在产品销售管理、网店营销方案制定、客户留存方面都存在问题。

（1）缺乏统一的产品销售管理

该城商行在进行数字化转型时，内部数据没有被打通，被各种系统割裂，无法形成数据闭环，因而，其产品销售缺乏统一管理，无法高效落地，在销售额提高方面存在痛点。

（2）缺乏精准的网点营销方案

该城商行由于缺乏基本的数据标签，导致其内部数据之间联系不足，网点营销方案的制定缺乏网点特色。再加上该城商行对网点周边的情况不了解，制定的营销方案不精准，特别是无法对网点周边的商贸群体（尤指个体工商户）的数据进行全面收集、分析。

（3）缺少客户防流失模型

缺少存款到期客户防流失模型，无法预警客户流失情况，无法及时追踪客户诉求，特别是在亲子客群专项分析方面没有可应用模型，无法结合营销活动评估亲子客群的经营效果。

24.3　解决方案

该城商行结合自身发展现状与业务发展需要，融合内外部数据资源建设数据中台。利用数据中台对金融业务领域的多个方面进行优化，包括敏态银行体系建设、客户深度画像构建、金融产品设计和营销、全渠道客户体验提升、网点智能化提升、运营管理全盘把控等。由此，该城商行形成了业务推动策略生成的模式，这不仅助推了业务发展，还提升了业务规模和效益。该城商行数据中台的架构如图 24-2 所示。

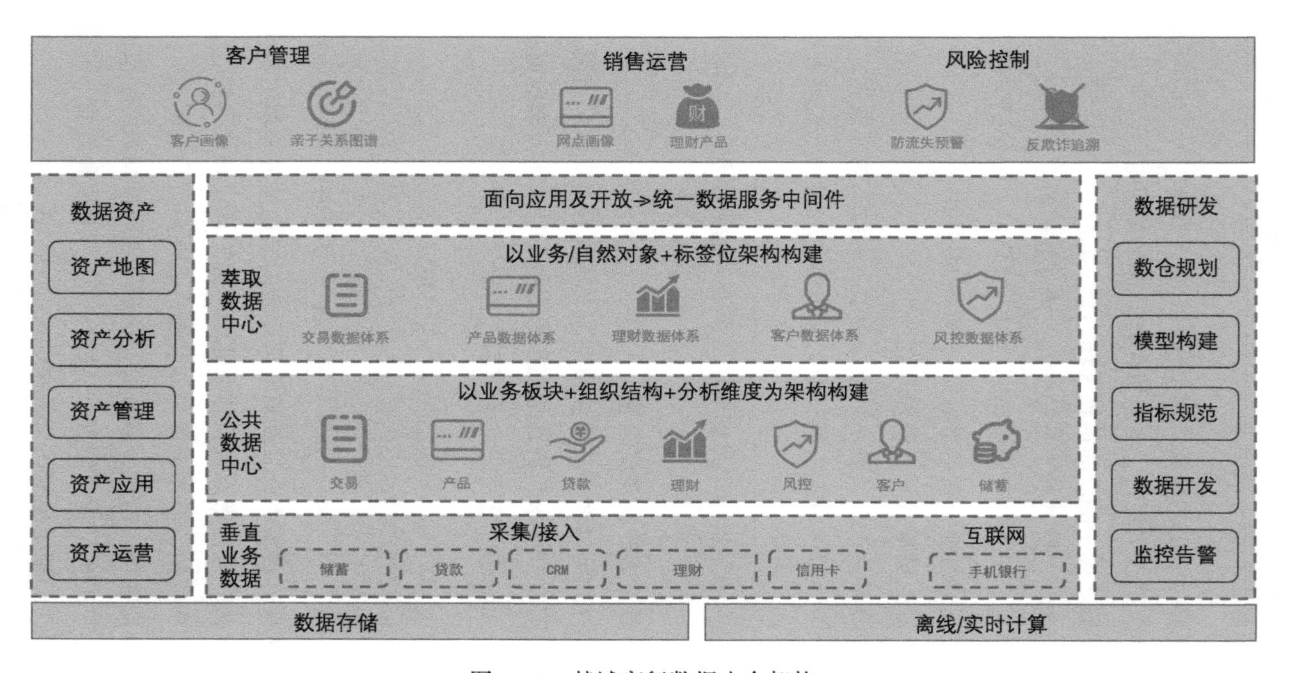

图 24-2　某城商行数据中台架构

在项目之初，国云数据需要对该城商行的战略规划有全面、深入的理解，只有这样才能够确保数字化转型的方向和重点是正确的，是符合银行战略意图的。通过调研，国云数据将其战略规划分类为客户、产品、渠道和经营 4 个方面，每一个方面都有具体、可量化的目标和具体的策略与举措，再结合现有的 IT 状况，实施具体的数字化转型工作。

1. 建设敏态银行体系

首先为该行搭建具备高效、快速数据处理能力的中台系统，建设以数据中台为基础的敏态银行体系，并将原有的后台稳态架构与数据中台架构进行结合，为前端业务提供数据智能，快捷推出更多个性化的客户服务。

然后为该行建设完善的备份 / 恢复策略、安全控制机制、运行管理监控流程和故障处理手段，以此保障系统的安全、稳定。中台架构可兼顾业务操作的便利性、技术扩展的简便性和规范性及系统部署的易操作性。

2. 采集客户全域数据，构建深度画像

国云数据结合该行发展现状与业务发展需要，充分利用现有行内数据及外部可获取数据资源，构建统一的数据平台，并且分析行业内的一些特定业务场景，挖掘数据的潜在价值，根据所得的数据构建用户深度画像，实现用户精细化管理，提高业务规模和效益，从而进一步推动业务发展。

3. 支撑金融产品设计和营销

该行利用全域数据中心，将市场数据、竞品数据等进行融合分析，设计并推出了针对金融产品的数字系统，从而打造金融产

品画像，利于银行在精准营销、智能风控和定价方面进行把控。金融产品的数字系统有利于形成产品与市场之间的反馈联动机制，促使银行产品和服务的数字化迭代。

4. 提升全渠道客户体验

该行利用数据中台架构，采集线上和线下的全链路客户数据，将线上和线下的业务服务打通。通过研发客户流失预警模型和向现有客户提供交叉销售服务，可以降低老客户的流失率。根据客户数据拓展产品品类和丰富产品功能，可以优化渠道服务。

5. 提升网点智能化水平

该行通过数据中台打造全生态网点和专业化网点，对网点周边情况进行系统摸排，掌握一手的客户数据，完全覆盖周边营销区域，并建设网点智能模型，使其具有智能性、主动性，从而提高网点运营效率。

6. 运营管理全域驾驶舱

针对决策团队打造管理驾驶舱平台，银行决策层可通过管理驾驶舱了解银行全域数据，实时动态分析银行的运营、管理现状，从而制定市场营销活动策略。

24.4　最终效果

该银行围绕数据中台搭建、数据打通、销售管理、客户体验、网点管理、决策建议这 6 个方面成功实现数字化转型。

1）数据中台为该行提供了稳定、可拓展、灵活的技术支撑，便于后期的数据治理和数据智能应用。

2）线上和线下数据、内外部数据的打通帮助该行建立了全域客户数据中心，展现了该行的数据全貌，利于业务、技术、管理、运营、客服等不同部门的人员一览数据全景。

3）产品销售管理系统帮助该行统一了产品销售数据，使银行能够从整体上了解客户情况、客户喜好，了解产品销售情况，从而有针对性地调整销售路线和产品研发方向。

4）客户防流失预警模型帮助银行留住了原有客户，银行业务人员可通过客户流失数据提供弥补建议，做到以旧拉新，有效加强银行与客户之间的互动，从而加强客户黏性。

5）网点管理的智能化改变了银行网点管理"一头雾水"的情况，银行可以利用网点周边的运营数据为周边客户提供个性化服务。同时，网点智能化管理模型对网点周边实现了全覆盖，银行能够全面、实时、智能化地运营网点。

6）管理驾驶舱可帮助银行决策层从整体上把握银行数据情况，了解银行运营状态，从全局俯瞰银行运营数据，使他们能够在制定银行营销策略、加强管理等方面做到目光长远和全局把控。

附录

九大企业数字化转型解决方案架构图

案例一：某零售上市公司打造“超级店长”应用

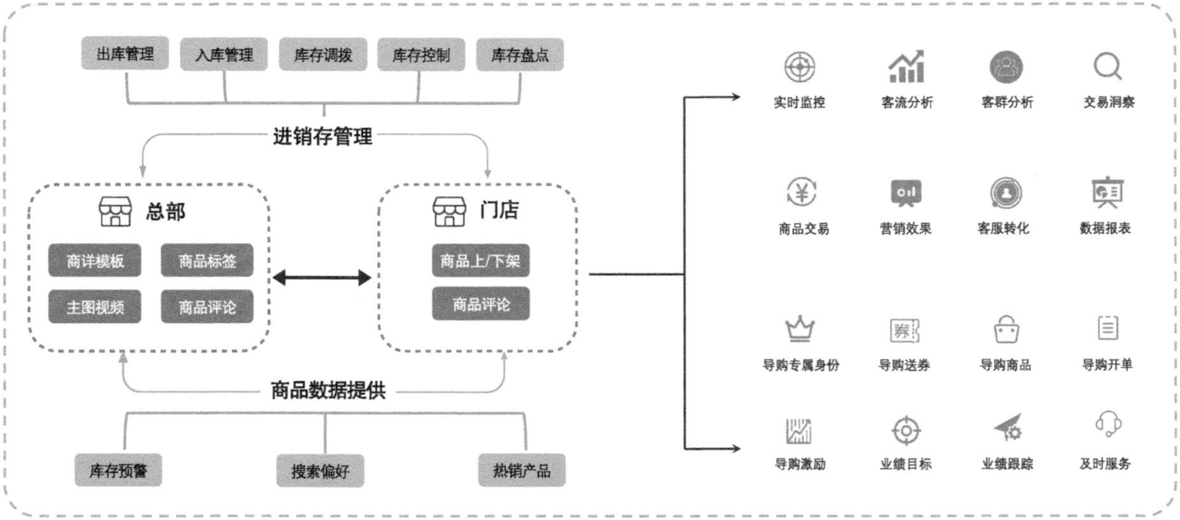

出库管理
入库管理
库存调拨
库存控制
库存盘点

进销存管理

总部
商详模板
商品标签
主图视频
商品评论

门店
商品上/下架
商品评论

商品数据提供

库存预警
搜索偏好
热销产品

实时监控
客流分析
客群分析
交易洞察
商品交易
营销效果
客服转化
数据报表
导购专属身份
导购送券
导购商品
导购开单
导购激励
业绩目标
业绩跟踪
及时服务

扫描前言二维码，获取更多详细内容。

案例二：某高校构建个性化智能教育平台

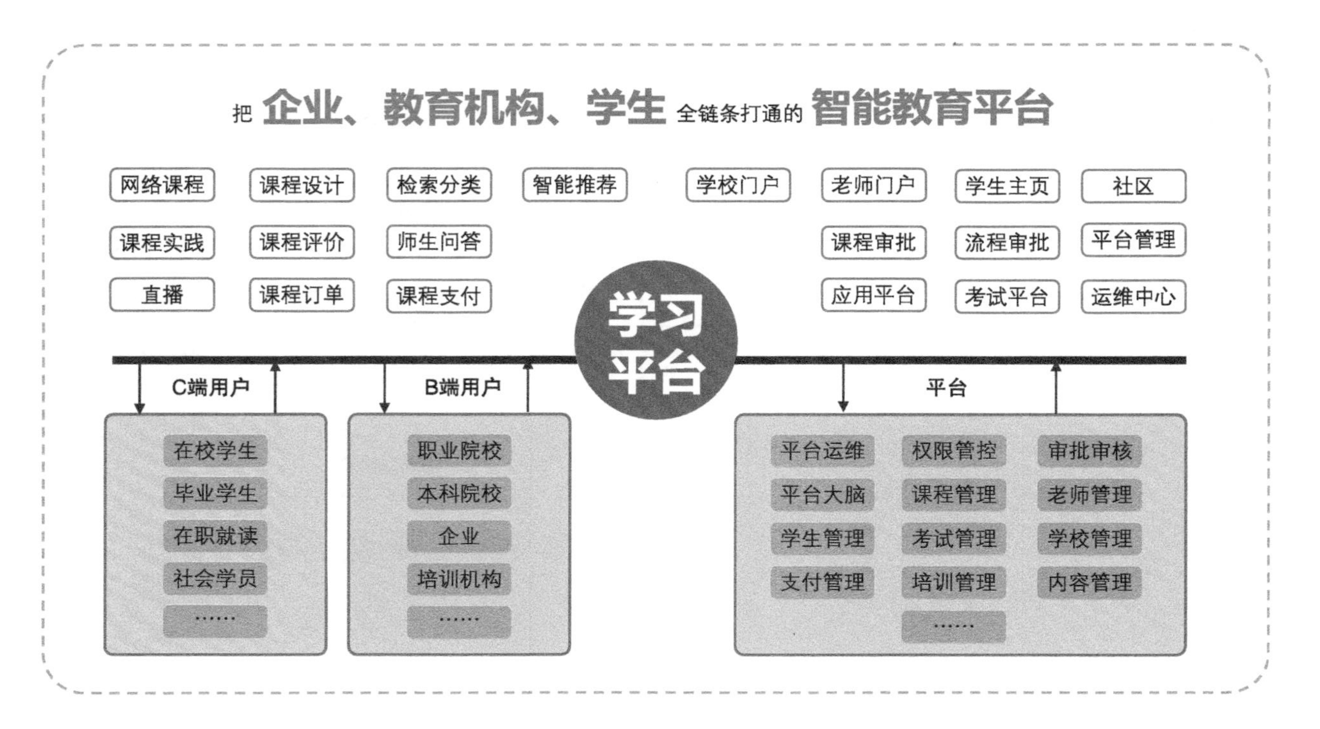

扫描前言二维码，获取更多详细内容。

案例三：某银行零售事业部打造数据中台，实现数字化转型

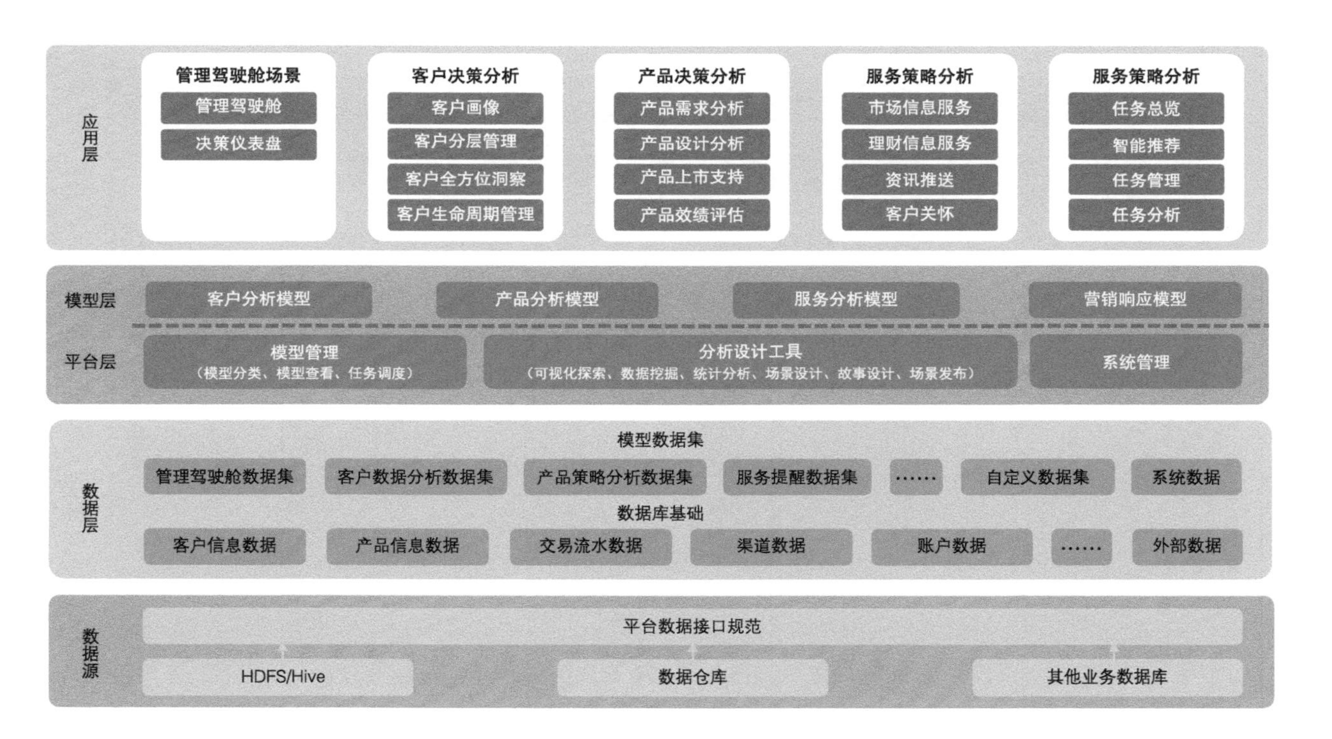

扫描前言二维码，获取更多详细内容。

案例四：某科技巨头打造数据中台，实现数字化转型

扫描前言二维码，获取更多详细内容。

案例五：某科技独角兽建设数据中台，实现数字化转型

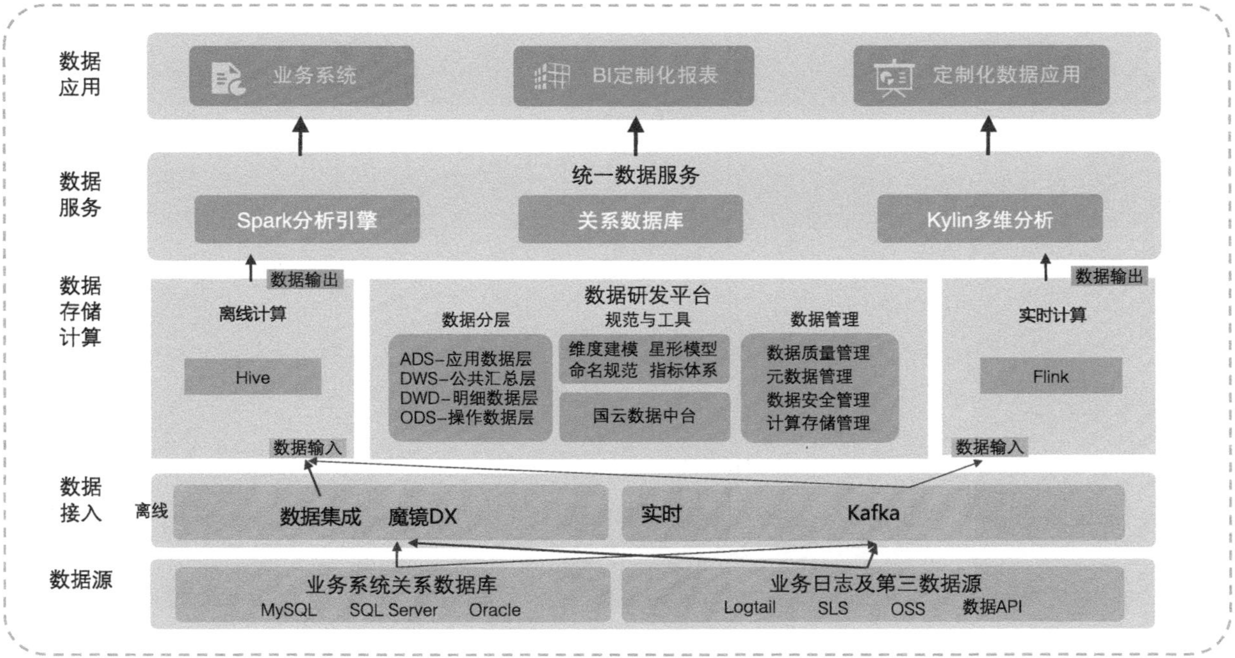

扫描前言二维码，获取更多详细内容。

案例六：某政府构建乳业大数据平台，打造特色数字经济

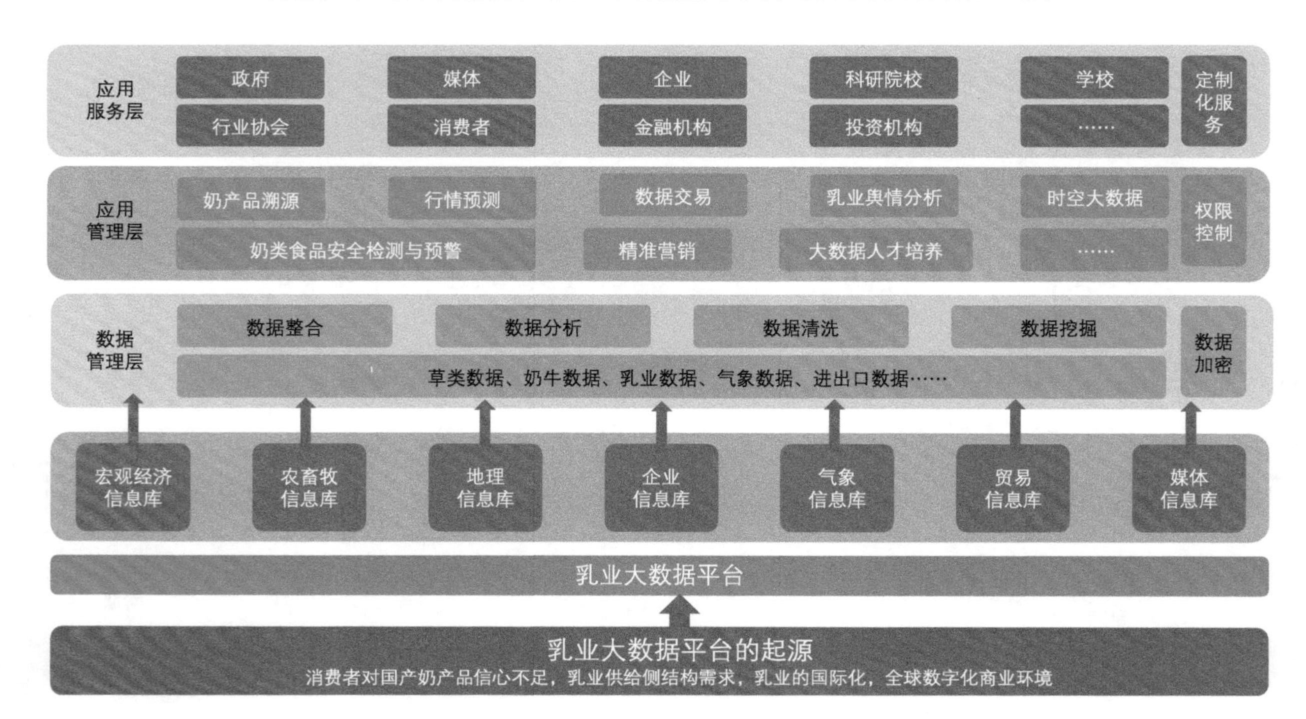

扫描前言二维码，获取更多详细内容。

案例七：某制造企业通过数据中台打造工业互联网平台

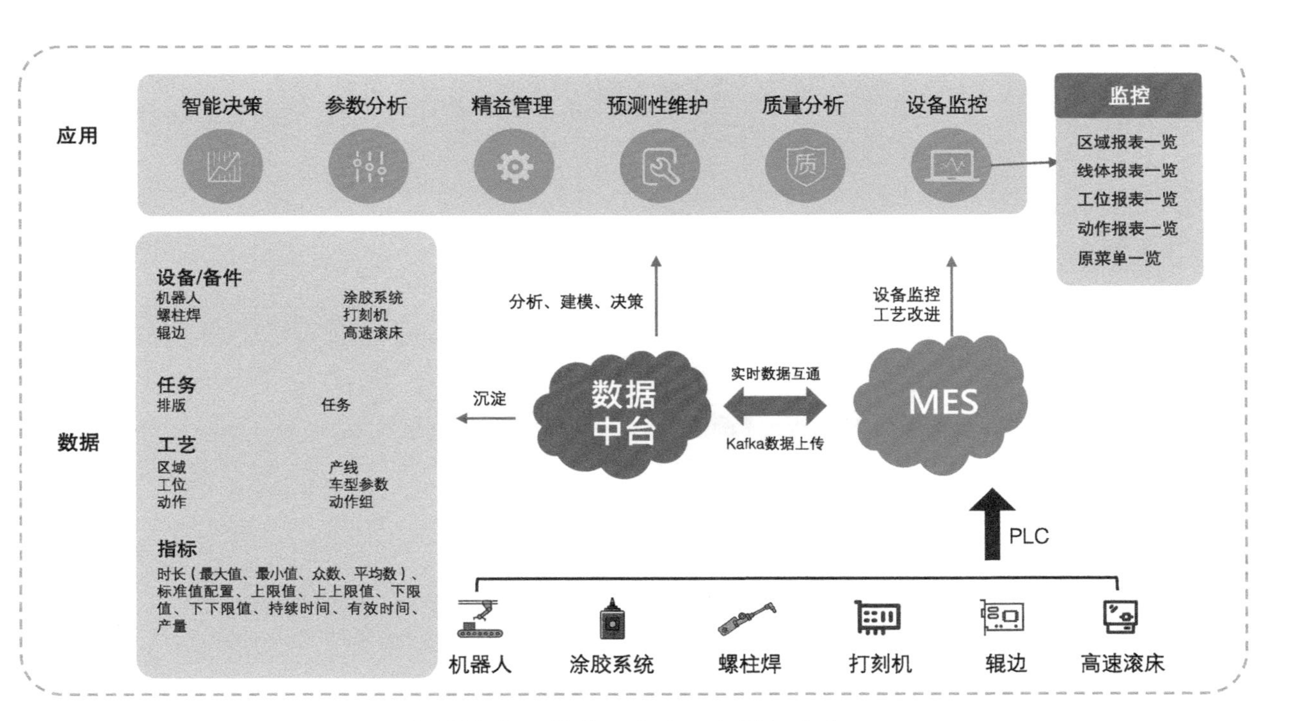

扫描前言二维码，获取更多详细内容。

案例八：某出行公司通过智慧出行平台构建数字智能交通

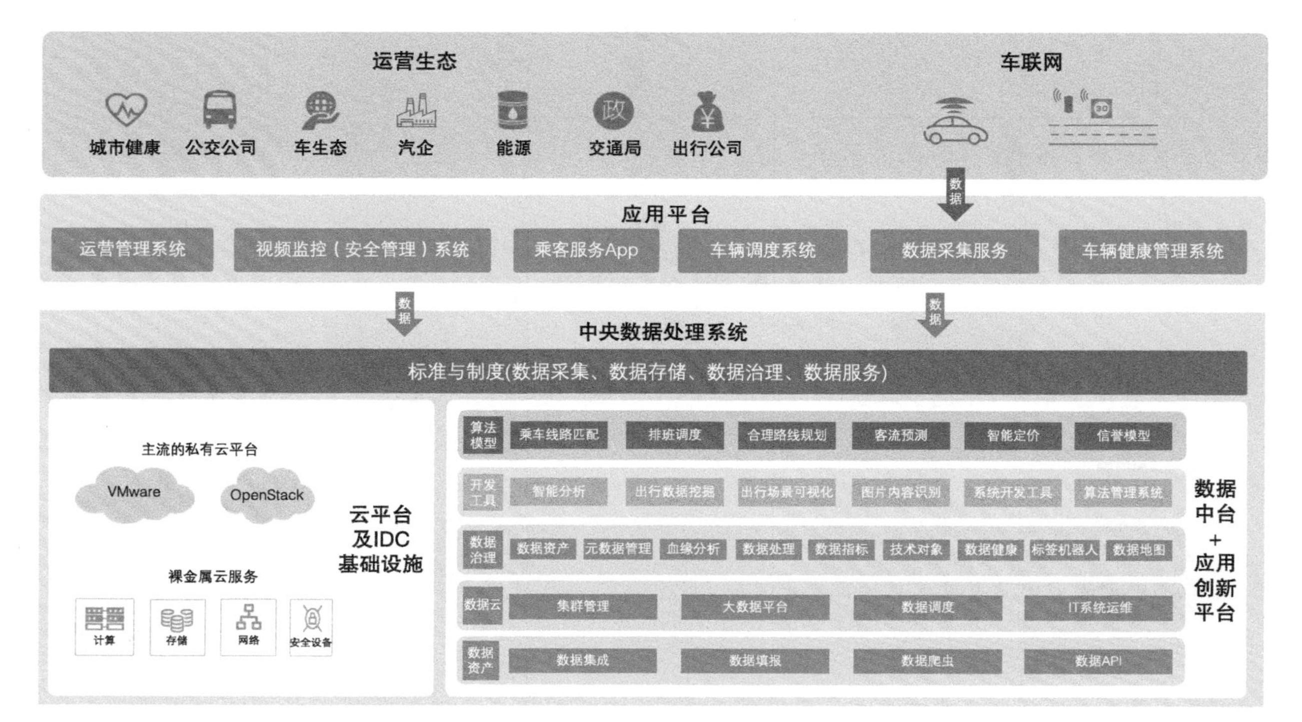

扫描前言二维码，获取更多详细内容。

案例九：数字化人才体系构建

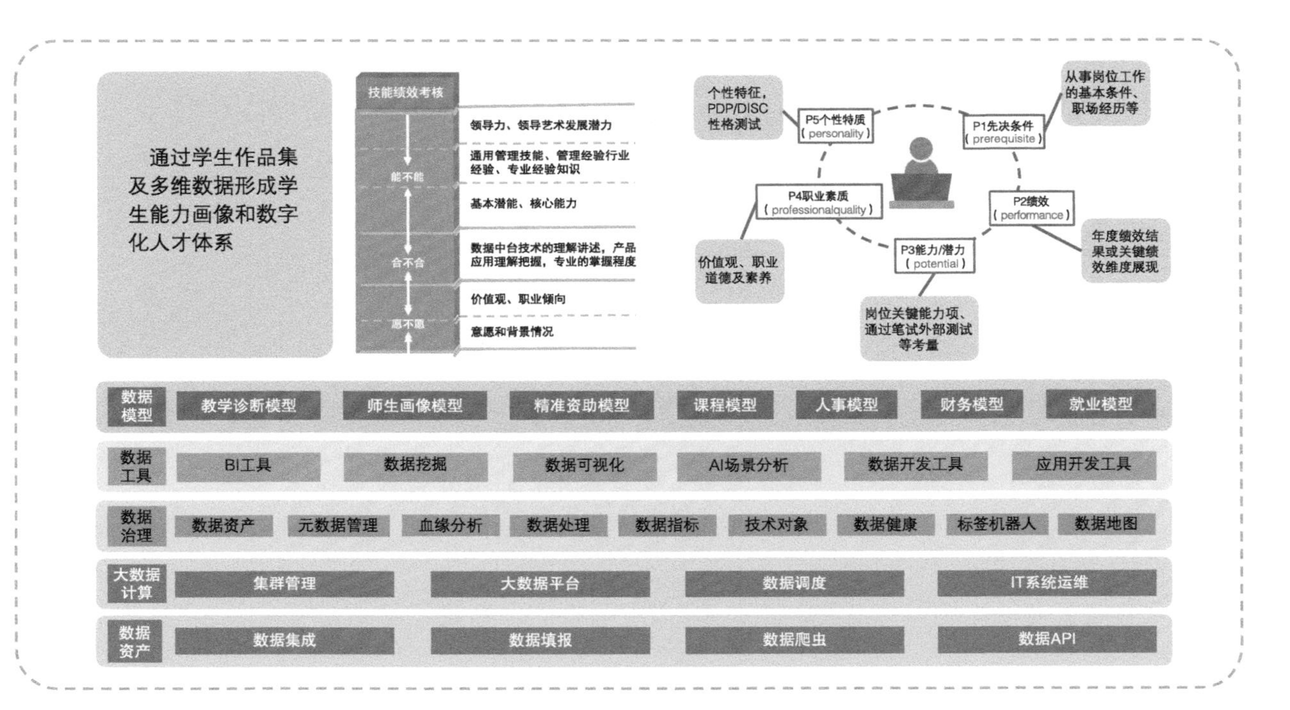

扫描前言二维码，获取更多详细内容。